高等职业教育“十三五”规划教材·经济管理类专业基础课精品系列

现代金融基础

鞠 杰 主 编

刘丽娟 宋学林 王建花 副主编
郝春田 王晓梅

宋立温 主 审

科 学 出 版 社

北 京

内 容 简 介

本书详细地介绍了金融学基本理论、基本技能和实际知识，解析了近年来金融界及金融市场出现的新理论、新观点和新现象，是一本侧重培育学生金融基本素养的高等职业教育教材。本书共分十一章，分别为货币与货币制度，信用与利息，金融市场，金融机构体系，商业银行，中央银行，国际金融，货币供求与平衡，通货膨胀与通货紧缩，货币政策，金融风险、金融监管与金融创新。

本书可作为高职高专金融专业、经济管理类非金融专业学生的学习教材，也可供金融从业人员参考学习，还可作为个人和家庭了解金融基础知识的参考用书。

图书在版编目（CIP）数据

现代金融基础/鞠杰主编. —北京：科学出版社，2019.8
（高等职业教育“十三五”规划教材·经济管理类专业基础课精品系列）
ISBN 978-7-03-061800-9

Ⅰ.①现… Ⅱ.①鞠… Ⅲ.①金融学－高等职业教育－教材 Ⅳ.①F830

中国版本图书馆 CIP 数据核字（2019）第 131000 号

责任编辑：薛飞丽 / 责任校对：王万红
责任印制：吕春珉 / 封面设计：艺和天下

科学出版社出版
北京东黄城根北街 16 号
邮政编码：100717
http://www.sciencep.com

铭浩彩色印装有限公司印刷
科学出版社发行　各地新华书店经销
*
2019 年 8 月第 一 版　开本：787×1092 1/16
2019 年 8 月第一次印刷　印张：16
字数：380 000

定价：42.00 元

（如有印装质量问题，我社负责调换〈铭浩〉）
销售部电话 010-62136230　编辑部电话 010-62135397-2039

高等职业教育“十三五”规划教材·经济管理类专业基础课精品系列编写委员会

前　言

“现代金融基础”是高职高专金融专业和经济管理类非金融专业学生必修的一门重要的专业基础课程。编者在编写本书的过程中，力求体现最新的金融学理论知识，注重满足高职高专教育强化应用能力培养的要求。本书主要有以下几个特点。

1）通俗易懂，简明扼要。针对高职高专学生的认知特点，本书内容尽量深入浅出，使学生易于理解掌握。在广度上，拓展必要的内容，着力培育学生的专业素养和能力；在深度上，坚持适度原则，兼顾金融专业和经济管理类非金融专业学生在不同阶段的学习需求。

2）注重新颖性和趣味性。编者充分吸收已有的国内外相关研究成果，以反映经济金融的新变化和新趋势，使学生在全面掌握金融基础知识的基础上，及时了解金融的前沿动态。同时，本书中开辟“案例分析”“知识拓展”等特色板块，有助于丰富教学内容，活跃课堂气氛。

3）突出务实性和适用性。编者尽可能提高本书的案例化程度。每章开篇有案例导入，内容尽量联系社会现实；每章章末设有业务技能自测，以增强学生理论联系实际的能力，满足高职高专教育对教材建设的要求。

4）重视系统性和先进性。现代金融学基础知识范围宽广，编者充分考虑金融学知识体系的完整性，以求学生能够把握金融理论和实践的整体架构。本书既介绍了已经达成共识的观点和研究成果，又介绍了改革开放过程中我国金融改革存在和面临的问题，力求体现开放和创新的理念。

本书由山东经贸职业学院鞠杰担任主编，山东经贸职业学院刘丽娟、宋学林、王建花、郝春田、王晓梅担任副主编，宋立温担任主审。具体编写分工如下：鞠杰编写第一章、第八章、第十章，刘丽娟编写第二章、第三章，宋立温编写第四章，王晓梅编写第五章，王建花编写第六章，宋学林编写第七章、第九章，郝春田编写第十一章，全书由鞠杰统稿。

在编写本书的过程中，编者参考借鉴了国内外同行的很多文献，但由于篇幅有限，在参考文献中未能一一列出，在此对相关作者一并表示诚挚的歉意。

由于编者水平有限，加之时间仓促，书中不足之处在所难免，望广大读者不吝指正。

编　者

2019 年 2 月

目　录

第一章 货币与货币制度

职业能力目标

【知识目标】

1）理解货币的产生、本质、职能与作用。

2）理解货币形式的演化及信用货币形式。

3）理解货币制度构成要素、货币制度类型。

【能力目标】

1）能够利用所学知识解释货币经济现象。

2）熟知人民币货币制度，能够鉴别真假人民币。

学习要点

货币的起源和发展；货币的本质和职能；货币制度及其演变；我国的货币制度

案例导入

第二次世界大战期间，在纳粹的战俘集中营中流通着一种特殊的商品货币：香烟。当时的国际红十字会设法向战俘营提供各种人道主义物品，如食物、衣服、香烟等。由于数量有限，这些物品只能根据某种平均主义的原则在战俘之间进行分配，而无法顾及每个战俘的特定偏好。

但是人与人之间的偏好显然是不同的，有人喜欢巧克力，有人喜欢奶酪，还有人更想得到一包香烟。因此，这种分配显然是缺乏效率的，战俘有进行交换的需要。

在战俘营这样一个狭小的范围内，物物交换显得非常不方便，因为它要求交易双方恰巧都想要对方的东西，也就是所谓的需求的双重巧合。为了使交换能够更加顺利地进行，这就需要有一种充当交易媒介的商品，即货币。

那么，在战俘营中，究竟哪一种物品适合做交易媒介呢？许多战俘营不约而同地选择香烟来扮演这一角色。战俘用香烟进行计价和交易，如一根香肠价值 10 支香烟，一件衬衣价值 80 支香烟，替别人洗一件衣服则可以换得两支香烟。有了这样一种记账单位和交易媒介，战俘之间的交换就方便多了。

香烟之所以成为战俘营中流行的“货币”，和它自身的特点分不开。它容易标准化，而且具有可分性，同时还不易变质。这些正和作为货币的要求是一致的。当然，并不是所有的战俘都吸烟，但是，只要香烟成为一种通用的交易媒介，就可以用它换到自己想要的东西，自己吸不吸烟又有什么关系呢？

我们现在愿意接受别人付给我们的钞票，也并不是因为我们对这些钞票本身有什么偏好，而仅仅是因为我们相信，当我们用它们来买东西时，别人也愿意接受。

（资料来源：https://www.shangxueba.com/ask/4585429.html.有改动）

思考：最早的货币是什么样的？货币是如何起源的？

第一节　货币的起源和发展

在现代社会，货币扮演着极其重要的角色，人们的日常生活离不开货币，企业投资需要货币，经济发展也与货币密不可分，现代经济的实质其实就是货币经济。那么，究竟什么是货币？它是怎样产生、如何演变的？它又有什么样的职能呢？政府如何管理本国货币？让我们带着这样的疑问追本溯源，认识和了解货币。

一、货币的起源

在原始社会，人们共同劳动，共同拥有生产工具，共同享有劳动成果，没有私有观念。由于生产力极度低下，人们没有剩余产品，不存在商品交换，也没有货币。到原始社会末期，生产力显著提高，这才出现了剩余产品。人们产生私有制的观念，社会阶层逐渐分化，产生商品生产和交换。

商品交换直接导致货币的产生。最初，人们只能直接交换各自手中的商品，即物物交换。但物物交换有一个明显的缺点，即交易过程复杂，交易时间较长。例如，一个农夫需要一头耕牛，于是向他的邻居提议，用自己闲置的耕具与其交换所需的耕牛。但邻居如果不需要耕具，这个交易就无法完成。要在两个人之间达成物物交换，前提是一方所需必须是另一方所有。因此，需要耕牛的农夫只有通过与其他人交换获得邻居所需的物品，才能最终与邻居达成交易。不过在最终换回拥有耕牛的邻居所需物品之前，这位农夫可能已经经历多次交易。确定多次的交易对象和进行多次的中间交易可能会花费大量的时间和精力。

物物交换的困境使人们去寻找一个大家在交易自己所需之物时都会接受的东西。人们发现，有一些商品是大多数人需要和喜欢的，于是把自己多余的劳动产品交换为这种商品，即当自己需要某种物品时，就用这种商品去交换。人们即使暂时不需要它，也会愿意接受。当某种商品被人们普遍接受，作为商品交换的一般等价物，成为交易的媒介时，货币就产生了。所以，货币就是固定地充当一般等价物的特殊商品。它的特殊性在于，不仅像其他的商品一样，具有满足人们需要的属性，还可以与其他任何商品相交换。

由于具有使用价值和价值两种属性，商品也就相应地具有两种表现形式，即自然形式和价值形式。商品的自然形式，也就是使用价值的表现形式，是指商品的种类、形状、性能等，以及与此相关的商品的用途。而作为它的价值形式，是抽象劳动的凝结和一定的社会关系，是看不见摸不着的。孤立的商品，不可能通过自身表现其价值，只有通过交换价值才能得到表现，也就是说，一种商品的价值是通过与之交换的另一种商品的价值来表现的。与商品交换的发展相适应，商品的价值形式即交换价值的发展经历了 4 个阶段，即简单的价值形式、扩大的价值形式、一般价值形式和价值的货币形式，这也是货币随着商品的生产和发展由萌芽到形成的全部历史过程。

1. 简单的价值形式

简单的价值形式也称为偶然的价值形式。在原始社会早期，由于生产力水平低下，人们的劳动产品除了满足自己的需求外，很少有剩余产品可供交换。到了原始社会后期，随着生产力的发展，剩余产品开始出现，生产的物品除了能够满足自身的消费需求外，人们还把多余的物品拿去进行交换。因为当时社会还未出现大的社会分工，剩余产品还不够丰富，所以商品交换的行为只是个别的、偶然的。在这种交换过程中，一种商品的价值偶然地表现在另一种商品上，即表现为简单的物物交换，并且交换的概率极低。因此，这种商品交换形式就称为简单的价值形式。交换的偶然性使商品价值的表现不完善、不成熟、不充分，如 1 只绵羊=2 把斧头。

2. 扩大的价值形式

扩大的价值形式也称为总和的价值形式。随着生产力的发展，特别是原始社会末期第一次社会大分工（即农业和畜牧业分工）的出现，原始公社之间及公社内部的产品交换变得比较频繁，一种商品已经不是偶然地和另一种商品相交换了，而是与许多种商品经常交换。这样一来，商品价值的表现也就由简单的价值形式发展为扩大的价值形式。扩大的价值形式实际上是许多个简单的价值形式表现的总和，或简单的价值形式表现的扩大。例如以下交易：

$$1只绵羊=\begin{cases}2把斧头\\1件上衣\\1块棉布\\3双鞋子\\10斤稻谷\end{cases}$$

扩大的价值形式反映了日益扩大的商品交换关系。在扩大的价值形式中，处于相对价值形式上的商品，其价值已经不是偶然地表现在某一商品上的，而是表现在一系列商品上的，这使它真正成为无差别的人类劳动的凝结。此时，各种商品交换的比例关系和它们包含的社会必要劳动时间的比例关系更加接近，商品价值也比在简单的价值形式中表现得更完整、更充分。

商品的价值虽然在扩大的价值形式中比在简单的价值形式中表现得更为充分，但存在缺点和局限性。即各种商品的价值仍然没有一个共同的、统一的表现，因为每一种商品的价值表现形式，都是一个不同于其他任何商品的价值表现形式的无穷无尽的系列，它们还没有一般的、公认的等价形式。这个缺点表明，在扩大的价值形式中，商品的相对价值表现仍然是不完全和不充分的。

扩大的价值形式的缺点，在交换中暴露出来。例如，有绵羊的人希望用绵羊去交换斧子，但有斧子的人需要上衣，而有上衣的人需要布，如果有布的人正好需要绵羊，则有绵羊的人要用绵羊交换布，再用布交换上衣，最后才能用上衣交换到斧子。但如果有布的人不需要绵羊，那么交换就会遇到困难，以至于绵羊交换不出去，绵羊的价值就得不到实现。以上困难表明，商品经济的矛盾随着交换的发展而日益加深，商品的价值形式必须随着商品交换的发展而进一步发展。

3. 一般价值形式

第二次社会大分工（即农业、畜牧业与手工业分工）出现以前，随着社会分工的扩大和交换的发展，一种商品逐渐从无数商品中分离出来，其他一切商品都需要通过它来表现自己的价值。并且人们在换到这种商品后，能用这种大家都愿意接受的商品去换到任何自己需要的商品。这样，扩大的价值形式便过渡到一般价值形式。例如以下交易：

$$\left.\begin{array}{l}\text{2把斧头}\\\text{1件上衣}\\\text{10斤稻谷}\\\text{1块棉布}\\\text{3双鞋子}\end{array}\right\}=\text{1只绵羊}$$

从扩大的价值形式过渡到一般价值形式是一次质的飞跃，它使商品之间直接的物物交换发展为以一般等价物为媒介的商品交换形式。在简单的价值形式和扩大的价值形式下进行的商品交换，都是直接的物物交换，这不适应商品交换进一步发展的需要。随着商品交换的进一步发展，某种商品自发地从商品世界中分离出来充当一切商品的一般等价物，于是就产生了一般价值形式。

在一般价值形式中，处于等价形式的唯一商品，就成为其他一切商品价值的一般等价物。这种商品的使用价值，成为商品价值的一般形式；生产这种商品的具体劳动，成为抽象劳动的一般形式，它可以和其他一切劳动对等；生产这种商品的私人劳动，被直接当作一般的社会劳动而存在。在这里，商品的价值作为无差别的一般人类劳动凝结的性质便完全、充分地表现出来。

4. 价值的货币形式

一般等价物的出现，克服了扩大的价值形式的缺点，大大地促进了商品交换的发展。但是，在这种价值形式中，一般等价物还没有固定在一种商品上。在不同的历史时期和不同的国家和地区，充当一般等价物的商品可能是各种各样的。在历史上充当过一般等价物的商品有贝壳、布帛、牛、羊、兽皮、盐等。由于一般等价物的不固定、不统一，随着商品交换范围的扩大而日益暴露其不适应性，这给商品交换带来新的困难。随着商品交换的范围突破地区的界限，为适应商品交换发展的要求，一种新的价值形式——货币应运而生。

这种价值形式产生于手工业与农业和畜牧业分离的第二次社会大分工之后。随着商品生产和商品交换的不断发展，从充当一般等价物的众多商品中逐渐分离出一种固定充当一般等价物的特殊商品，即货币，它成为表现、衡量和实现价值的工具。一般等价物最终固定在黄金、白银等贵金属上，这些贵金属就成为货币商品。

货币价值形式与一般价值形式并没有本质区别，不同的地方仅仅在于等价物已经固定地由金银等贵金属来充当了。因此，货币的本质就是一般等价物。它能够表现和衡量其他一切商品的价值，具有同其他一切商品相交换的能力。

货币的产生经历了漫长的历史发展过程，金银能够固定地充当一般等价物，并不是因为金银有什么神秘的地方，而是因为贵金属本身就是商品，也具有价值。同时，贵金属还具有最适合充当货币材料的自然属性：一是体积小、价值大，便于携带和收藏；二是不易变质和磨损，便于长期保存；三是硬度小、质地均匀，便于分割和合并。因此，马克思指出："金银天然不是货币，但货币天然是金银。"①

货币是商品交换发展到一定阶段的自发产物，是商品内在矛盾发展的必然结果。它解决了物物交换的诸多问题，但又使商品经济的内在矛盾进一步加深，使商品的价值和使用价值的内在对立表现为商品和货币的对立。随着货币的出现，所有的商品都必须换成货币，才能实现自己的价值，使用价值和价值的矛盾才能得到解决，具体劳动才能转化为抽象劳动，私人劳动才能得到社会的承认而表现为社会劳动，同样，作为货币价值形态，可以随时转化为任何一种有特殊使用价值的商品。因此，货币成为社会财富的一般代表，成为商品世界中至高无上的权威。

知识拓展

公元 1500 年前后，在欧洲，货币已取代土地成为社会主要财富的标志，金币是当时最主要的交换手段。哥伦布说过："黄金是一切商品中最宝贵的，黄金是财富，谁占有了黄金，谁就能获得他在世界上所需的一切。"在这种情况下，许多人拜倒在它的脚下，把它看作决定自己命运的神秘莫测的力量，这就形成了所谓的货币拜物教。

（资料来源：http://zujuan.xkw.com/17q7807761.html.有改动）

货币的出现大大便利了商品和服务交易。人们仅需出售自己所有的东西换取货币，再用货币购买自己需要的东西。这样家庭无须生产所有或大部分生活必需品，从而使专业化分工成为可能。

货币的产生是商品内在矛盾发展的必然结果，极大地促进了商品生产和商品交换的发展。

二、货币形式的发展

货币形式，指货币是用什么材料制作的。货币形式的变化，是不断适应社会生产的发展过程，同时是消除前一种货币形式无法克服的缺点的过程。

货币大体上经历了实物货币、金属货币、代用货币、信用货币、存款货币和电子货币等形态。

（一）实物货币

实物货币是货币演变的最初形态。实物货币从形态上来讲是指用实物充当货币，作为一般等价物存在。在人类经济史上，各种商品曾在不同时期、不同国家扮演过货币的角色，如古希腊以牛、羊作为货币，非洲和印度等地以象牙作为货币，美洲土著人和墨西哥人以可可豆作为货币，以及后来的金、银、铜等金属商品都曾充当过商品货币的具体形态。

① 马克思，1955. 政治经济学批判[M]. 徐坚，译. 北京：人民出版社.

早期的实物货币，一般在近海地区多用海贝和盐，游牧民族多用牲畜、皮革，农业区多用农具、布帛等。商周时期，牲畜、粮食、布帛、珠玉等都充当过货币。这种货币文化也渗透到中国的汉字中。许多与财富有关的汉字，其偏旁都是“贝”字，如货、财、贫、贱等。

“货币”一词，在古汉语中曾是两个不同的概念，“货”指珠、贝、金、玉等，“币”指皮、帛。“货”在春秋战国才取得货币的含义，但无“货币”一词。“货币”一词大体是在唐代以后才出现的。中国民间称货币为钱，钱本来是古代农具，形如铲，还有一种农具镈，形如锄，均用以铲地除草。这两种农具在黄河流域被作为货币。

（二）金属货币

一般来说，作为货币的商品应具有 4 个特性：①价值比较高，这样可用较少的货币完成较大量的交易；②易于分割且分割后单位价值不变，为不同规模和数量的交易提供方便；③易于保存，在保存过程中不会损失价值，无须支付费用等；④便于携带，以利于在广大地区之间进行交易。

随着交换的发展，商品交换对以上 4 个方面的要求越来越高，实物货币均有不适合作为货币的缺点，而金、银、铜等金属比其他任何商品都更有效地发挥货币的性能，金属可以多次分割，并且可按不同比例任意分割，分割后还可冶炼还原，金属还易于保存，特别是金、银、铜不易被腐蚀，因此实物货币也就逐渐被金属货币替代，金属日益成为货币商品。

金属货币最初没有固定的形状和重量，交易时须检验成色，权衡重量，又称为称量货币。随着商品交换的发展，人们把货币金属铸成具有一定形状、一定重量，并具有一定成色的金属铸币，大大便利了流通。但是，无论金银多么适合做货币，其在携带、分割、生产等方面还是有很多不便的，而且货币供应量受金银等贵金属产量的限制。人们逐渐发现金属货币在流通中发生磨损和减重后，仍按面值流通使用存在问题，于是逐渐出现作为代用货币的纸币。

（三）代用货币

代用货币是在金属货币流通的制度下，代替金属货币流通的货币符号。代用货币是由政府或银行发行的、代替金属货币执行货币流通手段和支付手段职能的货币，是作为实物货币特别是金属货币的替代物而出现的。代用货币的一般形态是纸制的凭证，故称纸币。这种纸制的代用货币，尽管其自身价值低于货币价值，是一种不足值货币，但它们都有以十足的金、银等贵金属作为发行准备金的保证。持币者有权随时要求政府或银行将纸币按其含金量兑换为金银货币或金银条块。典型的代用货币是可兑换的银行券，发行银行券的银行要保证随时按面值兑付金属货币。因此，代用货币在市场上广泛流通，被人们普遍接受。

代用货币相对于实物货币或金属货币，有以下明显的优点：①印刷代用货币的成本比其所代表的金属货币大大降低；②代用货币比金属货币更易携带和运输；③避免了金属货币流通中产生的一些问题，如在金属货币流通条件下，金属货币的法定价值和实际价值会发生偏差等。

然而，代用货币的发行数量取决于金属准备量，因此不能满足增加货币量的需求。况且，大量闲置的金属准备只存放在仓库中，造成巨大的浪费。因此，在第一次世界大战中，世界各国普遍出现停止银行券可自由兑现的现象。第一次世界大战后，有些国家虽然一度实行有条件兑换金块或外汇的制度，但随着 20 世纪 20 年代末 30 年代初金本位制的崩溃，世界主要国家的银行券完全成为不兑现的纸币，于是，现代信用货币终于取代代用货币成为当今世界货币舞台上的主角。

（四）信用货币

在 20 世纪 20 年代末 30 年代初，经济大危机的冲击使多数国家放弃金本位制，银行券不再兑现金币，完全纸币化，流通中的货币完全被纸制的不兑现信用货币取代，货币商品退出国内流通的历史舞台。

信用货币是以信用作为保证，通过一定信用程序发行，充当流通手段和支付手段的货币形态，是货币发展中的现代形态。可见，信用货币产生的客观基础是信用关系的存在和发展。信用货币本身价值低于其货币价值，而且不再代表任何贵金属，不能与金属货币兑换，实际上信用货币已经成为一种货币价值符号。

信用货币是代用货币进一步发展的产物，而且是目前世界上几乎所有国家采用的货币形态。从历史观点而论，信用货币是金属货币制崩溃的直接后果。1929～1933 年的世界性经济危机，迫使各国相继放弃金本位制，实行不兑现的纸币流通制度，所发行的纸币不能再兑换金属货币，于是信用货币应运而生。除了上述直接的历史因素外，信用货币的演进也有其经济发展的内在根源。根据经验，政府和货币当局发现，只要纸币发行量控制适宜，保持币值稳定，即使法定纸币没有十足的金银准备，社会大众对纸币也会保持信心。事实上，当今世界大多数采用信用货币制的国家，均具有相当数量的黄金、外汇、有价证券等资产作为发行信用货币的准备，但是各国政府或货币当局不再受十足金银准备的约束。根据政策需要决定纸币的发行量，这已经是公众接受的事实。

信用货币有如下基本特征。

1）信用货币是价值符号。信用货币是由中央银行代表国家发行的纸制本位货币，它是一种价值符号，不具有十足的内在价值，黄金准备基础也已消失。

2）信用货币是债务凭证。信用货币本质上是中央银行发行的债务凭证，信用货币流通就是中央银行债务的转移。

3）信用货币具有强制性。信用货币是法定货币，由中央银行发行并强制流通使用。

4）信用货币是重要的宏观经济政策。国家可以通过货币发行来控制和管理信用货币流通，把货币政策作为实现国家宏观经济目标的重要手段。

典型的信用货币是政府纸币或者说是原始意义上的纸币，现代社会中用的纸币一般是法币。法币是由政府用行政命令发行，在商品交换中必须接受，并且不能换成贵金属的纸币。法币有很多优点，法币既然是政府依靠行政命令以法律的形式发行的，在一个国家或地区一般只允许一种法币流通，因此法币具有统一性。法币便于携带，根据经济需要可发行不同票面值的纸币，使用方便。公民对法币的信任，实际上是对发行法币的政府的信任。法币也有缺点，因为它不可兑换，所以一个政府如果大量发行货币就会造成恶性通货膨胀。这类事例在历史上已多次出现，如在 1923 年的德国、1947～1949 年的中国及 20 世纪 70～80 年代的部分拉丁美洲国家。

信用货币是目前世界上绝大多数国家采用的货币形态。广义的信用货币是指可用于以支付为目的的各种手段，如银行券、票据、纸币、金属辅币、电子货币及有价证券等均属信用货币的范畴。信用货币本身的价值低于货币价值，而且不代表任何金属货币，其作为一种信用凭证，完全依靠政府信用和银行信用而流通。此外，国家发行的短期债券（即国库券）、银行签发的承兑汇票及其他特殊种类的短期证券等，都可在货币市场上随时通过转让、贴现、抵押等多种形式变现，转化成现实的购买手段和支付手段。我们一般称其为准货币或近似货币。

（五）存款货币和电子货币

1. 存款货币

20 世纪 50 年代以来，西方发达国家中现金流通（纸币和铸币）逐渐减少，存款货币成为重要形式。

存款货币表现为银行账户上的存款余额，存户需要支付时可签发支票，直接通过银行账户的转账达到结算目的。这种存款货币的流通以银行信用为基础，仍属信用货币；但货币的概念扩大了，就是说货币不仅包括铸币或现钞，也包括可转账的活期存款，并且将不能随时转账的定期存款和储蓄存款称为准货币。存款货币的出现使货币形式突破了实体货币的观念，使货币由有形变为无形。

2. 电子货币

进入 20 世纪 70 年代，随着商品经济高度发展和现代科学技术的运用，市场出现了电子货币，如信用卡、电汇业务簿。电子货币又称电子资金传送系统。这种系统是在顾客用款场所装置终端机，并与银行计算机中心连接，通过系统运作将交易金额自动记入收付双方在银行的存款账户的系统。因为存款储存于计算机，所以比传统的活期存款更安全、便捷。因此，这种系统的发展，会使实在的货币材料退出历史舞台，导致现金的消失。然而，电子货币变化的仅仅是货币形态，而货币的功能并未发生改变。

电子货币是现代商品经济高度发达和银行转账结算技术不断进步的产物。电子货币通常是利用计算机或储值卡来进行金融交易和支付的活动，如各种各样的信用卡、储值卡、电子钱包等。目前，一些技术发达的国家已普遍采用电子资金转移系统，利用电子计算机记录和转移存款。顾客在购物、享受服务或通过网络进行交易时，计算机自动将交易金额分别记入双方的银行账户。电子货币具有转移迅速、安全和节约费用等优点，虽与存款货币并无本质区别，但它代表现代信用货币形式的发展方向。

知识拓展

（一）

最早的信用卡是美国人于 1915 年发明的。当时一些汽油公司、旅行社、娱乐业、饭店和百货公司为了吸引顾客，在一定范围内发行了信用卡。持卡人可凭卡购买该公司及其附属机构的货物和劳务，无须支付现金。当时，这样的信用卡没有第三方银行参加，它只是买卖双方之间的信用工具。后来银行介入，使其变为一种银行信贷形式。电子计算机的出现及应用，使快速而准确地记账、结算成为可能，并使信用卡在西方国家得到普遍应用，成为一种国际流行的支付方式，有“一卡在身，通行世界”之说。

在我国，信用卡最早出现于 1978 年。为了促进我国外事活动和旅游事业的发展，方便来华旅游者，增加国家外汇收入，1978 年中国银行广州分行首先同中国香港东亚银行签订了在广州试办东亚签证卡兑付协议书，信用卡从此在我国出现。

（资料来源：http://www.doc88.com/p-6921506229247.html.有改动）

（二）

比特币的概念最初由中本聪在 2009 年提出，它是一种互联网金融点对点借贷平台（person to person，P2P）形式的数字货币。点对点的传输意味着一个去中心化的支付系统。与大多数货币不同，比特币不依靠特定货币机构发行，它依据特定算法，通过大量的计算产生，并使用密码学的设计来确保货币流通各个环节的安全性。P2P 的去中心化特性与算法本身可以确保无法通过大量制造比特币来人为操控币值。基于密码学的设计可以使比特币只能被真实的拥有者转移或支付。比特币与其他虚拟货币最大的不同，是其总数量非常有限，具有极强的稀缺性。该货币系统曾在 4 年内只有不超过 1 050 万个，之后的总数量将被永久限制在 2 100 万个。

比特币可以兑换成大多数国家的货币。使用者可以用比特币购买一些虚拟的物品，如网络游戏中的衣服、帽子、装备等。只要有人接受，也可以使用比特币购买现实生活中的物品。

（资料来源：http://baike.baidu.com/item/比特币/4143690?fr=aladdin.有改动）

（三）

我国正朝着非现金支付的社会迈进，多种形式的移动支付大量出现，面部识别支付技术甚至允许消费者在不使用钱包和手机的情况下完成付款。

目前，浙江大学玉泉校区的老食堂因引入面部识别支付和智能识别技术成为网络焦点。用餐者只需扫描脸部，用嵌有芯片的托盘装好食物，智能识别系统就会计算食物的总重量和热量，并完成支付过程。之后账单和营养报告将发送到用餐者手机的程序（application，APP）上。

早在 2017 年 9 月，中国电子商务巨头阿里巴巴网络技术有限公司（以下简称阿里巴巴）的子公司支付宝（中国）网络技术有限公司（以下简称支付宝）就在浙江杭州的一家肯德基店推出面部识别支付手段，这是该技术在商业用途的首次应用。当面部识别支付技术由于软件、硬件、技术成熟度及安全性方面的限制在全球仍处于初级阶段时，中国已经投入使用。面部识别支付和其他新兴方式不仅是中国技术实力的展示，也反映了中国非现金支付社会的快速发展。

中华人民共和国工业和信息化部发布的统计数据显示，我国近年来移动支付业务发展迅速。在 2017 年前 10 个月内，全国手机支付交易额达 150 万亿元（约合 24 万亿美元），居世界第一位。艾瑞咨询公司的报告也显示，2016 年中国第三方支付交易中有多达 54.8%是通过手机支付完成的。不仅如此，中国的在线支付服务提供商也将其业务拓展到海外。2017 年，36 个国家和地区的数万家外商接受支付宝作为支付方式，交易总额同比增长 3 倍。截至 2017 年 7 月，中国科技巨头腾讯的微信支付已经在 20 个国家和地区使用，涉及 13 种货币。

（资料来源：http://tech.china.com.cn/internet/20180305/337243.shtml.有改动）

第二节 货币的本质和职能

一、货币的本质

从货币的起源中，我们知道，货币是固定地充当一般等价物的特殊商品，这就是货币的本质。尽管后来的货币表现形式发生了很大的变化，但货币的本质并没有改变。

第一，货币是商品，具有商品的共性。货币是在商品交换过程中从一般商品中分离出来的，用来交换的劳动产品，具有商品的共性，即价值和使用价值。这是货币与一切商品相交换的基础。

第二，货币不是一般商品而是特殊商品。其特殊性表现在货币取得了一般等价物的独占权，任何商品都不能与其并列，即货币能够表现一切商品的价值；货币具有与一切商品直接交换的能力。

所以，准确地理解货币本质要把握住：货币从商品中分离出来，固定充当一般等价物。不论货币的表现形式如何变化，货币都固定地充当一般等价物。因此，货币的本质从来没有变化。

二、货币的职能

货币职能是货币本质的体现，是货币作为一般等价物所固有的功能。按照马克思的观点，货币具有价值尺度、流通手段、贮藏手段、支付手段、世界货币五大职能，其中价值尺度和流通手段是货币的基本职能。

（一）价值尺度

当货币用来表现商品价值并衡量商品价值量大小时，货币执行价值尺度的职能。

价值尺度，就是我们利用货币作为比较价值的工具。在日常生活中，我们用千克来反映重量，用千米来反映距离；同样，各国都用自己的货币来计算商品和劳务的价值。因为货币是大家都接受的交换媒介，所以商品用货币计价十分方便，商品的价值大小、贵贱程度一目了然，非常容易比较。如果商品的价值不用货币来度量，商品价值的比较就非常困难了。

（二）流通手段

当货币在商品交易中起媒介作用时，货币即充当流通手段。

知识拓展

在物物交换条件下，只有在满足双方的需求和时间时，交易才能顺利完成。这种交易方式效率低、成本高，并只限于较简单的商品范畴内，严重阻碍了交易的发展。在商品经济下，每个人都专门生产一种商品但又需要多种商品，于是交换成为必然。生产商品需要花费时间，付出劳动，交换商品也不是一件容易的事情。我们把在商品和劳务交换过程中所花费的时间和劳动称为交易费用。因为以物易物是非常费事而且很难成交的，所以要使交换有效率，就需要在商品中独立出一种“货币”的特殊商品，作为交换的媒介。

（资料来源：http://www.zdcj.net/other-16581.html.有改动）

出卖商品的人先将自己的商品换成货币，然后用货币购买自己所需要的商品。所以货币作为商品交换的媒介，成为当然的支付手段，关键在于它能大大方便生产者、消费者，节约交易费用，使交易以最高效率、最低成本进行。这些节省下来的巨大人力、物力和时间，可以进行生产，从而提高经济发展水平，增进社会福利。同时，由于商品交换已经割裂为两个独立的行为——卖和买，并且有独立发展的可能，即卖而不买，不买就不能卖……如此推延超过一定限度，就有可能出现商品滞销、过剩等问题，引发经济危机。货币作为流通手段，既有利于商品交易扩大，促进生产力发展，也有可能诱发经济危机。

（三）贮藏手段

当货币暂时退出流通领域而处于静止状态时，货币执行贮藏手段的职能。我们利用货币的价值贮藏功能将自己取得收入的时间和支出的时间分离开来。货币的这一功能非常有用，因为我们大多数人并不是想在获得收入的当时就进行支出，而是等到我们有时间或有购物欲的时候再进行支出。换言之，货币代表一般性的购买力，也就具有价值贮藏功能，即弗里德曼所说的“货币是购买力的暂栖处”。

金属货币条件下，货币贮藏的方式是窖藏货币，其特点是足值货币，具有蓄水池的作用。

在纸币制度的条件下，贮藏货币的方式已经发生变化：一是货币沉淀；二是银行存款；三是利用金融资产贮藏价值。

知识拓展

纸币适不适合贮藏？货币作为价值贮藏手段取决于物价水平，因为货币价值依赖于价格水平。如果所有价格上涨一倍，就意味着货币价值下降了一半；相反，所有价格减半，就意味着货币价值上升一倍。在通货膨胀时期，物价水平急速上升，货币也迅速贬值，人们不愿意以货币形式来持有财富。在极端通货膨胀时期，月通货膨胀率超过50%，情况更是如此。

在第一次世界大战之后，德国发生恶性通货膨胀，有时通货膨胀率甚至超过了1 000%，1923 年，物价水平比两年前上涨了 300 亿倍。这意味着即使是购买最基本的物品，也需要数量惊人的货币。例如，在恶性通货膨胀末期，买一片面包就需要一辆手推车的现金。货币贬值得如此迅速，以至于在一天中，工厂主要分几次向工人支付薪水，而工人也要赶回家将领到的薪水花出去，以免它变得一文不值。没有人愿意持有货币，通过货币进行的交易越来越少，物物交换盛行。交易成本飞速上升，经济产出急速下降。

（资料来源：http://www.doc88.com/p-5853925105978.html.有改动）

（四）支付手段

当货币作为独立的价值形式进行单方面转移时，货币执行支付手段的职能。这一职能是流通手段的延伸。

货币支付手段的产生源于商业信用。在商品经济进一步发展之后，产生于商业信用的货币支付手段职能，广泛运用于各种非商品买卖引起的货币支付，如租金、税金、工资、信贷收支、水费、电费、电话费等。

支付手段克服了流通手段的局限性，加速了货币周转，节约了流通费用。

（五）世界货币

货币越出国境，在世界市场上发挥一般等价物的作用时，称为世界货币。它在国际范围内执行价值尺度、流通手段、贮藏手段和支付手段的职能。

货币发挥世界货币职能的作用，最初是以金属的本来面目如黄金、白银等形式出现的。后来，随着不兑现信用货币制度的普遍推行及世界货币体系和信用关系的形成，一些主要经济体的货币如美元、英镑、欧元、日元等成为世界上普遍接受的硬通货，于是货币扮演了世界货币的角色。

在纸制货币流通条件下，货币要执行世界货币的职能必须满足以下条件：一是该国经济实力雄厚，在国际贸易和国际事务中占重要地位；二是币价稳定；三是国际收支状况良好；四是执行开放的政策，货币兑换比较自由。

第三节　货币制度及其演变

一、货币制度的概念

货币制度简称币制，是国家以法律形式规定的货币体系和货币流通的组织形式，使货币流通的各个要素结合成为一个有机整体。国家以法律形式确定货币流通的结构和组织形式，反映了国家在不同程度、从不同角度对货币所进行的控制。

货币制度出现在 16 世纪的欧洲。当时由于铸币制度不统一，阻碍商品交换的扩展和统一市场的形成，铸币的贬值又使正确计算成本发生困难，广泛的信用联系难以建立，这一切都妨碍了资本主义生产方式的建立。因此，当资产阶级建立国家政权后，就逐步清除货币流通中的混乱现象，先后以法令形式对货币流通做了种种规定，这些颁布的货币方面的法令和条例逐渐固定下来，形成了统一的、定型化的资本主义货币制度。

二、货币制度的构成要素

货币制度主要包括货币材料的确定，货币单位，主币（本位币）与辅币的铸造、发行和流通程序，发行准备制度等要素。

（一）货币材料的确定

货币材料也称币材，就是国家规定何种材料作为货币，是一个国家建立货币制度的首要步骤。货币材料的不同也是区别不同货币制度的主要标志，如果法律规定用白银作为币材，就是银本位货币制度；如果是白银和黄金同时作为币材，则称为金银复本位货币制度；如果是单以黄金作为币材，就是金本位货币制度。从整个金属货币发展历史看，本位货币最初由价值相对低的白银充当，后来演变为白银和黄金同时流通，最后演变为由价值较高的黄金充当，这是商品经济发展的必然要求。一般来说，发达国家的本位货币多为黄金，落后国家的本位货币则为白银。

随着生产发展和商品流通的扩大，黄金产量无法满足需要，各国渐渐以纸币和银行券取代金属货币。现在世界各国流通的都是不兑现的信用货币，法令中也就没有关于币材的规定，过去货币制度中一个重要的构成要素已经消失。

（二）货币单位

货币可以执行价值尺度职能，用于衡量其他商品的价值，由于各种商品的价值不同，表现为货币数量的不同，这就要求货币本身必须有一个量的规定，这称为货币单位。法律对货币单位的规定包括两个方面：一是货币单位的名称；二是货币单位的值，即包括多少货币金属。

货币单位的名称开始时就是金属的重量单位，如中国的两、英国的磅等。后来由于种种原因，货币单位的名称和货币金属的重量脱离了。货币单位有了特定的名称，如很多国家用元、法郎、卢布等。

在金属货币流通条件下，价格标准是规定货币单位的名称与每一货币单位所含的货币金属重量。例如，美国的货币单位名称为美元，根据 1934 年的法令，美元的含金量规定为 0.888 671 克黄金；英国的货币单位名称为英镑，按照 1870 年铸币条例，其含金量为 7.97 克黄金；根据 1914 年的《国币条例》规定，中国的货币单位名称为“圆”，每圆含纯银库平为六钱四分八厘。

在现代纸币本位制度中，货币单位不再规定含金量，货币单位与价格标准融为一体，货币的价格标准即是货币的单位及其划分的等分，如元、角、分。

（三）本位币与辅币的铸造、发行和流通程序

法律规定的货币种类有本位币和辅币两种。本位币也称为主币，在金属铸币时期，本位币指用法定货币金属按照规定的规格，经国家造币厂铸成的铸币。在信用货币制度下，本位币表示一个国家流通中标准的基本通货。本位币的最小规格是 1 个货币单位。比一个货币单位大的货币单位也是本位币。

小于一个货币单位的货币则称为辅币，主要用于小额支付和找零之用。当商品或劳务的价格低于一个货币单位时，就要用到辅币了。辅币的面值多是本位币的等分，一般是 1/10 或 1/100，如中国的角、分。

金属货币的铸造有可自由铸造和不可自由铸造之分。可自由铸造是指公民按照法律规定，有权把货币金属送到国家造币厂请求造成货币，且数量不受限制，自由铸造也是保证本位币是足值货币的重要手段。因为如果铸币的实际价值低于名义价值，人们就会把金属输向造币厂，增加货币数量，商品价格上涨，货币的名义价值下降；反之，人们会把铸币熔化成金属块，退出流通，使流通中的货币减少。可以自由铸造是金属货币贮藏职能发挥蓄水池作用的前提。

辅币是不可自由铸造的，辅币的铸造只能由国家垄断。因为辅币是不足值货币，如果允许辅币自由铸造，人们就都造辅币而收藏本位币了。不可自由铸造，也能保证铸造辅币的收益归国家所有。

关于货币支付能力的规定是现代货币制度的重要内容，实际上，只要国家干预货币流通就必然会有这方面的规定，如国家铸造的不足值货币或者纸币，都要通过法律规定来保证其使用，即规定货币是有限法偿还是无限法偿。有限法偿与无限法偿区分的制度是在资本主义制度建立过程中形成的。

无限法偿是指货币有无限制的支付能力，法律保护取得这种能力的货币，不论每次支付的金额如何大，也不论是什么性质的支付，对方都不能拒绝接受。金属货币时期的本位币，信用货币制度中的中央银行发行的不兑换的银行券，都具有无限法偿的能力；活期存款虽然在经济生活中也是被普遍接受的，但不具有无限法偿能力。

有限法偿是指有限的偿付能力，即一次支付超过一定限额，对方有权拒绝接受，但在法定限额内拒绝不受法律保护。金属货币的流通中的辅币，就是有限法偿的货币，因为辅币是不足值的，如果允许辅币和本位币一样无限制流通，那么人们在支付中就都用辅币贮藏本位币了。

（四）发行准备制度

发行准备制度，又称发行保证制度，是指通过银行发行的纸质货币作为价值符号依靠什么来保证其币值稳定的制度。在代用货币形态下，以金属准备制度、商业信用保证和国家信用保证作为货币发行保证。

在当代纸币本位制下，大多数国家不再规定发行保证制度。只有少数国家（地区）由于特殊背景和历史原因，用外汇作为货币发行的保证，如我国香港特别行政区以美元作为港币的发行保证。

三、货币制度的演变

自货币制度形成以来，从其存在形态来看，经历了 4 种类型，即银本位制、金银复本位制、金本位制和不兑现的信用货币制度。

（一）银本位制

银本位制是历史上出现最早、实施时间最长的一种货币制度。

1. 银本位制的概念

以白银为货币金属，以银币为本位币的货币制度，称为银本位制。与以后实行的金银复本位制对比，又称银单本位制。

2. 银本位制的特点

银本位制的特点有以下几个：①规定以白银为货币金属，银币享有无限法偿能力；

②银币可以自由铸造和熔化；③白银和银币可以自由输出和输入国境。

商品经济的发展需要价值含量更高、更稳定，携带更方便的货币。16 世纪，随着新大陆的发现，墨西哥和秘鲁丰富的银矿与巴西丰富的金矿先后被开采出来。16～18 世纪，欧洲国家纷纷建立金银复本位制度。但是到 20 世纪初，中国、印度、墨西哥等少数国家仍是银本位制。

（二）金银复本位制

1. 金银复本位制的概念

金银复本位制是金铸币和银铸币同时作为本位币的货币制度。

2. 金银复本位制的种类

金银复本位制的种类主要有以下几种。

（1）平行本位制

平行本位制是金银两种金属货币均按各自所含的实际价值流通的货币制度。也就是说，在这种货币制度下，金银两种货币的比价由市场上这两种货币金属的比价决定。

平行本位制的缺点是，使市场上的同种商品出现了金币价和银币价两种价格，随着市场上的金银比价的频繁变动，用金币和银币表示的商品的两种价格随时处于波动之中，给商品交易带来许多麻烦。所以，平行本位制不是稳定的货币制度。

（2）双本位制

双本位制是国家以法律形式规定金银两种货币的固定比价，并要求按法定比价进行流通的货币制度。

双本位制也不是理想的货币制度。这种货币制度虽然弥补了平行本位制下“双重价格”的缺陷，但是由于违背价值规律，又产生“劣币驱逐良币”现象。在双本位制下，官方的金银比价与市场上金银的比价平行并存，官方比价弹性小，市场比价弹性大。如果市场比价发生变化而官方比价没有及时调整，就会引起金币和银币的实际价值与名义价值相背离，从而使实际价值高于名义价值的货币被收藏、熔化，退出流通领域，而实际价值低于名义价值的货币充斥市场，市场上实际只有一种货币在流通。

市场价格为实际价值；官方价格为名义价值。在货币流通中，名义价值高的货币排斥实际价值高的货币的现象称为“劣币驱逐良币”现象。这种现象最早由英国财政学家汤姆斯·格雷欣发现，故称格雷欣法则。

（3）跛行本位制

跛行本位制是金银复本位制向金币本位制过渡的一种货币制度。

为了消除双本位制下“劣币驱逐良币”现象，许多国家实行跛行本位制。

在这种货币制度下，金币和银币仍然同为本位币，仍然按法定比价流通和兑换，都具有无限法偿能力，但是只有金币可以自由铸造，银币则不能自由铸造。由于限制银币自由铸造，这样银币的价值不是取决于金属银而是取决于金属金，银币本位币的地位大打折扣，银币成为金币的附属货币，起辅助作用。在这种货币制度下，两种货币的地位不平等，所以称为跛行本位制。

（三）金本位制

金本位制是指以黄金作为本位币的一种货币制度。金本位制经历了 3 个阶段，主要形式包括金币本位制、金块本位制、金汇兑本位制。

1. 金币本位制

（1）金币本位制的概念

金币本位制是金本位货币制度的最早形式，亦称为古典的或纯粹的金本位制。

金币本位制是以一定量的黄金为货币单位铸造金币，作为本位币的一种典型的金本位制。英国于 1816 年宣布实行金币本位制，历经近一百年。

（2）金币本位制的特点

金币本位制的特点如下。

1）金币可以自由铸造、自由熔化、无限法偿，其他金属货币限制铸造、有限法偿，从而保证黄金在货币制度中的主导地位，使金币的价值与其面额价值一致，足值的金属货币能够自发地调节流通中的货币量。

2）辅币和银行券等价值符号可以自由兑换金币。各种价值符号可以按面额规定的价值随时兑换金币，确保各种价值符号能够稳定地代表一定量的黄金进行流通，从而保证价值符号流通的稳定，不会出现通货贬值。（价值符号相对稳定）

3）黄金可以自由地输出和输入国境，黄金是足值货币，只要各国货币单位按其所含黄金折算成一定的比价，就可以自由地输出和输入，以结算国际收支差额，有利于国际贸易往来，稳定汇率。（汇率相对稳定）

4）金准备全部是黄金，即只有黄金作为货币的保证。

2. 金块本位制

（1）金块本位制的概念

金块本位制又称生金本位制，是指国内不铸造、不流通金币，而流通代表一定重量黄金的银行券，黄金储存于政府，银行券只能按一定条件向发行银行兑换金块的金本位制。

（2）金块本位制的特点

金块本位制的特点如下。

1）黄金虽然作为本位币，但在国内不流通金币、不再铸造金币，只有银行券流通，银行券仍是金的符号，规定含金量。

2）金块本位制打破金币本位制下银行券与黄金的自由兑换，这时黄金由政府集中储存，居民按本位币的含金量在达到一定数额后可兑换金块。例如，英国于 1925 年规定银行券与金块一次兑换数量不少于 1 700 英镑；法国于 1928 年规定一次至少兑换 215 000 法郎，这样高的限额对于大多数人来讲是达不到的。

3. 金汇兑本位制

（1）金汇兑本位制的概念

金汇兑本位制也称虚金本位制，是指国内只流通银行券，而银行券可以按政府规定的汇率自由地兑换成另一种采用金币或金块本位制国家的货币，再兑换该国黄金的一种货币制度。

（2）金汇兑本位制的特点

金汇兑本位制的特点如下。

1）国内流通银行券并且规定其含金量，但无金块或金币可供兑换，禁止金币的铸造与流通。

2）中央银行将黄金和外汇存在另一实行金币本位制和金块本位制的国家，并规定本国货币与该国货币的法定兑换比率。

3）居民可按法定兑换比率先用本国货币兑换该国货币，再向该国兑换黄金。

实行金汇兑本位制的国家实质上是使本国货币依附在一些经济实力雄厚的外国货币上，处于附庸地位，因而货币政策受经济实力强的国家的牵制，同时附庸国家向其大量提取外汇准备或兑取黄金也会影响后者的币值稳定。

知识拓展

1929～1933 年，世界经济危机的风暴彻底摧毁了残缺不全的金本位制，迫使经济学家放弃自发调节经济的思想而主张国家干预经济，于是资本主义各国先后实行纸币制度——不兑现的信用货币制度。

第二次世界大战结束前夕，在美国的新罕布什尔州布雷顿森林召开的国际货币会议上确立的布雷顿森林体系，实际上是一种全球范围的金汇兑本位制。这一体系规定了各国货币与美元挂钩、美元与黄金挂钩、以美元为中心的货币制度，把各国货币都变成美国货币的依附。直到 1973 年，由于美国宣布与黄金脱钩，金汇兑本位制才正式停止。

（资料来源：https://wenku.baidu.com/view/0707de0e844769eae009edd2.html.有改动）

（四）不兑现的信用货币制度

自 20 世纪 30 年代以来，各国普遍实行不兑现的信用货币制度。

1. 不兑现的信用货币制度的概念

不兑现的信用货币制度是指以不兑换黄金的纸币为本位币的货币制度。

不兑现的信用货币制度是货币制度演进过程中质的飞跃，突破了货币商品形态的桎档，而以本身没有价值的信用货币成为流通中的一般等价物，在这种货币制度下黄金量不再是确定货币币值及两种货币汇率的标准。

2. 不兑现的信用货币制度的特点

不兑现的信用货币制度的特点如下。

1）货币由不兑现纸币和银行存款构成，都是信用货币。不兑现纸币由国家授权中央银行垄断发行，具有无限法偿能力，体现对持有者的负债；银行存款体现对存款者的负债，两者都体现着信用关系。

2）信用货币都是通过银行放款投入流通领域的，与金铸币通过自由铸造投入流通领域有根本的区别。

3）黄金已退出国内流通领域。信用货币不能兑换黄金，也不规定含金量，不与任何金属货币保持等价关系，货币发行不以金银作为准备，不受金银数量的约束。

4）国家对通货的管理成为经济正常运行的必要条件。在不兑现的信用货币制度下，银行放松银根，信用货币投放过多，则产生通货膨胀；银行收缩银根，则产生通货紧缩。因为此时黄金对货币流通量的自发调节作用已不复存在，所以为使货币流通量适应经济发展的需要，必须由国家对银行信用加以调控。

第四节　我国的货币制度

一、古代的货币制度

我国使用货币已有几千年的历史。原始货币主要是海贝、布帛和农具；商周时期已开始使用金属货币；春秋、战国时期的货币种类很多，如刀币、布币、铲币、环钱、蚁鼻钱等。秦始皇统一中国后，废除刀、布、贝等币种，用半两钱铜铸币为统一的铸币，每枚重量为当时的半两，即十二铢，形状为外圆内方。从秦朝到清朝末期的两千多年中，外圆内方的铜钱一直是我国流通的基本货币。黄金、白银也是主要流通货币，但是以称量货币形式流通。

我国是使用纸币和信用货币最早的国家。最早的纸币是北宋初年在四川出现的交子。当时四川使用铁钱，体重值小，流通不便。益州 16 户富商发行一种纸币，名为交子，类似存款收据，可兑现和流通。后因有的商人破产不能兑现，所以政府禁止商人发行，于宋仁宗天圣元年（1023 年）改由政府发行，在全国流通。1105 年，改交子为钱引。南宋时期的纸币主要是关子、会子等。到 1161 年，流通中的纸币数量已达 4 147 万贯，而金属铸币总共只有 70 万贯。元朝和明朝时期，纸币仍然占有重要地位。但因多次发生纸币贬值和通货膨胀，清朝从 17 世纪起就取缔了纸币，直到 19 世纪中叶才重新发行。

我国古代货币制度是不健全的。贵金属（如金、银）与贱金属（铜、铁）同时流通，金、银称量货币与金属铸币同时流通，纸币与金属货币同时流通。这些货币平行流通，没有主币与辅币之分，政府很少硬性规定它们之间的比价，铸造货币和发行纸币比较分散。这种货币制度是由我国落后的商品经济决定的。

知识拓展

中国古代货币在形成和发展过程中，先后经历 6 次重大的演变。

1）由自然货币向人工货币的演变。

2）由杂乱形状向规范形状的演变

3）由地方铸币向中央铸币的演变。

4）由文书重量向通宝、元宝的演变。

5）由金属货币向纸币交子的演变。

6）由手工铸币向机制纸币的演变。

（资料来源：https://baijiahao.baidu.com/s?id=1595167835739336949&wfr=spider&for=pc.有改动）

二、从鸦片战争到 1949 年之前的货币制度

从鸦片战争到中华人民共和国成立之前，我国货币制度是一种混乱的、落后的与不独立的货币制度。

在西方国家早已实行金本位制时，我国仍旧实行较为落后的银本位制，即银两本位制、银钱平行本位制，这种称量货币的流通极为不便。外国银圆大量涌入我国，如西班牙本洋、墨西哥鹰洋、日本龙洋等不胜枚举。据 1910 年清政府调查，当年在中国流通的外国银圆有 11 亿元。清政府于光绪十五年（1889 年）开始自铸银圆，通称“龙洋”，即以银圆为货币本位，但并未废除银两制度。直到 1935 年国民政府实行法币制度，银本位制才退出历史舞台。币值经常受到出产白银国家产量及输出政策的影响，价格上涨时，白银外流，通货紧缩，造成经济不景气；价格下跌时，白银大量输入，通货膨胀，物价上涨。因此，银本位制国家的经济常随世界银价的波动而波动。

当时在流通中使用银圆、银行券和铜圆，而大宗交易和支付用银两计价。因为主要商埠的银两轻重不一，所以产生计价与流通标准不统一的混乱局面，不利于商品流通和经济发展。

直至 1933 年 4 月，国民政府进行“废两改元”的币制改革，我国才开始实行统一的银铸币本位。“废两改元”规定，所有收付、交易一律改用银圆，不得再用银两，并确定以银本位制的“元”为单位，每元含纯银 23.493 448 克。银圆同银两的折算率，定

于 1 元等于上海规元 7 钱 1 分 5 厘。以后一切收付与交易，如仍用银两计算，在法律上不承认有效。“废两改元”在客观上起到统一货币、促进经济发展的积极作用。

由于银价暴涨，国内银根短缺，银本位制很难维持下去，国民政府于 1935 年 11 月被迫放弃银本位制，实行法币改革。法币改革的主要内容：①以中央银行、中国银行、交通银行、中国农民银行发行的纸币为法币，具有无限法偿能力；②禁止白银流通，各地银钱行号、商店、公共团体及个人，持有银币、厂条、生银、银锭或银块等，均交各地兑换部门换取法币；③白银收归国有，移存海外，作为外汇准备金；④法币 1 元与 14.5 便士或 0.297 5 美元等值，中央银行、中国银行、交通银行、中国农民银行无限制买卖美元、英镑，以维持法币币值稳定。至此，我国铸币流通宣告结束，开始实行不兑现的纸币本位制度。

1937 年，抗日战争全面爆发。在长期战争中，国民政府入不敷出，不断加大货币发行力度。特别是在 1946～1949 年解放战争期间，国民政府实行通货膨胀政策。仅 1945 年 8 月～1948 年 8 月，法币发行量就增加了 1 000 多倍，法币几乎变成废纸。1948 年 8 月 19 日，国民政府宣布币制改革，发行金圆券，以 1∶3 000 000 的比例收兑法币。金圆券是不兑现的银行券，国民政府虽然规定了含金量并声称具有十足准备，但是不兑现，这些规定毫无意义，1 年以后金圆券又变成废纸。1949 年 7 月 4 日，国民政府在广州发行所谓无限制兑现的银圆券，银圆券 1 元折合金圆券 5 亿元，但是已无力回天。有人把法币、金圆券的贬值做了形象的分析：100 元法币的购买力，在 1938 年值两头黄牛、1939 年值一头猪、1943 年值一只鸡、1945 年值两个鸡蛋、1947 年值一个煤球、1949 年 5 月值一粒大米的千分之二点四五。国民政府时期的恶性通货膨胀，严重扰乱了货币流通秩序，对人民生活和经济发展造成了巨大损失。

三、中华人民共和国的货币制度

中华人民共和国的货币制度最早可以追溯到中国共产党领导的根据地的货币制度。

早在第一次国内革命战争时期，中国共产党领导下的农民协会就建立了一些银行或信用机构，并发行过货币，如 1927 年湖南平民银行发行的临时兑换券等。

第二次国内革命战争时期，各根据地也发行过各种货币，如 1928 年海丰劳动银行的银票，1929 年江西东古平民银行的钞票，1931 年中华苏维埃共和国国家银行的钞票、银圆和铜币。抗日战争和解放战争时期，各根据地的银行先后发行地区性货币，如陕甘宁边币（陕甘宁边区）、晋察冀边币（晋察冀边区）、西北农民币（晋绥边区）、北海币（山东解放区）、中州币（中原解放区）、南方币（华南解放区）、东北币（东北解放区）等。

革命根据地的货币大多是银行券，由各根据地的银行垄断发行。当时的根据地和解放区被包围分割，因此，各根据地货币发行也处于分散、不统一的状态，但它的形成和发展为新型货币制度的建立积累了经验。随着解放战争的形势发生根本性变化，各解放区的货币统一工作也开始了。例如，1948 年 1 月，西北解放区停止了陕甘宁边币的发行，而以西北农民币作为主要通货；在东北解放区，规定东北币、关东币、长城币 3 种通货混合流通，以东北币为主。

1948 年 12 月 1 日，中国人民银行成立，并于当天发行人民币作为全国的统一货币，这标志着中华人民共和国货币制度初步建立。

人民币发行后，随着全国解放进程的加快，解放区迅速收兑了法币、金圆券和银圆券，货币也逐步统一。但是，由于 10 多年的恶性通货膨胀，人们对纸币缺乏信心。金银尤其是银圆重新进入流通领域，在某些地区，外币成为主要通货，如港币在广州通行。为稳定人民币制度，国家禁止金银计价流通和私自买卖，统一管理金银购销，坚决取缔在我国发行货币的外国银行，禁止外币流通，并垄断外汇经营的特权。通过一系列措施，政府迅速肃清了货币流通混乱的状况，用人民币占领全国市场，建立起统一的、独立自主的新货币制度。

中华人民共和国成立之初，为恢复国民经济、救济灾民、保障军队和公职人员的供给，财政出现巨额赤字，不得不依靠发行货币来弥补，这使全国仍然存在严重的通货膨胀。如果不及时消除通货膨胀，新的货币制度就很难巩固。为此，国家统一全国财政收支、统一全国物资调拨、统一全国现金管理，建立信贷、结算和现金统一管理制度。终于在 1950 年 4 月开始回笼现金，物价不再上涨，人民币币值基本稳定，为以后人民币制度长期稳定奠定了基础。

当时流通中的纸币最小面值是 1 元，最大面值是 5 万元。鉴于人民币票面额过大，单位价值太低，国务院于 1955 年 3 月 1 日起发行新的人民币，按 1∶10 000 的比例无限制、无差别地收兑全部旧币，并同时建立辅币制度，这种格局一直保存至今。

我国人民币制度主要包括 5 个方面的内容。

1）我国法定货币是人民币。人民币单位为“元”，元是本位币，即主币；辅币名称为“角”和“分”。

2）人民币是一种不兑现的信用纸币，是代表一定价值的货币符号。没有含金量的规定，不能兑换金银。

3）人民币发行坚持高度集中统一和经济发行（也称信用发行）的原则。由中国人民银行按照商品流通规模扩大和经济增长的客观合理需要发行货币。

4）人民币是一种管理通货。目前正经历由直接调控向间接调控过渡阶段，运用三大政策工具调节和控制货币流通。

5）人民币是独立自主的货币。人民币只允许在我国境内流通，禁止人民币出入国境，也禁止外币在国内自由流通。原来实行外汇管理，人民币外汇牌价由国家外汇管理局统一制定、调整和公布。20 世纪 90 年代实行有管理的浮动汇率制度，又在经常项目下实现人民币自由兑换，为最终实现人民币自由兑换创造了条件。

本 章 小 结

货币的产生是商品内在矛盾发展的必然结果，同时货币的出现又大大地促进了商品生产和商品交换的发展。

货币形式的发展大体上经过了实物货币、金属货币、可兑现的信用货币、不可兑现的信用货币、存款货币和电子货币等形态。

货币是固定地充当一般等价物的特殊商品，这是货币的本质。尽管后来的货币表现形式发生了很大的变化，但货币的本质并没有随之改变。

货币职能是货币本质的体现，是货币作为一般等价物所固有的功能。按照马克思的观点，货币具有价值尺度、流通手段、贮藏手段、支付手段、世界货币五大职能，其中价值尺度和流通手段是基本职能。

货币制度是国家以法律形式规定的货币体系和货币流通的组织形式，使货币流通的各个要素结合成为一个有机整体。

货币制度主要包括确定本位货币、货币单位和价格标准、主币与辅币的铸造、发行和流通程序及准备制度等要素。

货币制度形成共经历了 4 种类型，即银本位制、金银复本位制、金本位制和不兑现的信用货币制度。

业务技能自测

第二章
信用与利息

职业能力目标

【知识目标】

1）理解并掌握信用的基本含义、特点和构成要素。

2）理解并掌握各种现代信用形式的内容和特点。

3）理解并掌握各种信用工具的含义。

4）掌握单利和复利的计息方法。

【能力目标】

1）能够正确运用各种信用工具。

2）能够运用单利和复利计息方法进行利息计算。

学习要点

信用的基本原理；现代信用的形式；信用工具；利息与利率

案例导入

“不敢想象中国工商银行这么大的银行居然也有这么贴近中小企业的融资服务。”——小型高科技企业负责人张先生向记者激动地说。

张先生经营一家小型高科技企业。企业生产的通信电源技术含量高、专业性强、性能优良，产品主要销售给国内大型通信设备制造商。但由于该公司正处于起步阶段，研发资金投入较大，而公司规模小，自有资金有限，在扩大生产经营方面存在较大的阻碍。又由于该公司在行业中处于弱势，谈判和议价能力较弱，无法从其购货商和供应商处获得优惠的价格，经营成本居高不下，公司业务难以实现较大的突破——该公司面临资金瓶颈。

经业内人士介绍，张先生得知中国工商银行有专门针对中小企业的融资产品，随即便与中国工商银行进行接触。中国工商银行了解该公司的融资需求和经营特点后，向其推荐了应收账款融资业务，即公司可以将其对购货商的应收账款转让给中国工商银行，中国工商银行按照应收账款金额给予一定比例的融资。该项业务无须企业提供额外的抵押担保，并且在企业供货后就可以得到融资，在购货商到期支付货款后再归还融资，整个过程既快捷又方便，企业可以放心地使用融资资金进行原材料采购和扩大经营，而无后顾之忧。

该公司尝试着做了第一笔应收账款融资业务，金额为 200 万元。之后，该公司又陆续在中国工商银行办理应收账款融资业务，融资金额不断扩大，累计融资金额达 3 000 万元，融资余额超过 1 000 万元，成为中国工商银行首家应收账款融资余额超 1 000 万元的中小企业。

（资料来源：http://www.doc88.com/p-0572614832055.html.有改动）

思考：以上融资属于什么信用形式？有什么特点？

第一节　信用的基本原理

一、信用的含义

在现实生活中，“信用”一词常常被人提及，但不同场合下信用的含义是不同的。通常来说，信用属于两个范畴：一个是道德范畴，另一个是经济学范畴。

从道德角度理解“信用”，它实际上指的是“信守承诺”的一种道德品质。人们在日常生活中讲的“诚信”“讲信用”“一诺千金”“君子一言，驷马难追”等实际上反映的就是这个层面的意思。从这个层面来看信用，它对于一个国家、一个民族的发展都是至关重要的，因为只有讲信用，一个社会才能够形成一个良好的社会信用结构，而这个信用结构是社会正常运转的重要基础。

在经济学中，所谓信用，就是用契约关系保障本金回流和增值的价值运动。在商品经济中，商品和货币在各个所有者之间的分布往往是不均衡的。这就产生了借贷的需要。最初是购买者向生产者赊购商品，延期支付货币；然后是购买者偿还欠款，货币执行支付手段职能。随着经济的发展，信用的范围不断扩大，信用形式也日益多样化，除了商品的赊购赊销外，更多地表现为货币的借贷。货币的贷出者与货币的借入者形成的债权债务关系即信用关系，信用由此产生。由此可见，信用是一种借贷行为，是以偿还和付息为条件的价值运动的特殊形式。

知识拓展

信用缺失给我国的国民经济、市场秩序带来了严重损害。据有关部门调查，我国市场交易缺乏信用监督，使国内生产总值（gross domestic product，GDP）的10%～20%为无效成本。因信用缺失导致的直接损失和间接损失高达6 000亿元。因此，分析我国现阶段信用管理的状况和存在的问题，对于建立社会信用制度和体系具有重要意义。

当前我国信用管理中存在的种种问题，主要有以下几个方面的原因。

1. 信用管理的社会基础差

中国普遍缺乏现代市场经济条件下的信用意识和信用道德规范，这是有深刻历史背景和社会原因的。与发达国家相比，我国的信用管理基础非常薄弱。其主要表现在4个方面。

1）没有建立健全社会的个人信用制度。我国的社会经济生活中，普遍缺乏居民个人的信用记录，难以快速、真实、完整、连续、合法、公开地取得个人信用资料，无法对个人信用做出大体准确的评估。

2）企业普遍缺乏基本的信用管理机构和制度。作为国民经济最基本的“细胞”，我国企业很少设立专门的信用管理机构，对应收账款、商品销售，以及相关客户的资信状况进行系统的管理，更缺乏信用管理的基本制度。

3）行业信用自律管理薄弱。我国工商领域的行业协会发育很晚，其主体大多是从原来的政府行政主管部门脱胎而来的，在行业自律方面缺乏基础，特别是对于行业内非国有经济成分的企业缺乏应有的联系，更难以提及企业信用方面的自律管理。

4）国家信用管理体系不健全。目前，在立法方面，《中华人民共和国民法通则》《中华人民共和国合同法》《中华人民共和国反不正当竞争法》中虽然都有诚实守信的法律原则，《中华人民共和国刑法》中也有对诈骗等犯罪行为处以刑罚的规定，但这些仍不足以对社会的各种失信行为形成强有力的法律规范和约束，针对信用方面的立法仍然滞后。

2. 信用管理的垄断程度高

目前，我国社会信用记录还集中于政府部门。组建信用担保机构、信用评价机构、信用征集机构等，主要由政府部门直接负责或由其下属的事业单位负责，信用记录的收集、整理和分析基本上由政府部门垄断。例如，公安、工商、人事、税务、统计等部门所掌管的大量的企业信用信息资源很多没有公开。在这一过程中建立的信用中介机构，也大多有政府背景或以政府出资为主，有些是政府控股或政府独资，市场化程度和信用数据的开放度都很低。

3. 信用中介机构执业整体水平低

我国的信用中介机构诞生于20世纪90年代初期，经过20多年来的发展虽然已初具规模。但从总体上看，我国有实力提供高质量信用产品的机构还很少，经营分散，规模较小，信用中介机构执业的整体水平不高，也没有建立信用行业协会，缺乏行业自律，没有建立起一套完整而科学的信用调查和评价体系，市场竞争基本处于无序状态，这导致了企业的信用状况得不到科学、合理的评估，市场不能发挥对信用状况的奖惩作用，企业也缺乏加强信用管理的动力。

4. 信用管理的体制不确定

我国政府行政机构的改革还没有完全到位，部门职能还需要进一步规范，行政机构的设置也需要进一步合理化。

（资料来源：http://www.360doc7.net/wxarticlenew/306806133.html.有改动）

二、信用的特点

信用的特点如下。

1）信用是价值运动的特殊形式。信用方式引起的价值运动是价值的单方面转移。或者先让渡商品，一段时间后收回商品或货币；或者先预付货币，一段时间后再收回商品或货币。这种时间上的分离实质上是资本所有权与使用权的分离。商品或货币的所有者在贷放商品或货币时，仅仅让渡了商品或货币的使用权，而保留所有权。

2）信用以偿还和付息为条件。偿还是信用活动的基本条件，是保留所有权和让渡使用权的具体表现。不偿还，意味着商品或货币的所有权都转移了。付息是让渡商品或货币使用权的回报，是等价交换原则的体现。贷者之所以愿意贷出，是因为有权取得利息收入；借者之所以可以借入，是因为愿意承担付息的义务。

三、信用的要素

信用的要素主要有以下几点。

1）债权债务。任何信用得以成立的条件必须至少有两个当事人：一方是借入的债务人；另一方是贷出的债权人。债务是借入者将来还本付息的义务；债权是贷出者将来收回本金、索取利息的权利。债权债务构成信用的第一要素。

2）信用工具。信用关系的确立，必须有凭据作证。早期信用多用口头约定确定债权债务关系，但双方往往因口说无凭引起争执。后来发展为账簿信用，由双方当事人记账为凭。这种方式简单易行，比口头方式可靠，但是没有任何证件往来，一旦出现错记、漏记或债务人赖账，便无从查考。现代信用均以合法书面凭证作为确定信用关系的媒介，这种表明债权债务关系的书面凭证即为信用工具。

3）时间间隔。没有时间间隔，就无所谓信用。从信用的发生确立到信用的终止清偿，总是有着或长或短的时间间隔。时间长短主要取决于借贷双方的需要。在现代信用中，借方要利用一段时间使用所借用的资本保值增值，以保证还本付息，并满足自身经济目的。对于贷方来说，借贷时间越长，机会成本和风险就越大，因此所要求得到的回报（即利息）也就越多。

4）利率。信用关系是建立在以还本和付息为条件的基础上的，还本即归还本金，付息是支付本金以外的附加价值。本金和利息之间有一个比例关系，利息与本金之比即为利率。利率是信用回报的表现。

第二节　现代信用的形式

现代信用的主要形式有商业信用、银行信用、国家信用、消费信用、国际信用。

一、商业信用

商业信用是指企业之间互相提供的，与商品交易直接相联系的信用。商业信用的具体形式包括企业间的商品赊销、分期付款、预付货款、委托代销等。因为这种信用与商品流通紧密地结合在一起，所以称为商业信用。商业信用最典型的形式是商品赊销。

商业信用发生的基本原因是在社会再生产过程中，一些企业生产出商品等待销售，而需要购买商品的企业又暂时没有现款，因为这些企业只有在售出自己的产品后，才能获得足够的现款。商业信用通过赊销商品、延期付款的方式消除了买卖双方暂时的冲突。

（一）商业信用的特点

商业信用具有如下特点：第一，商业信用的债权债务人都是企业经营者。商业信用是以商品形式提供的信用，是在商品交易中产生的。因此，其债权债务人都是从事商品生产和流通活动的企业经营者。第二，商业信用贷出的资本是商品资本。企业赊销的商品是处在流通阶段、待实现价值的商品，一个企业把这些商品赊销给另一个企业时，商品资本贷出去了，使用权发生了转移。但因为商品的货款没有支付，所以形成了以货币形式存在的买卖双方的债权债务关系。第三，商业信用的规模一般与产业资本动态是一致的。商业信用来源于社会再生产过程，经济繁荣，社会生产与商品流通规模扩大，商业信用规模也随之扩大；反之，则缩小。

（二）商业信用的优点

商业信用的优点在于方便和及时。商业信用既解决了资金融通的困难，又缓和了商品买卖的冲突，从而缩短了融资时间和交易时间。同时，商业信用是商品销售的一个有力竞争手段。正因为如此，一般在商业信用能解决融资问题的情况下，购货企业无须求助银行信用。商业信用是西方国家信用制度的基础和基本形式之一。

（三）商业信用的局限性

商业信用也存在着明显的局限性，具体表现在以下几点。

1）商业信用规模受企业能提供的资本数量限制。商业信用是在企业之间进行的，只能在它们之间对现有资本进行再分配，所以商业信用的最高界限是企业可贷出的商品资本。商业信用在量上是有限的，这显然无法满足现代化大生产对资金的需求。

2）商业信用的供求有严格的方向性。商业信用是在商品交易中产生的，是以商品形式提供的，每种商品都有特定的使用价值，信用供给者提供的商品，必须是信用需求者所需要的商品。同时，只有商品的需求者，才能向商品供给者预付货款。否则，没有商品供求的一致性，就不能形成借贷关系，这就决定了商业信用在供求上具有严格的方向性，即只能是原材料向加工业、工业向商业、批发向零售、上游向下游等提供信用，而不能相反。

3）商业信用期限的局限性。商业信用提供的对象是企业再生产总资本的一部分，尚未独立于企业再生产之外，企业再生产需要连续进行，资本闲置时间很短，如果以商品形式贷出的资本不能及时归还，企业生产和流通就难以正常进行。企业为了使再生产连续进行，不能长期将资本借出，因此商业信用一般只适用于短期借贷。

4）信用能力上的局限性。在相互不甚了解信用能力的企业之间不容易发生商业信用。

二、银行信用

商业信用的局限性使它难以满足资本主义社会化大生产的需要，于是，伴随着资本主义银行的产生，在商业信用广泛发展的基础上就产生了银行信用。银行信用是银行和各类金融机构以货币形式提供的信用。银行一方面，将社会再生产过程中游离的暂时闲置的货币资金筹集起来，形成巨额资金；另一方面，通过贷款方式将筹集的资金贷放出去，满足社会各界对资金的需求。银行通过信用活动调剂社会资金余缺，成为整个社会的信用中介，银行信用是现代经济中主要的信用形式之一。

（一）银行信用的特点

与商业信用相比，银行信用具有以下几个特点。

1）银行信用是以货币形态提供的。货币作为商品交换的一般等价物，具有和其他一切商品相交换的能力，所以，银行可以向社会各部门提供信用，这就克服了商业信用在供求方向上的局限性。

2）银行信用克服了商业信用在数量和期限上的局限性。银行以一小部分自有资金为基础，广泛筹集社会闲置资金，形成巨额的资金来源后向社会提供信用。这样，银行可以超过自有资金数量提供信用，使社会闲置资金重新进入再生产过程，补充企业资金。银行既可以集小额资金形成巨额资金，也可以将短期资金作为长期融通使用。

3）银行信用以银行和各类金融机构为媒介。银行和各类金融机构是社会的信用中介，从吸收存款的角度考察，银行是存款人的债务人；从发放贷款的角度考察，银行是借款人的债权人。在银行信用中，资金供求者之间并未直接发生债权债务关系，银行充当信用中介。银行和各类金融机构的信用活动，将社会大量的直接融资转化为间接融资。因为银行与社会联系比较广泛，有较强的信用能力，特别是中央银行产生以后，银行的信誉提高，稳定性增强，所以银行信用成为现代经济中最主要的信用形式。

4）银行信用的变化与经济景气状况往往不一致。在繁荣时期，生产和商品流通扩大，企业对银行信用的需求也会增加，利率相应上升，从而使资金供应紧张。而在危机时期，企业为了支付债务，避免破产，有可能加大对银行信用的需求力度。

5）银行可以通过信息的规模投资，降低信息成本和交易费用，从而有效地改善信用过程的信息条件，减少借贷双方的信息不对称，以及解决由此产生的逆向选择和道德风险问题，其结果是降低了信用风险，提高了信用过程的稳定性。

（二）银行信用的优点

因为银行信用具有以上特点，所以，它克服了商业信用的局限性，成为比较良好的信用形式。其优点如下：第一，银行信用的规模巨大。这就在规模和数量上克服了商业信用的局限性。第二，银行信用的投放方向不受限制。银行信用以货币形态提供，货币具有一般的购买力，即谁拥有它，谁就拥有选择任何商品的权利。因此，任何部门、企业和个人暂时闲置的货币或资本都可以被各种信用机构动员起来，投向任何一个部门和企业，以满足任何方面的需要，不受任何方向上的限制。第三，银行信用的期限长短均可。这就克服了商业信用在期限上的局限性。第四，银行信用的能力大大提高且作用范围扩大。

在信用领域中，银行信用无论是在规模上、范围上，还是在期限上，都大大超过商业信用，对商品经济的发展起到巨大的推动作用，成为现代信用的主要形式。尽管银行信用是现代信用的主要形式，但商业信用仍是现代信用制度的基础。银行信用不能取代商业信用，一方面，银行业务起源于商业票据的贴现和抵押；另一方面，商业信用是直接与商品的生产与流通相关联，直接为生产和交换服务的信用形式。企业之间在商品交易过程中，如果彼此信任，完全可以通过商业信用直接融通所需的资金，而不会求助银行的中介信用。只有在买卖双方彼此不信任时，银行信用才有用武之地。因此银行信用和商业信用是现代经济的两种基本的信用形式。

知识拓展

商业信用与银行信用的区别如表2-1所示。

表 2-1 商业信用与银行信用的区别

区别	商业信用	银行信用
客体	商品资本	货币
主体	企业	金融机构
地位	基础	主体
运动	与经济周期波动基本一致	与经济周期波动不一致
形式	赊销、预购	放款（贴现）
融资	直接融资	间接融资

（资料来源：http://www.docin.com/p-1586708558.html.有改动）

三、国家信用

国家信用是以国家和地方政府为债务人的一种信用形式。

（一）国家信用的基本形式

国家信用的基本形式主要有以下几种。

1. 公债

公债是一种长期负债，期限一般在 1 年以上甚至 10 年或 10 年以上。公债通常用于国家大型项目投资或较大规模的建设。政府在发行公债时往往不注明具体用途和投资项目。

2. 国库券

国库券是一种短期负债，期限以 1 年以下居多，一般为 1 个月、3 个月、6 个月不等，为调节年度内财政收支临时性出现的不平衡而发放。

3. 专项债券

专项债券是一种指明用途的债券，如中国发行的国家重点建设债券等。

4. 财政透支或向银行透支和借款

透支一般是临时性的，有的在年度内偿还。借款是在公债、国库券、专项债券仍不能弥补财政赤字时，余下的赤字即借款一般期限较长，一般隔年财政收入大于支出时（包括发行公债收入）才能偿还。有的国家（如中国）只将财政向银行透支和借款算为财政赤字，而发行国库券和专项债券则作为财政收入而不在赤字中标示。其中主要的形式是国家发行国库券和公债。

知识拓展

我国在20世纪50年代曾经发行公债。第一次是在1950年1月发行的“人民胜利折实公债”；1954～1958年，我国连续5年发行了“国家经济建设公债”。这些公债于1968年全部还清本息。后来由于片面强调“既无外债，又无内债”，我国在相当长的时间里没有发行国债。经济体制改革以后，为了适应国民经济发展的需要，从1981年起，国家开始发行国债。

1981～1986年，国家信用的初始阶段。改革之初发行国库券的出发点在于弥补财政赤字。当时由于财政一方面放权让利，另一方面为改革提供补贴等辅助手段及加大建设规模等，收支之间的矛盾日益扩大。而单纯向中央银行借款或透支容易引起通货膨胀，于是政府采取了同时采用借款和发行国库券两种方式来弥补赤字的手段。1981年开始发行的国库券，主要面向个人和单位，期限为10年。自第6年起每年抽签偿还20%，这时国债的作用是弥补赤字，为国家筹集建设资金。当时人们的观念认为只是临时性的措施，财政状况好转之后就会消失。毕竟，中国经济经历了20多年“既无内债、又无外债”，因此人们对国债难免持谨慎态度。

1986～1991年为偿债高峰期。这一时期出现了国债偿还的问题。1986年还本付息金额仅为50亿元左右，列入当年预算，影响不大。但到了后期，还本付息的规模日益扩大，这时，除了对单位的部分到期债采取发行转换债或推迟偿还之外，主要方式是通过发行新债偿还旧债。

1991～1996年，国债发行走向市场化。从1988年开始，国债二级市场在部分城市进行试点。1990年下半年到1991年年初，国债市场由普遍抛售转为普遍求购，1991年全面放开二级市场。在一级市场，1991年实行证券中介机构承购包销方式。1995年开展招标发行试点。1996年进行重大改革，采取投标发行的市场化发行方式，付息债采取收益率招标，无记名债在定利率和定条件的前提下采取划款期招标的方法。

市场化试点最初是为了改善国债的发行条件，和提高国债利率一样，是筹集资金的手段，这是因为中国的国债大多是长期国债，流动性很差，开辟二级市场便于短期资金流入。而一级市场发展一开始也是为了方便销售，之后采取招标方式使利率水平接近市场利率，思路仍是降低发行成本，调动承销机构的积极性，保证完成国债发行任务。但这些市场化的改革，对于中国金融市场、金融资产及商业银行和中央银行的行为，都产生一定的影响，国家信用的作用得到进一步发展。

（资料来源：http://www.docin.com/p-43501304.html.有改动）

（二）国家信用的特点

国家信用与其他信用相比有其自身的特点。首先，国家信用的主体是政府，信誉高、风险小。国家信用的债务人是政府，而政府不仅有稳定的税收收入作为还款的保证，还有国家信誉作为担保，因此，国家信用通常被看成无风险信用。其次，国家信用稳定性强，适用于长期投资。国家信用的主要形式是公债，因为公债的还款期限较长，而且公债在未到期前只能贴现，不能兑付，所以聚集资金的稳定性较强，可用于长期投资。最后，国家信用的范围更广泛。国家信用有时带有强制性，加上政府的信誉程度较高，因此国家信用可动用银行难以动用的资金，其范围可以比其他信用更加广泛。

（三）国家信用的作用

国家信用的作用主要表现在以下 4 个方面。第一，调剂政府收支不平衡。国家在一个财政年度内，经常会发生收支不平衡的现象，有时支大于收，有时收大于支。国家往往采取发行国库券的办法，解决财政年度内收支暂时不平衡的问题。第二，弥补财政赤字。弥补财政赤字的方法主要有增加税收、挤占银行信贷资金和借债。增加税收会影响社会生产和商品流通的正常进行，容易引起社会公众的不满。挤占银行信贷资金会导致通货膨胀。采用国家举债的方式弥补财政赤字的副作用较小。所以许多国家把发行国债作为弥补财政赤字的重要手段。第三，筹集巨额资金。国家为了履行管理和发展经济等方面的基本职能，在发生战争、特大自然灾害和大规模项目开发时，需要巨额资金。为满足这种巨额资金需求，许多国家采用国家信用来筹集资金。第四，调节经济。随着国家信用的发展，一些国家的中央银行通过买进卖出国债来调节整个社会的货币供应情况，借以影响市场资金供求，从而达到调节经济的目的。

四、消费信用

消费信用是工商企业或银行等金融机构，对消费者提供的直接用于生活消费的信用。

（一）消费信用的类型

消费信用主要有两种类型：第一类是工商企业以赊销商品（延期付款）、分期付款的方式向消费者提供的信用。第二类是银行或其他金融机构以货币形式向消费者提供的消费信用，也就是消费贷款。消费信用属于长期消费信用，一般用于购买汽车或住房，期限可达 30 年，可采取抵押贷款方式或信用贷款方式。

（二）消费信用的积极作用

消费信用的积极作用表现在：首先，消费信用在一定程度上满足消费者的购买力需求与缓和现代化生活需求的矛盾，有助于提高消费水平；其次，消费信用可发挥消费对生产的促进作用。

（三）消费信用的消极作用

消费信用的盲目发展，也会给正常的社会经济生活带来不利影响：第一，消费信用的过度发展可能导致虚假需求的产生，向生产者传递错误信息，致使本已过剩的消费品继续被盲目生产与发展，从而导致更严重的产能过剩和产品的大量积压，浪费生产资源。

对于需求旺盛、生产能力扩张有限的消费品，过度发展的消费信用则会加剧市场的供求矛盾，引起价格的上涨，从而加大通货膨胀的压力。第二，由于消费信用是对未来购买力的预支，在延期付款的诱惑下，如果消费者对自己未来预期收入判断失误，过度负债进行消费，就会使债务负担过重，导致其生活水平下降，甚至引发一系列的连锁反应，危及社会经济生活的安全。

消费信用在现代经济中发展很快，它已经成为发达国家居民消费的重要方式。发达国家商业银行的消费信用平均为20%。我国与发达国家相比，消费总体规模偏小。2008 年以来，为了应对金融风险，适应国民经济发展的新常态，以及进行供给侧结构性改革，党中央、国务院及时调整宏观经济政策，通过实施积极的财政政策和稳健的货币政策扩大内需。发展消费信贷、促进居民消费，以推动经济增长，这成为扩大内需政策的重要组成部分。而消费制度的改革是消费信贷发展的条件。

五、国际信用

国际信用是各国之间相互提供的信用，指国与国之间的企业、经济组织、金融机构及国际经济组织相互提供的与国际贸易密切联系的信用形式。随着国际经济关系的发展，各类信用形式逐步扩展到世界范围，形成国际信用。

与国家信用一样，国际信用也存在不同的形式，其主要有以下几种。

1. 国际商业信用

国际商业信用是指出口商以延期付款方式向进口商提供的信用。除国际贸易中的延期付款外，还有补偿贸易和来料加工两种形式。

1）补偿贸易。补偿贸易是指出口国企业向进口国企业提供厂房、机器设备、技术力量、专利、各种服务、人员培训或联合发展科研项目等，待项目实现或竣工投产后，进口国企业以该项目的产品或双方商定的其他办法，偿还出口国企业的各种投资。进口国企业归还欠款采用补偿办法的贸易，称为补偿贸易。

2）来料加工。来料加工是指由出口国提供原材料、机器设备的零部件或部分生产设备等，在进口国企业加工生产商品，其成品归出口国企业所有，进口国企业赚取加工费的形式。

2. 国际银行信用

国际银行信用是指进口国和出口国双方银行为进出口商提供的信用。其主要形式是出口信贷。

出口信贷是银行为出口贸易所提供的信贷。其主要有卖方信贷和买方信贷两种形式。卖方信贷是指出口方所在地银行向出口商提供的信贷，出口商对国外进口商提供延期付款销售。买方信贷是指由出口方所在地银行或其他金融机构向进口方所在地银行或进口商提供贷款。

3. 国际政府信用

国际政府信用是指国家政府间相互提供的信用。这种信用一般由政府和财政部门进行借贷，利率较低，期限较长，条件较优惠，具有友好往来的性质，但个别国家附有政治条件。

4. 国际金融机构信用

国际金融机构信用是指全球性或区域性国际金融机构为其成员国提供的信用。国际金融机构贷款一般期限较长，利率较低，条件优惠，但审查较严格。一般用于成员国弥补暂时性国际收支不平衡、经济开发和基础设施建设。

第三节 信用工具

一、信用工具的概念与特征

（一）信用工具的概念

信用工具是证明债权、债务关系的合法书面凭证。在早期的信用活动中，借贷双方仅凭口头协议或记账发生信用关系，因无法律上的保障，极易引起纠纷，并且不易将债权和债务转让。信用工具的产生和发展克服了口头信用和记账的局限性，使信用活动更加顺畅，更加规范化，而且通过信用工具的流通转让形成金融市场。在现代经济中，人们融通资金往往要借助信用工具，因此信用工具又被称为金融工具。金融工具对其买进者或持有者来说就是金融资产。

（二）信用工具的特征

信用工具种类繁多，但各种信用工具一般具有以下 4 个特征。

1. 偿还性

偿还性是指信用工具的债务人按期还本付息的特征。信用工具一般载明期限，债务人到期必须偿还信用凭证上记载的债务。但也存在例外，如股票的偿还期是无限的。

2. 流动性

流动性是指信用工具在短时间内转变为现金而在价值上又不受损失的能力，又称变现能力。现金和活期存款是较具有流动性的。政府发行的国库券也具有较强的流动性，而其他信用工具或者不能随时变现，或者在变现时要蒙受损失。

3. 收益性

收益性是指信用工具（特别是有价证券）定期或不定期给持有者带来收益的特征。例如，股票可获得股息收益，债券能获得债券利息，这是固定收入。另外，可利用金融市场的行情变化，买卖信用工具，获取差价收入。

4. 风险性

风险性是指投入的本金和预期收益遭受损失的可能性。风险主要来自两个方面：一是违约风险，指债务人不能按时履行契约，支付利息和偿还本金的风险；二是市场风险，是指市场上信用工具价格下降可能带来的风险。

二、信用工具的构成要素

一般来说，信用工具由五大要素构成，分别是面值、到期日、期限、利率、利息的支付方式。

1）面值，即凭证的票面价格，包括面值币种和金额。

2）到期日，即债务人必须向债权人偿还本金的最后日期。

3）期限，即债权债务关系持续的时间。

4）利率，即债权人获得的收益水平。

5）利息的支付方式，包括分期付息、一次还本付息等。

三、短期信用工具

短期信用工具主要是指一些期限在 1 年之内的具有一定格式的债务票据。常见的短期信用工具有票据、大额可转让定期存单等。其中票据种类最多，主要分为汇票、本票和支票 3 种。票据具有一定的格式，载明金额和日期，到期时由付款人对持票人或指定人无条件支付一定款项。

（一）票据的一般行为

票据的一般行为有出票、背书、承兑、贴现等。

1）出票即签发票据，是创造票据的行为。签发票据形成债权与债务的关系。

2）背书是转让人为了将未到期的票据转让给别人而在票据的背面作转让签名、盖章表示负责的行为。背书人一经背书即为票据的债务人，背书人与出票人同样具有对票据的支付责任。多次转让的票据就会有多个背书人。若票据的出票人或承兑人不能按期支付款项，票据持有人有权向背书人要求付款。

3）承兑是票据的付款人在票据上以文字表示“承认兑付”，承诺票据到期付款的行为。

4）贴现是持票人以未到期的票据向银行兑取现款，银行扣除自贴现日至到期日的利息买进该票据的行为。贴现在形式上是票据买卖，但实际上是一种信用活动。

（二）票据的分类

票据一般分为汇票、本票、支票。

1. 汇票

汇票是由出票人签发，付款人见票后或到期时，对收款人无条件支付款项的信用凭证。汇票按出票人，可分为银行汇票和商业汇票。

1）银行汇票是指汇款人将款项交给当地银行，由银行签发给汇款人持往异地指定银行办理转账结算或向银行兑取现款的票据。

2）商业汇票是由债权人发给债务人，命令其在一定时期内向指定的收款人或持票人支付一定款项的支付命令书。它一般有 3 个当事人：一是出票人（债权人）；二是受票人或付款人（债务人）；三是收款人或持票人（债权人的债权人）。因为商业汇票是由债权人发出的，所以必须经过票据的承兑手续才具有法律效力。在信用买卖中，由债务人承兑的汇票，称为商业承兑汇票；由银行受债务人委托承兑的汇票，称为银行承兑汇票。

2. 本票

本票是债务人对债权人签发的在一定时期内承诺付款的信用凭证。本票又分为银行本票和商业本票。在我国现行的票据制度中只规定有银行本票。

1）银行本票是申请人将款项交存银行，由银行签发给申请人凭此在同城范围内办理转账结算或支取现金的票据。

2）商业本票又称商业期票。商业本票和商业汇票同是商业信用的信用工具，统称为商业票据。因为商业本票是债务人对债权人签发的，所以无须承兑。商业本票也可经背书后转让或向银行贴现。

3. 支票

支票是银行活期存款人通知银行从其账户上无条件支付一定金额给票面指定人或持票人的信用凭证。

支票按支付方式，可分为现金支票和转账支票。现金支票可以用来支取现金，也可以办理转账结算。转账支票只能用于转账，不能提取现金。支票因常常在票面上用两条平行线来表示，又称为划线支票。

当存款人签发的支票的票面金额超过其银行存款账户余额时，这种支票称为空头支票。空头支票是不能兑付的。在我国，如签发空头支票，要给予结算制裁，通常是按支票面额的一定比例处以罚款。

此外，还有一种特殊的支票即旅行支票，它是由银行或旅行社签发，由旅行者购买，以供其在外地使用的定额支票。

票据类型汇总如表 2-2 所示。

表 2-2　票据类型汇总

票据类型	出票人	受票人	持票人
汇票	债务人	债权人	债权人
本票	债权人	债务人	收款人
支票	债权人	银行	收款人

四、长期信用工具

长期信用工具是信用期限在 1 年以上的各种信用凭证，主要是各种证券，如股票和债券。

（一）股票

股票是由股份有限公司签发的，证明股东按其所持股份享有权利和承担义务的所有权凭证。股票持有者不能中途退股，但可以将股票转让或者作为抵押品。

按照股东享有的权利，股票可以分为普通股和优先股。

1. 普通股

普通股是最基本、最常见的股票，其持有者享有股东的基本权利和义务。普通股的股东是公司的所有者，享有经营决策参与权、盈利分红享有权、新股认股优先权，以及公司解散时的财产分配权等权利。

2. 优先股

优先股是一种特殊的股票，优先股的股息率是固定的，其持有者的股东权利有一定的限制，但在公司盈利和剩余财产的分配上比普通股固定享有优先权。

（二）债券

债券是债务人向债权人承诺在一定时期内还本付息的债务凭证。债券一般分为政府债券、金融债券和公司债券。

知识拓展

债券和股票一样，是发行者的筹资手段和投资者的投资工具，可以买卖、转让，因此有市场价格。但债券和股票有明显的不同。

1）股票的持有者是公司的所有者，享有公司股东的一切权利，而债券的持有者是公司的债权人，享有债权人的一切权利，股东和债权人的权利和义务是不同的。

2）股票股息是不固定的，而且不具有强制性，而债券有固定的利息收入，到期还本，风险小。

（资料来源：https://wenku.baidu.com/view/2668427bf705cc1754270938.html.有改动）

1）政府债券是政府为筹集资金而发行的债务凭证。它是一种国家信用工具，中央政府发行的债券称为国债，其主要用途是满足由政府投资的公共设施或重点建设项目的资金需要和弥补国家财政赤字。根据发行目的，政府债券有不同的期限，从几个月到几十年不等。

2）金融债券是银行或其他金融机构作为债务人发行的债务凭证。金融债券是金融机构一种较为理想的筹集长期资金的信用工具。金融机构一般有雄厚的资金实力，信用度较高，因此，金融债券往往有良好的信用。金融债券的期限以中期较为多见，我国金融债券的期限一般为1～5年不等，利率略高于同等期限的定期存款的利率。

公司债券（企业债券）是公司或企业向社会发行的承诺在一定时期内还本付息的债务凭证。公司债券的发行主体是股份公司，但也有一些国家允许非股份制企业发行债券，所以归类时可将公司债券和企业发行债券合在一起，称为公司债券。公司债券的风险性相对政府债券和金融债券要大一些。

知识拓展

我国发行的国债可分为凭证式国债、记账式国债和电子式储蓄国债3种。

凭证式国债是指国家采取不印刷实物券，而用填制国库券收款凭证的方式发行的国债。它是以国债收款凭单的形式来作为债权证明，不可上市流通转让，从购买之日起计息。在持有期内，持券人如遇特殊情况需要支取现金，可以到购买网点提前兑取。

记账式国债又名无纸化国债，是由财政部通过无纸化方式发行的、以计算机记账方式记录债权，并可以上市交易的债券。记账式国债以记账形式记录债权、通过证券交易所的交易系统发行和交易，可以记名、挂失。投资者进行记账式证券买卖，必须在证券交易所设立账户。因为记账式国债的发行和交易均无纸化，所以效率高，成本低，交易安全。

电子式储蓄国债是财政部面向境内中国公民储蓄类资金发行的，以电子方式记录债权的一种不可流通的人民币债券。电子式储蓄国债采用现代信息技术成果，充分体现以人为本的设计理念和与时俱进的时代特征。

（资料来源：https://www.taodocs.com/p-193342049.html.有改动）

第四节 利息与利率

一、利息

（一）利息的概念

利息是与信用密切相连的，它随着借贷行为的产生而产生。在信用活动中，货币资金的所有者在不改变所有权的前提下，将其持有的货币资金使用权在一定期限内让渡给需要用货币的借款人，到期时，借款人不仅需要偿还借入的货币，还必须给予货币资金的所有者一个增加额，这个增加额就是利息。因此，利息是货币资金的使用者为在一定时期内使用货币资金（又称本金）所支付给货币资金所有者的报酬。

（二）利息的分类

利息按照支付对象可以分为存款利息和贷款利息。存款利息是各单位和个人将款项存入银行，银行按规定支付给存款单位和个人的利息。贷款利息是银行将款项借给企业，按规定向企业收取的利息。

（三）决定利息额的因素

决定利息额的因素主要有 3 个，即本金、存贷款时间和利息率。

1）本金是指银行发放贷款的金额（贷款本金）或存款单位存入银行款项的金额（存款本金）。在存贷款时间和利息率既定的条件下，本金越大，利息额越大；反之，利息额越小。

2）存贷款时间是指存款存入到取出的间隔时间或者贷款由发放到收回的间隔时间。在本金和利率既定的条件下，存贷款时间越长，利息额越大；反之，利息额越小。

3）利息率是指一定时期内利息额与存贷款金额之间的比例。在本金和存贷款时间既定的条件下，利率越高，利息额越大；反之，利息额越小。

二、利率

利率是利息率的简称，是一定时期内银行存贷款利息额与存贷款金额之间的比例。它是计量借贷资本增值程度和反映利息水平的数量指标，计算公式为

$$利率=利息额/存贷款金额 \tag{2-1}$$

利率种类繁多，根据不同的划分方法，可以从不同角度进行分类。现将主要利率种类介绍如下。

1. 根据政策意向的不同划分的种类

根据政策意向，利率可分为基准利率、普通利率与优惠利率。

1）基准利率是指在整个金融市场和整个利率体系中处于关键地位、起决定性作用的利率。当它变动时，其他利率也相应发生变动。对于金融市场上的投资者和参与者来说，只要注意观察基准利率的变化，就可预测整个金融市场利率的变化趋势。在初期，基准利率是由市场活动的结果自发形成的。后来，随着经济的发展，基准利率则由政府或金融管理部门决定。在西方国家，一般以中央银行的再贴现利率为基准利率。在我国，1984 年前国家银行确定的利率起基准利率的作用。1984 年，中央银行体制确立后，中国人民银行将各专业银行和其他金融机构的存贷款利率定为基准利率。

2）普通利率是指商业银行等金融机构在经营存贷款业务中，对一般客户所采用的利率。其水平由决定利率水平的一般因素决定，不附加特殊条件。因此，它是使用最为广泛的利率。

3）优惠利率通常是指银行等金融机构发放贷款时对某些客户所采用的比一般贷款利率低的利率。西方国家商业银行对资信较高并且处于有利竞争地位的大客户发放短期贷款时，采用低于其他企业贷款利率的优惠利率；对其他客户的放款利率，则采用普通利率，即比优惠利率高的利率。我国为鼓励某些银行的发展，同时考虑到某些地区、行业和企业的承受能力，曾先后对粮油、能源、原材料、通信等行业的贷款实行比一般贷款利率低 10%～30%的优惠利率。

2. 根据对实际经济运行的影响不同划分的种类

根据对实际经济运行的影响，利率可分为实际利率和名义利率。

1）实际利率是指物价不变，从而货币购买力不变条件下的利率；名义利率是指包括补偿通货膨胀风险的利率。用公式表示实际利率与名义利率的关系为

$$r = i + p \tag{2-2}$$

式中，r 为名义利率；i 为实际利率；p 为借贷期内物价水平的变动率。

2）通货膨胀条件下，市场上的各种利率都是名义利率，实际利率代表人们获得的真实投资收益，而实际利率不易直接观察，通常是利用公式（2-2），根据已知的名义利率和通货膨胀率推导实际利率。例如，银行在年初向 A 公司发放了一笔年利率为 6%、数额为 1 000 000 元的 1 年期贷款，如果该年的通货膨胀率为 3%，那么，A 公司在年底偿还银行贷款时，虽然支付了 6%的利息，但银行收回 1 000 000 元的本金因通货膨胀而贬值，其实际购买能力仅相当于年初的 970 000 元，本金损失率为 3%，因此其实际获得的利息收益仅为 3%，或者说，A 公司实际支付的利息成本仅为 3%。由此可见，实际利率越低，借款人愿意借入资金的意愿就越强烈，贷款人愿意贷出资金的意愿就越弱。因此，借贷双方真正关心的是实际利率，而不是名义利率。只有实际利率才能真实反映借贷资本的利息收益或借贷成本。

根据利率计算公式，实际利率存在 3 种情况：当名义利率高于通货膨胀率时，实际利率为正利率；当名义利率等于通货膨胀率时，实际利率为零；当名义利率低于通货膨胀率时，实际利率为负利率。负利率对经济产生逆调节的作用。

3. 根据在借贷期内是否调整划分的种类

根据在借贷期内是否调整，利率可分为固定利率和浮动利率。

1）固定利率是指在借贷期内不做调整的利率。实行固定利率，对于借贷双方准确计算成本与收益十分方便，一般适用于短期借贷，是传统采用的方式。但是，由于存在通货膨胀，实行固定利率对债权人，尤其是长期放款的债权人会带来较大的损失。

2）浮动利率是指一种在借贷期内可定期调整的利率。根据借贷双方的协定，由一方在规定的时间依据某种市场利率进行调整，多用于 3 年以上的借贷及国际金融市场，一般调整期为半年。虽然在长期时间段内市场上的借贷资金情况可能发生变化，浮动利率可以较好地为借贷双方避免利率风险，但是，实行浮动利率会因手续繁杂、计算依据多而增加费用开支。需要说明的是，在实行利率管制的国家，中央银行允许以官定利率为基准在规定范围内上下浮动的利率通常也称为浮动利率，但实际上其是官定利率的浮动区间，含义上与国际通用的浮动利率是有区别的。

我国人民币借贷一向实行固定利率。20 世纪 80 年代初以来对某些贷款实行的浮动利率不同于上述那种，而是指银行可在国家统一规定的利率基准上下一定幅度内，酌情浮动的利率。国有大型商业银行的借贷浮动权为 20%，一般商业银行为 40%，信用社、城市商业银行为 60%。

4. 根据在金融运行中发挥的作用划分的种类

根据在金融运行中发挥的作用，利率可分为市场利率和管理利率。

1）市场利率是指由资金借贷双方通过相互竞争而形成的利率，包括借贷直接融资时商定的利率和金融市场上买卖有价证券时所采用的利率，它随着借贷资金供求状况的变化而变化。

2）管理利率是指由政府、中央银行或者非政府部门的金融组织确定的利率，包括官定利率和公定利率。官定利率是指一国政府通过中央银行确定和公布，各金融机构以此为参照或必须执行的利率，也称法定利率。官定利率是政府宏观经济调控的一种政策手段。公定利率是指由非政府部门的金融组织，如银行公会等，为了维护公平竞争而确定的利率。

管理利率在一定程度上反映非市场的强制力量对利率形成的干预，同时管理利率应尽量与市场利率保持一致。

我国目前以官定利率为主，绝大多数利率仍由中国人民银行制定报国务院批准后执行。市场利率范围有限，主要是在银行间同业拆借等领域。银行间同业拆借是指商业银行为具备同业拆借业务资格的银行同业及信托投资公司、金融租赁公司提供以信用为基础的短期资金融通业务。银行与金融机构签订融资合同后，在授信范围内向客户提供从隔夜拆借至120天区间范围的融资业务品种，通过银行间同业拆借市场进行，拆借利率根据资金供求情况及一定期间的市场利率水平确定，资金清算以转账方式进行，拆借资金当日到账。

5. 根据计算利息的期限单位划分的种类

根据计算利息的期限单位，利率可分为年利率、月利率和日利率。

年利率以年为单位计算利息，适用于宏观分析，一般用“%”表示。例如，年利率为9%，又称年息九厘，表示本金100元，年利息额为9元。月利率以月为单位计算利息，适用于微观经营，一般用“‰”表示。例如，月利率的7.5‰，又称月息七厘五毫，表示本金100元，月利息额为7角5分。日利率（习惯称“拆息”）以日为单位计算利息，适用于短期融资或计算罚息。年利率、月利率、日利率三者之间的关系为

$$月利率\times12=年利率$$

$$日利率\times30=月利率$$

$$日利率\times360=年利率$$

中国的习惯是无论年利率、月利率，还是日利率都称为“厘”，而且习惯以月利率为主。

6. 根据借贷的期限长短划分的种类

根据借贷的期限长短，利率可分为长期利率和短期利率。

短期利率一般是指资金使用期限在1年以内（含1年）的利率，长期利率则是指1年以上期限的利率。长期利率变动风险较短期利率变动风险大，因此长期利率通常高于短期利率。

7. 根据借贷资金交付给债务人时间划分的种类

根据借贷资金交付给债务人时间，利率可分为即期利率和远期利率。

如果借款合约签订，资金立即从一方转入另一方，借款将在未来某一特定时间连本带利还清，这时的利率就是即期利率。

如果在合约中确定一个利率条件，但在未来某一时期进行实际交割，则约定的利率就是远期利率。可见，在这种情况下，届时的实际利率水平无法预知。

三、计算利息的基本方法

（一）单利的计算方法

所谓单利，就是由计算本金生息而得到的利息，而利息不再计息。也就是说，单利是在一定时间内对本金所支付的报酬。单利的计算公式为

$$利息额=本金×计息时期×利率$$

下面介绍两种单利的具体计算方法。

1. 起讫期计息法

起讫期计息法适用于定期的逐笔计算利息的存贷款。这种计息方法的具体做法是从存款存入或贷款发放起到存款取出或贷款还清日止，按照“对年”“对月”加零头天数的办法，来确定计息的时期，然后计算存贷款利息。所谓“对年”，就是计息时期为整年的，按年利率计算利息；所谓“对月”，就是计息时期为一个月或几个月的，则需将年利率折算成月利率计算其利息。许多情况下，存贷款不可能恰好“对年”或“对月”，而是往往带有零头天数，则需将利率进一步折算成日利率，计算零头天数的利息。折算时不论月大月小一律按 30 天计算。

【例 2-1】某单位 2017 年 3 月 1 日向银行借款 100 000 元，假定该借款 2018 年 3 月 1 日还清，年利率为 10.98%，试计算利息额。

解析：若该借款于 2018 年 3 月 1 日还清，刚好“对年”，按年利率计息，则利息额为

$$利息额=100\,000×10.98\%=10\,980(元)$$

【例 2-2】假定该借款于 2018 年 6 月 1 日归还结清，试计算利息额。

解析：若该借款于 2018 年 6 月 1 日还清，则既“对年”又“对月”，则应将年利率折算成月利率，其利息额计算为

$$月利率=年利率/12=10.98\%/12=0.915\%=9.15‰$$

$$利息额=100\,000×10.98\%+100\,000×9.15‰×3$$
$$=10\,980+2\,745=13\,725(元)$$

【例 2-3】假定该笔借款于 2018 年 6 月 16 日归还结清，试计算利息额。

解析：若该借款于 2018 年 6 月 16 日还清，则除了“对年”“对月”外，还有 15 天的零头天数（1～15 日），则应将利率进一步折算成日利率，其利息额计算为

$$日利率=月利率/30=0.915\%/30=0.030\,5\%=0.305‰$$

$$利息额=13\,725+100\,000×0.305‰×15=13\,725+457.5=14\,182.5(元)$$

2. 累计积数计息法

累计积数计息法，是一种以积数加总作为计息本金来计算利息的方法，其中积数是指存贷款账户某日余额与该余额保持不变的天数的积数。各单位的活期存贷款，特别是活期存款，其余额是经常发生变化的，今天为 10 000 元，明天可能是 30 000 元，后天可能为 5 000 元。累计积数计息法的实质是把动态的计息本金折算成静态的日计息本金，然后按照日利率计算利息。这种方法适用于按季结息的各种活期存贷款。

累计积数计息法的计算公式为

某计息期间的利息=该期间的累计积数×日利率

其具体的计算步骤如下。

1）计算天数。银行每天结算出各存贷款账户的余额后，暂时不计算天数，因为这一余额能保持多少天尚无法确定，也许是几天，也许只有一天，所以必须等该账户余额发生变化时，才按照“算头不算尾”的原则，计算该余额保持不变的天数，即为该存贷款余额实存、实贷的天数，然后填入分户账上这一余额的“日数”栏。

2）计算积数。银行根据“积数=本金×时间”的计算公式，用存贷款余额乘以该存贷余额的实存、实贷天数，即可计算积数，然后填入该余额的“积数”栏。

3）结息日计算利息。到结息日，银行将“积数”栏相加结出总积数，即累计积数，以累计积数乘以日利率，即为应计利息。

【例 2-4】某储户活期储蓄存款账户变动情况如表 2-3 所示，银行计算该储户活期存款账户利息时，按实际天数累计积数计息，按适用的活期储蓄存款利率计付利息。

表 2-3　某储户活期储蓄存款账户变动情况　　单位：元

日期	存入	支取	余额	计息期	天数	计息积数
2018 年 1 月 2 日	10 000		10 000	2018 年 1 月 2 日～2018 年 2 月 2 日	32	32×10 000=320 000
2018 年 2 月 3 日		3 000	7 000	2018 年 2 月 3 日～2018 年 3 月 10 日	36	36×7 000=252 000
2018 年 3 月 11 日	5 000		12 000	2018 年 3 月 11 日～2018 年 3 月 20 日	10	10×12 000=120 000
2018 年 3 月 20 日			12 000			

解析：银行每季末月 20 日结息，2018 年 3 月 20 日适用的活期存款利率为 0.72%。因此，到 2018 年 3 月 20 日营业终了，银行计算该活期存款的利息为

利息=累计计息积数×日利率

=(320 000+252 000+120 000)×(0.72%/360)

=13.84(元)

（二）复利计算方法

所谓复利也称为利上加利，是指不仅要计算本金的利息，还要计算利息带来的利息，也就是我们通常所说的“利滚利”。

在计算复利时，除第一期利息的计算与单利相同外，其以后各期的利息不按本金计算，而是按本金加上上期利息之和来计算，其计算公式为

$$F = P(1+i)^n$$

式中，P 为本金；F 为终值，即将来时点上所要支付的本金和利息之和；i 为年利率；n 为计息期的期数。

【例 2-5】某企业向银行借款 1 000 000 元，借款期为 5 年，年复利率为 10%，按规定满 5 年一次性还本付息。试计算 5 年后应还本息和。

解析：5 年后应还本息和为

$$F = 1\,000\,000 \times (1 + 10\%)^5$$
$$= 1\,610\,510(元)$$

本章小结

经济范畴中的信用主要指借贷活动，表示债权人和债务人之间发生的债权债务关系，是以偿还为条件的价值单方面让渡。偿还性和支付利息是其基本特征。

信用工具通常是指以书面形式发行和流通，借此保证债权人或投资人权利的一种凭证。信用工具可以分为短期信用工具和长期信用工具。短期信用工具主要是指国库券、各种商业票据等；长期信用工具通常指有价证券，主要有股票、债券。

利息是资本的价格，由资本的供求关系决定。利率即利息率，是利息额与存贷本金额的比值，利率反映资本借贷关系中债权人出让资金使用权的报酬率，同时是债务人购买获得资金使用权的价格。

利率根据不同的标准，可以分为不同的种类。根据政策意向，利率可分为基准利率、普通利率与优惠利率；根据对实际经济运行的影响，利率可分为名义利率与实际利率；根据在借贷期内是否调整，利率可分为固定利率与浮动利率；根据在金融运行中发挥的作用，利率可分为市场利率与管理利率；根据计算利息的期限单位，利率可分为年利率、月利率、日利率；根据借贷的期限长短，利率可分为长期利率与短期利率；根据借贷资金交付给债务人的时间，利率可分为即期利率与远期利率。

业务技能自测

第三章
金 融 市 场

职业能力目标

【知识目标】

1）理解金融市场的类型和特点。

2）理解金融市场的功能和作用。

3）熟悉金融市场的构成要素。

4）掌握货币市场、资本市场、金融衍生工具市场等金融细分市场的交易活动与运行机制。

【能力目标】

1）能够利用金融市场的基本理论分析我国目前金融市场的现状。

2）能够分析各金融细分市场的交易活动和运行机制。

学习要点

金融市场概述；货币市场；资本市场；金融衍生工具市场

案例导入

纽约是世界重要的国际金融中心之一。第二次世界大战以后，纽约金融市场在国际金融领域中的地位进一步提升。美国凭借其在战争时期发展起来的强大经济和金融实力，建立了以美元为中心的资本主义货币体系，使美元成为世界上最主要的储备货币和国际清算货币。西方资本主义国家和发展中国家的外汇储备大部分是美元资产，存放在美国，由纽约联邦储备银行代为保管。一些外国官方机构持有的部分黄金也存放于纽约联邦储备银行。纽约联邦储备银行作为贯彻执行美国货币政策及外汇政策的主要机构，在金融市场的活动直接影响市场利率和汇率的变化，对国际市场利率和汇率的变化有着重要影响。世界各地的美元买卖，包括欧洲美元、亚洲美元市场的交易，都必须在美国，特别是在纽约的商业银行账户上办理收付、清算和划拨，因此纽约成为世界美元交易的清算中心。此外，美国外汇管制较为宽松，资金调动比较自由。纽约不仅有许多大银行，而且商业银行、储蓄银行、投资银行、证券交易所及保险公司等金融机构云集，许多外国银行也在纽约设有分支机构。1983 年，世界银行 100 强在纽约设有分支机构的就有 95 家。这些为纽约金融市场的进一步发展创造了条件，巩固了其在国际金融领域中的地位。

（资料来源：https://max.book118.com/html/2016/0315/37719695.shtm.有改动）

思考：中国的金融市场是怎样的？你了解金融市场在商品市场中的作用吗？

第一节　金融市场概述

一、金融市场的概念

金融市场是各种金融产品交易的场所，与商品市场、劳务市场、技术市场和信息市场等并列。

金融市场有广义和狭义之分。广义的金融市场是指货币资金融通和金融工具交易的场所与行为的总和，即金融机构与客户之间所有以资金为交易对象的活动，包括存款、贷款、信托、租赁、保险、票据抵押与贴现、股票债券买卖等全部金融活动。狭义的金融市场是指资金由多余者向短缺者转移的场所。

二、金融市场的构成要素

金融市场作为整个市场体系的一个组成部分，其构成要素主要包括 3 类。一是金融市场的参加者，即资金的供应者和资金的需求者，是金融市场的主体；二是金融市场的交易对象，即作为商品的货币资金，它以金融资产的形式出现，是金融市场的交易客体；

三是交易价格。此外，中央银行在金融市场上扮演监督管理的角色。

（一）金融市场主体

1. 居民个人

居民个人是金融市场上主要的资金供给者。在银行信贷市场上，银行存款的很大一部分来自于居民个人的储蓄；在证券市场上，其融资规模在很大程度上也取决于居民个人的投资活动。居民个人及家庭同时是金融市场上资金的需求者，当个人收入或储蓄不足时，如购买住房、汽车发生资金不足时，也要从金融市场上获得资金，以实现自己的消费行为。

2. 企业

企业在金融市场上既是资金的供给者又是资金的需求者。一方面，企业为了维系简单再生产与扩大经济规模，或解决营运资金周转不畅问题，都需要及时补充资金，从而成为资金的需求者。一般情况下，企业生产所需的短期资金，主要到银行信贷市场通过采取短期借款和票据贴现形式筹措。企业的长期资金需求主要到证券市场上通过发行债券和股票来解决。另一方面，企业在再生产过程中，也会游离一些闲置资金，如公积金、折旧、未分配盈余、纳税准备金及在周转中闲置的流动资金。为了使这部分闲置资金得到充分运用，企业又会作为资金的供给者，将这部分资金运用出去以获得投资收益。

3. 政府

中央政府和地方各级政府通常是金融市场上资金的需求者。为了弥补财政赤字、进行宏观调控和履行公共经济职能等，政府部门通过发行国债、地方债，举借外债等形式在金融市场上筹集资金，为发展本国或本地区经济服务。有时，政府也可能成为金融市场上资金的供给者。在国际金融市场上，政府既是资金的需求者也是供给者。例如，中国政府曾在美国、日本的债券市场上发行外国债券，以筹借外资，但同时是美国国债市场的投资者；石油输出国往往是国际金融市场上的资金供给者。

4. 金融机构

金融机构是金融市场上最主要的参与者，各类金融机构通过各种方式，一方面向社会吸收闲散资金，另一方面向需要资金的部门、单位和个人提供资金，在金融市场上充当资金供给者和资金需求者的双重身份。例如，商业银行是金融市场上最大的资金供给者，它主要通过发放各种贷款、贴现票据及投资证券等方式提供资金，同时通过吸收存款、发行金融债券和定期存单等形式筹集资金。其他非银行金融机构则大多通过发行股票、债券筹集资金，并通过专门的放款及证券投资向金融市场提供资金。而这些金融机构只是作为间接的资金供给者和资金需求者，不是最终的资金供给者和资金需求者。

5. 中央银行

中央银行在金融市场上的地位极其特殊，它既是金融市场的参与者，又是金融市场的监管者和资金供求的调节者。作为交易者，中央银行作为银行的最后贷款人，通过再贴现和再贷款的方式向放款资金来源不足的商业银行提供资金。作为调节者，中央银行通过公开市场业务，在金融市场上买卖证券，调节货币供给量，执行货币政策。中央银行可能在公开市场业务上拥有资金供给者和资金需求者的双重身份。应该明确的是，中央银行参与公开市场业务并不是以营利为目的的，但是会迅速影响金融市场上资金供求双方的行为及金融工具的价格。

（二）金融市场交易对象

金融市场的交易对象是金融工具，或称金融资产、金融商品，它是金融交易的客体。金融市场的交易对象是金融工具。无论是银行的存贷款，还是证券市场上的证券交易，都需要通过金融工具的交易来实现。因此，金融资产多元化，金融交易方式多样化是一个健全的金融市场必须具备的条件。

（三）交易价格

在借贷市场上，金融商品交易的价格为利率；而在证券市场上，有价证券的交易价格直接表现为有价证券自身的价格，但实际上，交易价格间接为有价证券的收益率，即利率。金融市场的利率主要有中央银行再贴现率、商业银行存贷款利率和银行间同业拆借利率等。再贴现率在整个利率体系中居主导地位，它反映国家的货币政策和市场资金供求状况；商业银行存贷款利率主要反映企业资金供求关系；银行间同业拆借利率是民间金融机构之间的短期借贷利率，能灵敏反映各金融机构的资金状况，是短期金融市场上具有代表性的利率。金融市场上各种利率的差异，使人们在选择不同金融资产时可以得到与之相适应的收益。

三、金融市场的分类

金融市场从不同的角度，依据不同的标准，可以分为以下不同的类别。

1. 按照金融工具的偿还期限划分

按照金融工具的偿还期限，金融市场可分为货币市场和资本市场。

1）货币市场又称短期金融市场，通常是指偿还期在 1 年期以内的金融工具交易的场所，其融通的资金多用于工商企业短期周转，因此，这些金融工具多具有较好的流动性。例如，短期国库券商业票据、银行承兑汇票、大额可转让定期存单等。

2）资本市场又称长期金融市场，通常是指偿还期在 1 年以上的金融工具交易的场所。资本市场交易的金融工具的期限短则数年，长则数十年，风险较大。但资本市场能够较高程度地满足政府和企业对长期资本的大量需求。资本市场的主要金融工具为长期债券和股票，因此，资本市场又分为长期的债券市场和股票市场。

2. 按照交易的方式和次数划分

按照交易的方式和次数，金融市场可分为一级市场和二级市场。

1）一级市场，也称初级市场、发行市场，是指首次发行证券或发售某种金融资产的市场。例如，股份制企业首次公开发行股票。初级市场的主要功能是进行融资。

2）二级市场，也称为次级市场、流通市场，是指已发行证券的流通交易市场，即已发行证券的转让买卖市场。二级市场的主要功能是为投资者提供投资场所，为资金需求者提供资产变现的场所，最终使投融资双方完成资金融通。

3. 按照交割的方式划分

按照交割的方式，金融市场可分为现货市场和期货市场。

1）现货市场，一般是指在成交后 1～3 个营业日内立即付款交割的市场。

2）期货市场，是指在成交日之后按合约规定的特定日期，如几周、几个月之后进行交割的市场。较多采用期货交易形式的，主要是证券、外汇、黄金等市场。

4. 按照有无固定交易场所划分

按照有无固定交易场所，金融市场可分为有形市场和无形市场。

1）有形市场是指具有固定交易场所的金融市场。投资者要参与金融市场交易则必须先开立账户，然后委托交易所具有会员资格的经纪商进行金融工具的买卖，最终完成交易。

2）无形市场是指在交易所以外进行金融工具交易的总称。

5. 按照地域范围划分

按照地域范围，金融市场可分为地方性金融市场、全国性金融市场、区域性金融市场和国际金融市场。

地方性金融市场和全国性金融市场均属于国内金融市场。两者的市场参与主体相同，均为某一国家的法人和自然人，不同的是前者涉及的地域范围相对狭小。区域性金融市场和国际金融市场均属于国际金融市场。二者区别在于，前者交易主体范围仅涉及某一地区，如中东地区、东南亚地区等，而后者交易主体范围遍布全世界。

四、金融市场的功能

1. 聚集资金，扩大融资规模

金融市场的聚集资金功能是指金融市场通过各种金融工具的交易聚集众多小额资金并投入社会再生产的功能。一方面，现实生活中政府各部门、工商企业和社会个人都拥有一定数额的闲置资金，资金盈余者通过选择各种金融工具进行投资以满足保值增值的需要；另一方面，众多企业在发展过程中进行大额投资，需要大量的资金，或政府为了实施各种财政政策，如加强基础设施建设、扩大公共开支等，也需要资金的支持。金融市场的存在，使社会资金流动成为可能。在金融市场上，资金需求者可以通过发行信用工具的办法集中大量的资本；资金供给者获得有利的资金使用场所。

2. 优化资源配置

交易机制和交易价格是金融市场运行的决定性因素，它们对资金的流量、流速和流向起着重要的调节作用。当经济效益好且有发展前景的产业有资金需要时，良好的背景和较高的回报会吸引大量的资金注入，从而对该行业的发展起到很好的推动作用，同时使社会资源实现合理配置。反之，则会减少资金的流入，对无发展前景行业起到限制作用，促进其停产、转产，重新配置社会资源。

3. 融通资金

一方面，政府部门和企业有时需要筹措大量的资金来满足其实现行政活动和经济活动的需要，成为资金的需求者；另一方面，其他类型企业、金融机构及社会个人又存在相当数量的资金急需寻找投资场所，以达到获取投资收益的目的。金融市场为资金的供应者与资金需求者提供了一个进行融通资金的场所。金融市场可以通过各种金融工具的使用来充分解决资金的供求矛盾，有效地调节资金的余缺。

4. 分散风险

金融市场的规避功能是指其分散和转移风险，保证资金安全的功能。首先，金融市场的发展促使金融资产多样化，投资者可以在市场上选择恰当的金融资产进行投资，以确保资金的安全；也可以将风险和预期收益不同的金融资产进行组合投资，既保证投资的安全性，又能实现资金增值。其次，投资者可以在长期金融市场上，通过对金融资产价格变动进行预期，利用抛售、对冲交易或套期保值等多种形式来转移和分散风险。

5. 反映国民经济

金融市场被称为国民经济的“晴雨表”，是公认的国民经济信号系统，它可以从不同的角度反映国民经济的运行情况。从微观角度看，在证券市场，单只股票价格的升降变化，可以反映该企业经济效益的状况；一个企业的贷款运行变化，可以反映该企业资金周转状况等。从宏观角度看，国家的经济政策，尤其是货币政策的实施情况、银根的松紧、通货膨胀率的变化等，均会反映在金融市场之中。此外，金融市场拥有广泛而及时地收集和传播信息的功能，国内金融市场同国际金融市场连为一体，可以通过它及时了解世界经济发展的动向。

6. 宏观调控

金融市场是中央银行推行货币政策的场所。中央银行通过制定相关政策法规、调节存款准备金率、公开市场业务等手段，可以引导资金的流向、流量和结构，从而实现调整产业结构和经济结构的目标。利率是资金的价格，它的变化会影响资金需求的变化，是引导资金流向的最灵敏的机制。另外，随着金融资产在金融机构储备中比例的提高，中央银行利用金融市场进行公开市场业务的操作将会不断发展，这将极大增强中央银行对货币流通量的调节作用，为宏观经济的正常运行提供保证。

五、金融市场资金融通方式

在金融市场上，资金供给者和资金需求者之间的资金融通方式有两种，即直接融资和间接融资。

1. 直接融资

直接融资也称为直接金融，是指货币资金直接从资金供给者流向资金需求者，是货币资金的供给者和需求者之间直接发生信用关系的融资方式。在这种融资方式下，在一定时期内，资金供给者通过直接与资金需求者协议，或在金融市场上购买资金需求者所发行的有价证券，将货币资金提供给需求单位使用。商业信用、企业发行股票和债券，以及企业之间、个人之间的直接借贷，均属于直接融资。尽管有时金融中介机构也参与直接融资活动，但其主要作用是代理资金需求者进行筹资活动。

直接融资的主要特征是货币资金需求者自身直接发行融资凭证给货币资金供给者，证券商、经纪人等中介人员只是中介并以此收取佣金。

直接金融工具，包括商业票据、直接借贷凭证、股票、债券等。

2. 间接融资

间接融资也称为间接金融，是指货币资金的供给者和货币资金的需求者之间的资金融通通过各种金融机构中介的资产负债业务来进行的融资活动。按照这种方式，货币资金的供给者首先将货币资金的使用权转让给银行或其他金融机构，然后由这些金融机构以贷款、贴现等形式，或通过购买需要资金的单位发行的有价证券，将资金提供给这些单位使用，从而实现资金融通的过程。

间接融资的主要特征是金融中介自身发行间接证券，将货币资金供给者的货币资金集中起来并提供给其需求者。

间接金融工具，包括由金融机构发行的存款账户、大额可转让定期存单等各种形式的借据。

第二节 货币市场

一、货币市场概述

货币市场于 19 世纪起源于英国和美国，是交易期在 1 年期以内的短期金融工具的交易市场。货币市场活动主要是为了保持资金的流动性，以便随时变现。它一方面满足了资金需求者的短期资金需要，另一方面为暂时闲置的资金提供了获利的途径。

在货币市场中，短期金融工具的存在及发展是其发展的基础。短期金融工具将资金供应者和资金需求者联系起来，并为中央银行实施货币政策提供操作手段。在货币市场上交易的短期金融工具，一般期限较短，最短的只有 1 天，最长的也不超过 1 年，较为普遍的是 3～6 个月。正因为这些工具期限短，可随时变现，有较强的货币性，所以，短期金融工具又有“准货币”之称。

货币市场的主要特征有以下几点。

1）金融工具交易的期限较短。

2）流动性高。货币市场上的金融工具可以随时变现，是货币的替代品。

3）风险较小。货币市场因为期限比较短，价格波动范围较小，所以投资者受损失的可能性较小。

4）中央银行直接参与。货币市场是中央银行与商业银行及其他金融机构的资金连接渠道，是政府利用货币政策工具调节货币供应量的场所。中央银行通过在货币市场上买卖货币市场工具，达到调节和控制货币供应量的目的。

货币市场可以按照金融产品，分为票据市场、国库券市场、银行间同业拆借市场、回购协议市场、大额可转让定期存单市场等。

二、票据市场

货币市场中交易的票据主要有商业票据和银行承兑票据两类。票据市场主要分为票据承兑市场、票据贴现市场和本票市场。我们重点介绍前两种市场。

（一）票据承兑市场

票据承兑市场产生于商品交易中的商业信用活动。因为在商业信用活动中需要签发一些票据来作为债权债务凭证，这些票据通常被称为商业票据。常见的商业票据有商业期票和商业汇票两类。

由于商业汇票是由债权人签发的，它必须经债务人承兑才有法律效力。经过承兑的汇票称为承兑汇票。承兑汇票有两种：一种是商业承兑汇票，即由债务人本人承兑的汇票；另一种是银行承兑汇票，即由银行作为汇票的承兑人，在票面做出承兑手续的汇票。

商业汇票经过承兑后具有法律效力，即若到期后承兑人不予付款，便可对其追究法律责任，因此提高了商业汇票的信誉，使其具有流动性。当持票人在票据到期前出现资金周转不灵时，可对其进行背书转让，或向银行办理贴现或抵押贷款。

在商业票据的基础上，由银行介入，承诺票据到期时履行支付义务，就形成了银行承兑票据。票据由银行承兑，信用风险相对较小。银行承兑须由付款人申请，并应于到期前将应付款项交给银行。对于这项业务，银行收取手续费。

（二）票据贴现市场

票据贴现是短期融资的一种典型方式。它是持有人在票据到期以前，为获取现款而向银行贴付一定利息所做出的票据转让。出售票据的一方融资的资金低于票据面值，差额部分是支付给票据买入方的利息。持票人出售票据，提前收回垫付于商业信用的资金；银行买进票据，构成一种授信业务。票据贴现的期限一般为3～6个月，最长9个月。因为票据贴现是先扣利息，借款人的成本负担更重，所以，贴现利率一般低于银行同期贷款利率。

贴现金额可以通过票面金额扣除一定的贴现息来确定，具体的计算公式为

贴现利息=票面金额×贴现天数×(月贴现率/30天)

实付贴现金额=票面金额-贴现利息

【例3-1】某人将6个月后到期，面额为100 000元的商业票据到商业银行贴现，银行按照4%的年利率计算，试计算银行应支付对方的金额。

解析： 贴息=100 000×(4%×6/12)

=2 000(元)

银行支付给对方的金额=100 000−2 000

=98 000(元)

三、国库券市场

短期国库券是指政府为弥补国库资金临时不足而发行的1年期以内的短期债券。在西方国家，它是货币市场的重要工具之一。国库券的起源可追溯到19世纪80年代，英国是最先发行国库券的国家。

短期国债的期限一般为3个月、6个月、9个月和1年等多种类型。发行短期国债的主要目的是满足财政部门短期资金周转的需求，为中央银行实施公开市场业务提供金融工具，为投资者进行投资提供金融工具。短期国债具有风险低、期限短、流动性高、收益稳定、税收优惠等特点。短期国债的发行者为中央政府或地方政府，投资者为中央银行、商业银行、非银行金融机构、工商企业、社会个人等。

四、银行间同业拆借市场

银行间同业拆借市场是指在银行等金融机构之间进行的临时性资金借贷的市场。银行同业拆借市场的参与者主要是商业银行及其他各类金融机构；银行间同业拆借资金，主要是银行和金融机构在经营过程中暂时闲置的资金和支付准备金。银行间同业拆借市场最早产生于美国，是商业银行间买卖超额准备金而形成的市场。目前该市场所进行的短期资金融通已经发展成为各金融机构弥补流动性资金不足和进行有效资产负债管理的重要场所。

银行同业拆借市场具有以下几个特点。

1）融资期限短。一般是 1 天、2 天或 7 天，最短也可能是几个小时，或隔夜拆借，最长不超过 1 年。

2）交易准入有严格的限制。银行间同业拆借市场有着严格的市场准入条件。一般在金融机构之间进行，而非金融机构包括工商企业、政府部门及个人或非指定的金融机构，不能进入银行间同业拆借市场。

3）交易金额大。银行间同业拆借是一种信用借贷行为，金额较大，且一般不需要担保或抵押，完全是一种协议和信用交易关系。双方都以自己的信用作为担保，并严格遵守交易协议。

4）利率相对较低。一般来说，银行间同业拆借利率是以中央银行再贷款利率和再贴现率为基准，再根据社会资金的松紧程度和供求关系由拆借双方自由议定的。拆借双方都是商业银行或其他金融机构，其信誉比一般工商企业要高、拆借风险较小，加上拆借期限较短，因此利率水平较低。

5）银行间同业拆借市场是交易简便的无形市场。银行间同业拆借市场的交易一般通过电话等通信手段联系进行，是一种无形市场，手续简便；达成协议后，拆借双方就可以通过各自在中央银行的存款账户自动划账清算；或者向资金交易中心提出供求和进行报价，由资金交易中心进行撮合成交，并进行资金划账。

我国银行间同业拆借市场是于 1996 年 1 月开始联网试运行的，其交易方式主要有信用拆借和回购两种方式，参与交易的机构有商业银行、证券公司、财务公司、基金和保险公司等。该市场也成为中国人民银行进行公开市场业务的场所。

知识拓展

基准利率是金融市场上具有普遍参照作用的利率，其他利率水平或金融资产价格均可根据这一基准利率水平来确定。基准利率是利率市场化的重要前提之一。在利率市场化条件下，融资者衡量融资成本，投资者计算投资收益，以及管理层对宏观经济的调控，客观上都要求有一个公认的基准利率水平作为参考。所以，从某种意义上讲，基准利率是利率市场化机制形成的核心。

其中，以银行间同业拆借利率为基准利率的有英国的伦敦银行同业拆借利率

(London interbank offered rate，Libor)、美国的美国联邦基金利率（Federal founds rate，FFR）、日本的东京同业拆借利率（Tokyo interbank offered rate，Tibor）、欧洲联盟（European Union, EU）(以下简称欧盟）的欧元银行同业拆借利率(Euro interbank offered rate，Euribor）等；以回购利率为基准利率的有德国（1W 和 2W 回购利率）、法国（1W 回购利率）、西班牙（10D 回购利率）。

我国以中国人民银行对金融机构规定的存贷款利率为基准利率。具体而言，一般普通民众把银行 1 年定期存款利率作为市场基准利率指标，银行则是把隔夜拆借利率作为市场基准利率。

（资料来源：https://www.fx168.com/about/1812/2826311.shtml.有改动）

五、回购协议市场

回购协议市场是指通过回购协议进行短期资金融通交易的市场。所谓回购协议，是指证券的卖方在出售证券进行融资的同时，与证券的买方签订的承诺在约定的时间、按约定价格重新购回该证券的一种交易合同。从表面上来看，证券回购协议市场是进行证券交易的市场。但从本质上来看，它是以证券为抵押品进行短期资金融通的市场。回购协议的期限较短，一般是隔夜或 7 天，大于 30 天的为定期回购协议。利率略低于银行间同业拆借利率。

参与回购交易的资金需求者主要是商业银行与证券经纪人。一些存在资金短期闲置的非金融企业、政府机构和证券公司是回购市场上资金的主要供给者。回购市场既是机构投资者进行短期资金融通的市场，也是中央银行进行公开市场业务的主要场所。

证券回购交易的对象主要是短期证券，包括国库券、政府债券和其他担保债券，也可以使用其他货币市场工具，如大额可转让定期存单、商业票据等。例如，某工业企业在银行账户上有闲置资金 500 万元，该公司用该笔资金暂时从一家商业银行购进国库券，银行同意在第二天以约定的稍高价格重新购回，或以原价购回但要向公司支付一笔利息。通过此操作，银行获得 500 万元的可支配资金，而该工业企业获得一笔投资收入。具体的操作过程如图 3-1 所示。

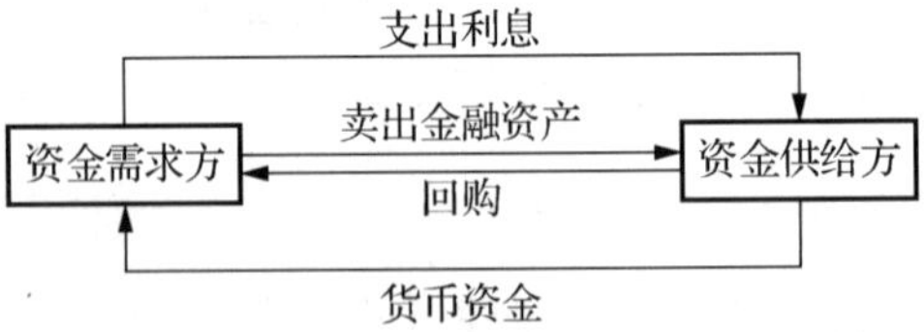

图 3-1　回购协议的操作过程

我国证券回购交易市场自 1993 年开始设立，主要有 3 种形式，即资本市场中的回购市场、货币市场中的回购市场、场外国债回购市场等。其中不同的市场其国债回购品种不同。例如，深圳证券交易所目前的国债回购交易品种有 3 天、4 天、7 天、14 天、

28 天、63 天、91 天、182 天和 273 天等，上海证券交易所目前的回购交易品种为 3 天、7 天、14 天、28 天、91 天、182 天等。

六、大额可转让定期存单市场

大额可转让定期存单，是由商业银行发行的一种金融产品，是存款人在银行的存款证明。可转让存单最早产生于 20 世纪 60 年代的美国。由于美国政府对银行支付的存款利率规定上限，商业银行的存款利率通常低于市场利率。在这种情况下，各大企业纷纷把闲置的资金从银行账户取出转而投资国库券、商业票据等短期证券，从而使商业银行的存款大幅减少。为了吸引客户，商业银行纷纷推出大额可转让定期存单。后来，英国、日本等国家的银行也先后开办此项业务。

大额可转让定期存单具有以下几个特点。

1）发行人通常是实力雄厚的大银行。中小银行也可以发行存单，但其发行量和流通量远远小于大银行。

2）发行面额固定，面值较大。在美国，大额可转让定期存单的面额多为 10 万美元、50 万美元和 100 万美元。

3）不记名，可流通转让。大额可转让定期存单不能提前支付，但可以在二级市场上出售转让。

4）收益率接近金融市场利率水平。

5）偿还期限短。最短偿还期限为 14 天，最长偿还期限不超过 1 年，一般偿还期限为 3～6 个月。

大额可转让定期存单是银行定期存款的一种，但与普通定期存款不同，具体区别如表 3-1 所示。

表 3-1　大额可转让定期存单与普通定期存款的区别

大额可转让定期存单	普通定期存款
不记名、不挂失	记名、可挂失
面额固定，有最低限	面额不固定
期限较短，如 3 个月、6 个月、9 个月、1 年	期限较长，一般 1 年以上
不能提前支取，但可转让	可提前支取，不可转让

与其他西方国家相比，我国的大额可转让定期存单业务发展得比较晚。我国第一张大额可转让定期存单于 1986 年面世，最初由交通银行和中国人民银行发行，1989 年经中国人民银行审批，其他专业银行也陆续开办了此项业务，大额可转让定期存单的发行者仅限于各类专业银行，不准许其他非银行金融机构发行。大额可转让定期存单的投资者主要是个人，企业为数不多。

各专业银行在发行大额可转让定期存单时，出现了因利率过高引发的存款“大搬家”现象，增加了银行的资金成本，为此中国人民银行曾一度限制大额可转让定期存单的利率，加上我国还未形成完整的二级流通市场，20 世纪 80 年代大量发行的大额可转让定期存单在 1996 年以后几近消失。

近几年，随着我国市场机制的进一步完善发展，为了拓宽筹资渠道，努力集聚社会闲散资金支持国家经济建设，经中国人民银行批准，一度曾停止发行的大额可转让定期存单又开始大力发行。2015 年 6 月，中国人民银行制定颁发了《大额存单管理暂行办法》，规定："个人投资人认购大额存单起点金额不低于 30 万元，机构投资人认购大额存单起点金额不低于 1 000 万元。大额存单期限包括 1 个月、3 个月、6 个月、9 个月、1 年、18 个月、2 年、3 年和 5 年共 9 个品种。"

第三节　资 本 市 场

一、资本市场概述

资本市场是融通期限在 1 年以上的中长期资金的市场。其交易对象一般是较长期（1 年以上）的有价证券，如股票、债券等，又称中长期资金市场，包括期限在 1 年以上的证券市场和银行信贷市场。在长期借贷中，一般是银行对个人提供消费信贷；在长期证券市场中，主要是股票市场和长期债券市场。

与货币市场相比，资本市场具有如下几个特点：其一，交易期限长，至少在 1 年以上，最长可达几十年；其二，交易目的主要是融通长期投资性资金；其三，资金融通规模大；其四，流动性差，风险大而收益较高。

二、长期信贷市场

长期信贷市场，是银行及其他金融机构办理 1 年期以上的中长期信贷业务的金融市场。中长期信贷主要用于满足企业固定资产的更新、扩建或新建的资金需要。贷款一般采用抵押放款的方式，即放款银行要求借款人提供某些特定的抵押品作为担保，目的在于减少信贷风险。当借款人不能偿还贷款时，银行可以依法处理抵押品，以抵补信贷资金的损失。

银行抵押贷款的抵押物大致分为两类：一种是有形财产，另一种是无形财产。有形财产包括房屋、汽车、机器设备、原材料、产品等；无形财产包括专利权、有价证券（股票、债券、国库券、提单等）。这些抵押物一般是被银行认可的。

银行的抵押形式主要分为动产抵押和不动产抵押。不动产指的是土地和房屋，而动产一般指的是除了土地和房屋以外的物品。

除此之外，抵押贷款的抵押物还需要注意以下几个方面。

1）抵押贷款的抵押物必须是借款人自有并且具有经营支配权的物品。

2）若抵押财产具有产权争议，或因故被司法机关和行政机关查封、扣押，是不能作为抵押品的。

3）银行为了降低贷款风险，一般会对抵押物打折，按照现行规定，贷款额度一般不得超过抵押物价值的 70%。

三、股票市场

股票市场是专门对股票进行公开交易的市场，包括股票的发行和流通。股票是由股份有限公司发行的权益凭证，代表持有者对公司资产和收益的剩余要求权。持有人可以按公司的分红政策定期或不定期地取得红利收入。股票没有到期日，持有人在需要现金时可以将其出售。

（一）股票市场结构

1. 发行市场

发行市场又称一级市场或初级市场。股票发行是发行公司自己或通过证券承销商（信托投资公司或证券公司）向投资者推销新发行股票的活动。股票发行大多无固定的场所，而在证券商品柜台上或通过交易网络进行。发行市场的交易规模反映一国资本形成的规模。股票发行一是为新设立的公司筹措资金，二是为已有的公司扩充资本。发行方式有两种：一是由新建企业自己发行，或要求投资公司、信托公司及其他承销商给予适当协助；二是由证券承销商承包发售。两种方式各有利弊，前者发行费用较低，但筹资时间较长。后者筹资时间较短，但费用较高，需要付给投资公司、信托公司或承销商一定的手续费。

2. 交易市场

交易市场又称二级市场或流通市场，主要包括两种：一是证券交易所市场，是专门经营股票、债券交易的有组织的市场，根据规定只有交易所的会员、经纪人、证券商才有资格进入交易大厅从事交易。进行交易的股票必须是在证券交易所登记并获准上市的股票。二是场外交易市场，又称证券商柜台市场或店头市场。其主要交易对象是未在交易所上市的股票。场外交易市场股票行市价格由交易双方协商决定。场外交易市场都有固定的场所，一般只做即期交易，不做期货交易。

（二）股票

股票是股份有限公司发给股东的，证明其投入股份并据此享有股东权利和承担股东义务的书面法律凭证。

1. 股票的性质

1）股票是一种有价证券。股票不仅代表一定价值量的资产，股票持有者还可以行使其所代表的权利，如要求股份有限公司按规定分配股息和红利的请求权等。

2）股票是一种证权证券。股东权是一种综合权利，包括出席股东大会、投票表决、任免公司管理人员、分取股息红利、认购新股、分配公司剩余资产等权利。股票便是证明这些权利的法律凭证。

3）股票是投资行为的法律凭证。对于发行者来说，股票是筹措自身资本的手段；对于认购者来说，购买股票则是一种投资行为。股票就是用来证明这种筹资和投资行为的法律凭证。

2. 股票的特征

1）收益性。收益性是指股票可以为投资者带来收益，这是股票最基本的特征。股票的投资收益主要来自两个方面：一是来源于股份有限公司在生产经营活动过程中所产生的盈利，以股息和红利方式对股东进行分配；二是股票持有者在股票市场上买卖股票时所产生的价差收益，即资本得利。

2）流通性。流通性是指股票可以在股票市场上随时转让，进行买卖，也可以继承、赠与、抵押，因此，股票是一种具有很强流通性的流动资产。

3）风险性。任何投资都有风险，股票投资也不例外。首先，股票投资者能否获得预期的回报，首先取决于企业的盈利情况，利大多分，利小少分；其次，股票作为交易对象，有着自己的价格，且价格受企业自身经营情况、政治、经济、社会等诸多因素的影响。

4）无偿还性。无偿还性是指投资者一旦购买股票就不能退股，在股份有限公司的存续期内股票是一种无期限的法律凭证。因此，可以将股票的期限看作永久性的。

5）参与性。股票持有人有权参与公司重大决策。股票持有人作为公司的股东，有权出席股东大会，通过选举公司董事实现其参与权。

3. 股票的种类

（1）按照股东享有的权利划分

按照股东享有的权利，股票可分为普通股和优先股。

1）普通股指作为股份有限公司资本的基本构成部分，具有股票的一般特征，是股份有限公司资本构成中最普通、最基本的股份。普通股有以下几个特点。

① 公司重大决策的参与权。普通股股东有权直接或间接地参加股东大会，对公司的重大决策进行投票表决。

② 收益分配权。普通股股东可依法获得股份有限公司对股东分配的股息和红利。

③ 剩余资产分配权。普通股股东在股份有限公司破产清算时，有权要求取得公司的剩余资产。

④ 优先认股权。普通股股东可优先认购公司发行的新股票。此外，普通股股东还有了解公司经营状况和转让股票的权利等。

2）优先股是指股份有限公司发行的、在分配公司收益和剩余财产分配方面比普通股具有优先权的股票。优先股有以下几个特点。

① 股息率固定。优先股在其发行时就约定了股票的股息率，无论公司的经营状况如何变化，其股息率均保持固定不变。

② 股息分配优先。一般情况下，股份有限公司的盈利首先支付债权人的本金和利息，其次支付优先股股息，最后分配普通股股息。

③ 剩余资产分配优先。当股份有限公司因破产或解散进行清算时，优先股股东可优先于普通股股东分配公司的剩余资产。

④ 无表决权。优先股股东不享有公司的经营决策参与权。一般情况下，优先股股东不能参加公司的股东大会，不能参与投票表决。只有在涉及讨论优先股股东权益的议案时，他们才能行使表决权。

（2）按照是否记载股东姓名划分

按照是否记载股东姓名，股票可分为记名股票和不记名股票。

1）记名股票是将持有人姓名记载于票面，同时持有人的基本情况记载于公司股东名册的股票。《中华人民共和国公司法》（以下简称《公司法》）规定，公司发行的股票，可以为记名股票，也可以为无记名股票。公司向发起人、法人发行的股票应当为记名股票，并应当记载该发起人、法人的名称或者姓名，不得另立户名或者以代表人姓名记名。记名股票有以下特点。

① 股东权利的专有性。只有记名股东或其正式委托的代理人才能行使股东权利；其他持有者不具有股东资格。

② 认购股款可以分期缴纳。

③ 不易转让。记名股票的转让需要变更公司的股东名册记录。

④ 相对安全。如果股票遗失，记名股东的资格和权利并不消失，可以根据法律程序向股份有限公司挂失，要求股份有限公司补发新的股票。

2）不记名股票是指持有人姓名既不在票面上记载，也不在股东名册上记载，持有人可随时转让且无须在转让时办理过户手续的股票。这类股票主要有以下几个特点。

① 认购股款一次性缴足。只有缴足认购股款，才能完成股权转让。

② 转让相对简便。原持有者只要向受让人交付股票便可发生转让的法律效力，受让人取得股东资格不需要办理过户手续。

③ 安全性较差。如果不记名股票遗失，原股票持有者便丧失股东权利，且无法挂失。

（3）按照股票有无票面金额划分

按照股票有无票面金额，股票可分为有面额股票和无面额股票。

1）有面额股票是指在股票票面上记载股票金额的股票。

2）无面额股票是指票面上不标明金额数，只注明该股票所代表的股份在所发行股份的总量中所占比例的股票。

（4）按照投资主体划分

按照投资主体，股票可分为国家股、法人股、公众股和外资股。

1）国家股是指有权代表国家投资的部门或机构以国有资产向股份有限公司投资形成的股份。我国股份有限公司的国家股主要是指在全民所有制企业改组为股份有限公司时，其国有资产所折算的股份。

2）法人股是指企业法人或具有法人资格的事业单位和社会团体以其依法可支配的资产投入公司形成的非上市流通的股份。

3）公众股是指社会公众依法以其拥有的财产投入公司时形成的可上市流通的股份，也称为A股。

4）外资股是指我国股份有限公司向国外和中国香港、澳门、台湾等地区投资者发行的股票。外资股按上市地域又可分为境内上市外资股和境外上市外资股。境内上市外资股是指股份有限公司向境外投资者募集并在我国境内上市的股份，又称为B股；境外上市外资股是指股份有限公司向境外投资者募集并在境外上市的股份，又分为H股、N股、S股等。

（三）股票的交易

大部分股票市场有固定的交易场所——证券交易所，如我国的上海证券交易所和深圳证券交易所。股票交易最早出现在欧洲国家。1773年，伦敦成立了第一家股票交易所。现在，所有经济发达的国家均拥有几家规模庞大的证券交易所。

证券交易所只是为交易双方提供一个公开交易的场所，它本身并不参与交易。能够进入证券交易所从事交易的人，必须取得交易所会员资格。会员资格的取得历来均有各种严格限制并需缴纳巨额会费。会员有两类，即经纪人和交易商。前者只能充当证券买者与卖者的中间人，从事代客买卖业务，收入来自佣金；后者则可以直接进行证券买卖，收入来自买卖差价。

一般客户如果有买卖上市证券的需要，应遵循以下几个步骤。

（1）开户

开户是指投资者在进行股票交易之前，需要首先开立股东账户和资金账户。我国上海证券交易所和深圳证券交易所的清算交割系统不同，在开户时应分别开立上海证券交易所股东账户和深圳证券交易所股东账户。股东账户一般可在各地的证券登记结算公司或证券公司的营业网点处办理。资金账户，主要是在各证券公司指定的银行办理。投资者开户后即可通过股东账户和资金账户进行股票交易。当买入股票时，股东账户的股票数量增加，资金账户的资金减少；卖出股票时，股东账户的股票数量减少，资金账户的资金数量增加。

（2）委托

委托是指投资者在办理相应的手续后请求证券商或经纪人代理买卖股票的行为。按委托价格，委托可分为市价委托和限价委托。市价委托是指投资者要求证券商或经纪人按证券交易所当时的市场价格买进或卖出股票的委托指令。市价委托成交迅速，但有时买入成交价较高，卖出成交价较低。限价委托是指投资者向证券商或经纪人发出买卖某种股票的指令时，对买卖的价格做出限定的委托。限价委托成交时，买入价格低于或等于申报价，卖出价格高于或等于申报价。限价委托有利于投资者控制成交价格，但成交速度慢，有时可能会丧失买卖时机。

（3）成交

成交即证券商在交易所内的交易员按照委托指令在场内进行买卖股票的行为。股票买卖一旦成交，买卖双方都不得违约。

（4）清算交割

清算是指股票成交后买卖双方通过证券交易所清算交割系统进行的股票和资金的应收或应付数额结算处理的过程。

交割是指投资者与受托证券商就成交的股票买卖，办理款项与股票结算事务的手续。投资者在办理清算交割时，应注意及时领取清算交割单并妥善保管。

（5）过户

过户是指记名股票成交后办理的变更股东名册登记手续。如果是不记名股票，在成交时就完成了过户，无须专门办理过户手续。

股票的交易，也可以在场外交易市场进行。场外交易市场的特点如下：①无集中交易场所，交易通过信息网络进行；②交易对象主要是没有在交易所登记上市的证券；③证券交易可以通过证券商或经纪人，也可以由客户直接进行；④证券交易一般由双方协商议定价格，不同于交易所采取的竞价制度。因为场外交易的相当部分是在证券商的柜台上进行的，所以也称为柜台交易或店头交易。

（四）股票的价格

股票的价格可以用不同的方式表示，它们分别从不同侧面表示股票的价值。

1. 票面价值

股票的票面价值是指股票票面上标明的金额，表示每股的资本额。但股票的票面价值并不能表示公司的实际资产价值，也不代表股票的实际价值。

2. 账面价值

股票的账面价值又称股票的资本净值，指每股股票所代表的公司实际资产的金额。它是公司经营管理者、证券分析家和投资者分析公司财务状况的重要指标。其计算公式为

每股股票的账面价值=(股东权益总额−优先股权益)/发行在外的普通股股数

3. 发行价格

股票的发行价格是新股票发售时的实际价格。发行价格可以等于股票的票面金额

（平价发行），也可以高于股票的票面金额（溢价发行），还可以低于股票的票面金额（折价发行）。

4. 市场价格

股票的市场价格，是指由股票市场的供求关系决定的价格。股票的市场价格随着股票交易的进行，每时每刻都在发生变化，表现为“随机漫步”。

5. 股票内在价值

股票内在价值，又称股票的理论价格，即股票未来收益的现值，取决于预期股息收入和市场收益率。根据现值理论，股票内在价值的计算公式为

$$P=\left[\frac{D_1}{(1+i_1)}+\frac{D_2}{(1+i_1)(1+i_2)}+\cdots+\frac{D_n}{(1+i_1)(1+i_2)\cdots(1+i_n)}\right]+\frac{F}{(1+i_1)(1+i_2)\cdots(1+i_n)}$$

式中，P 为股票现值，即股票的理论价格；D 为每股股息；i 为市场利率；F 为股票出售时的价格；n 为股票持有年限。

（五）股票价格指数

股票价格指数是反映股票市场总体价格或某类股票价格变动水平和走势的指标。该指数是用来反映不同时点上股票价格变动情况的相对指标，通常是计算期的股票价格与选定的基数价格相比，并将二者比值乘以基数的指数值，即为计算期的股票价格指数。因为股票价格指数选取的是股票市场上不同行业中最具代表性的重要股票作为样本进行计算的，所以它能够客观、灵敏地反映股票价格的变动情况，是投资者预测和衡量股票市场行情、进行投资决策的主要依据。此外，股票价格指数还可以提供整个国民经济运行情况的信息，为宏观经济管理部门提供决策参考，因此，我们常说股票价格指数是国民经济的“晴雨表”。

按照编制股票价格指数时纳入指数计算范围的股票样本数量，可以将股票价格指数划分为全部上市股票价格指数和成份股指数。全部上市股票价格指数又称综合指数，是指将指数所反映的价格走势涉及的全部股票都纳入指数计算范围。例如，上海证券交易所发布的上海证券交易所综合指数，就是把全部上市股票的价格变化都纳入计算范围，上海证券交易所工业股价格指数、商业股价格指数则分别把全部的工业类上市股票和商业类上市股票纳入各自的指数计算范围。成份股指数，是指从指数所涵盖的全部股票中选取一部分较有代表性的股票作为指数样本，称为指数的成份股，计算时只把所选取的成份股纳入指数计算范围。例如，深圳证券交易所成份股价指数，就是从深圳证券交易所全部上市股票中选取 40 种，计算得出的一个综合性成份股价指数。通过这个指数，可以近似地反映全部上市股票的价格走势。深圳证券交易所发布的工业股成份指数，是从深圳证券交易所上市的工业股中选取 20 家成份股为代表计算得出的。

世界上具有代表性的股价指数有美国的道琼斯股价指数、标准普尔 500 指数、纳斯

达克（National Association of Securities Dealers Automated Quotations，NASDAQ）指数、英国的金融时报指数、日本的日经 225 指数、中国香港的恒生指数等。

四、债券市场

（一）债券概述

1. 债券的概念和特征

债券是政府、金融机构、工商企业等金融市场主体为筹集资金而向投资者发行的、承诺按一定的利率水平支付利息并按约定期限到期偿还本金的债权债务凭证。债券一般具有以下几个特征。

1）投资收益性。债券一般可为投资者带来一定的收益，即持有者在持有期间的利息收益和买卖债券时的价差收益。

2）偿还性。债券有确定的偿还期限。到期时，债务人必须向债权人偿还全部本息。

3）安全性。一是债券的发行有着严格的资信审查制度，在一定程度上确保投资者的投资安全；二是债券在流通市场上的价格波动很小。

4）流通变现性。债券发行后，投资者可在债券流通市场上自由买卖。

2. 债券的基本要素

债券尽管多种多样，但是在内容上都要包含一些基本的要素。这些要素是指发行的债券上必须载明的基本内容，这是明确债权人和债务人权利与义务的主要约定，具体包括以下几点。

（1）面值

债券的面值是指债券的票面价值，是发行人对债券持有人在债券到期后应偿还的本金数额，也是发行人向债券持有人按期支付利息的计算依据。债券的面值与债券实际的发行价格并不一定是一致的，发行价格大于面值的称为溢价发行，小于面值的称为折价发行。

（2）偿还期

债券偿还期是指债券上载明的偿还债券本金的期限，即债券发行日至到期日之间的时间间隔。发行人要结合自身资金周转状况及外部资本市场的各种影响因素来确定债券的偿还期。

（3）付息期

债券的付息期是指发行人发行债券后的利息支付时间。它可以是到期一次支付，也可以是 1 年、半年或者 3 个月支付一次。

（4）票面利率

债券的票面利率是指债券利息与债券面值的比率，是发行人承诺以后在一定时期支付给债券持有人报酬的计算标准。债券票面利率的确定主要受银行利率、发行者的资信状况、偿还期限和利息计算方法及当时资金市场上资金的供求情况等因素的影响。

（5）发行人名称

发行人名称指明债券的债务主体，为债权人到期追回本金和利息提供依据。

3. 债券的种类

（1）按照发行主体划分

按照发行主体，债券可分为政府债券、公司债券和金融债券。

政府债券是指中央政府、政府机构和地方政府发行的债券，它以政府的信誉作为保证，在各种投资工具中，风险最小。公司债券是公司为筹措营运资金而发行的债券，又称为企业债券。金融债券是指商业银行或其他金融机构为筹集资金而发行的债券。

（2）按照债券期限划分

按照债券期限，债券可分为短期债券、中期债券和长期债券。

各国对短、中、长期债券的划分不完全相同。一般标准是期限在 1 年或 1 年以下的为短期债券；期限在 1 年以上 10 年以下（包括 10 年）的为中期债券；期限在 10 年以上的为长期债券。

（3）按照债券形态划分

按照债券形态，债券可分为实物债券、凭证式债券和记账式债券。

实物债券是一种以标准格式实物券面形式记录债权的债券。凭证式债券是以收款凭证的形式表明债权人所认购的债券，它不是债券发行人制定标准格式的债券，而是一种储蓄债券。记账式债券是以记账方式表明债权人所认购的债券，是没有实物形态的债券。

（4）按照支付利息方式划分

按照支付利息的方式，债券可分为一般付息债券、分期付息债券、附息票债券、贴现债券和贴水债券。

一般付息债券是指到期一并还本付息的债券。分期付息债券是指按发债时规定的利率标准每年支付利息的债券。附息票债券是指凭借债券所附息票在其到期日内领取利息的债券，又称为附息债券。贴现债券是指以低于债券面值发行而在到期日时按面值兑付的债券，又称为折扣债券。贴水债券是指实际利率因某种原因得到补贴而高于名义利率的债券。

（5）按照是否有担保划分

按照是否有担保，债券可分为信用债券、抵押债券。

信用债券也称为无担保债券，是指仅凭债务人信用发行的、没有抵押品作为担保的债券。抵押债券是指以抵押财产为担保而发行的债券，包括不动产抵押债券和信托抵押债券。不动产抵押债券是以土地、房屋、机器、设备等不动产为抵押担保品而发行的债券。信托抵押债券是以发行主体拥有的其他有价证券作为担保品而发行的债券。

（6）按照利率是否固定划分

按照利率是否固定，债券可分为固定利率债券和浮动利率债券。

固定利率债券是指在偿还期内利率固定的债券。这种债券在利率偿还期内，无论市场利率如何变化，债券持有者都只能按约定的利率获取利息。浮动利率债券是指在偿还期内利率可以变动的债券。浮动利率债券可以为投资者避免因市场利率水平的波动而产生的风险。

（7）按照发行区域和支付的货币划分

按照发行区域和支付的货币，债券可分为国内债券、外国债券和欧洲货币债券。

国内债券是在本国境内发行，以本国货币标明面额，并以本国货币偿还本息的债券。外国债券是指以发行地所在国家货币为面值并进行计息支付的债券。欧洲货币债券是指以欧洲货币为面值并进行计息支付的债券。欧洲货币是指在货币发行国境外流通使用的货币，而非欧元。

（二）债券市场结构

1. 债券的发行市场

债券的发行市场是指发行人以发行债券方式募集资金的市场，又称为一级市场或初级市场。债券的发行市场是交易市场的基础。

（1）债券评级

债券违约风险与投资者的利益密切相关，也直接影响发行者的筹资能力和成本。为了较客观地评估不同债券的违约风险，债券通常需要进行信用评级。评级的权威性取决于评级机构。目前世界著名的两大评估机构是标准普尔公司（Standard & Poor's）和穆迪投资者服务公司（Moody's Investors Service）。

标准普尔公司信用等级标准从高到低可分为AAA级、AA级、A级、BBB级、BB级、B级、CCC级、CC级、C级和D级。穆迪投资者服务公司信用等级标准从高到低可分为Aaa级、Aa级、A级、Baa级、Ba级、B级、Caa级、Ca级和C级。两家机构的划分方法大同小异。前4个级别债券信誉高，违约风险小，属于投资类债券；五级以后的债券信誉低，违约风险大，属于投机类债券。

（2）债券发行方式

1）按照有无中介机构参与，债券发行分为直接发行和间接发行。

① 直接发行是指债券发行人直接向投资者出售债券而不需要中介机构进行承销的发行方式。这种发行方式可节约发行费用，降低发行成本。直接发行一般适用于小规模债券发行。

② 间接发行是指发行人委托中介机构进行承购推销债券的发行方式。这种发行方式风险小、融资范围大、效率高。

2）按照债券认购对象，债券发行可分为公募发行和私募发行。

① 公募发行是指公开向社会非特定投资者发行的方式。这种发行方式具有范围广

泛、投资者多、有利于扩大筹资渠道、发行方式公平等优点，是债券发行的主要方式。

② 私募发行是指面向少数特定投资者发行的方式。这种发行方式具有手续简便、发行费用低等优点。

（3）债券承销

采用间接发行时，发行人要通过中介机构承销所要发行的债券。充当承销债券的中介机构称为承销商，主要有投资银行、证券公司、商业银行和其他金融机构。承销商承销债券的方式主要有 3 种，即代销、全额包销和余额包销。

2. 债券的流通市场

债券的流通市场与股票市场类似，也可以分为场内交易市场、场外交易市场、第三市场和第四市场等。场内交易市场是指在证券交易所内进行的交易。在债券交易所申请上市的债券主要是公司债券，而国债上市一般不用申请。大多数债券的交易是在场外进行的，场外交易市场是债券流通市场的主要形态。第三市场是指在证券交易所场外专门买卖已在证券交易所上市的债券的交易市场。实际上，第三市场是场外市场的一部分，但是因为近年来这部分市场发展很快，债券的种类和交易的量增速快，所以很多人习惯将其作为一个独立的市场。第四市场是指各种机构投资者和富有的个人投资者完全绕开通常的证券商，相互间直接进行债券买卖的交易市场。

知识拓展

我国债券市场自 20 世纪 90 年代成立以来，不断发展壮大。近年来，我国债券市场发展较为快速。2004 年年末我国债券市场的总量不足 5 万亿元，到 2015 年年中债券市场规模已达 39.8 万亿元，位列世界第三，其中，我国企业债券的市场规模已经超过美国成为世界第一。但整体与美国、日本相比，我国的债券市场规模还存在差距。

美国证券业及金融市场协会（the Securities Industry and Financial Markets Association，SIFMA）数据显示，截至 2015 年年中，美国债券市场规模达到 39.5 万亿美元，跻身全球最大金融市场之列。这一规模是美国股票市场的 1.5 倍，几乎是日本、中国和欧洲等五大国外股市规模之和的两倍。

日本债券市场的规模小于美国，但也超过我国，约为美国的 1/4。英国是欧洲第一大债券市场。根据 2014 年的数据，美国占全球债券市场的 57%，日本占全球债券市场的 17%，欧洲约占全球债券市场的 23%，新兴市场包括中国在内只占全球债券市场规模的 3%。但我国债券市场发展快速，且增速还在加快。截至 2018 年年末，中国债券市场余额已超 86 万亿元，位居世界第三。

各国人口数及经济发展规模不同，可以债券市场规模占 GDP 的比率作为衡量跨国债券市场规模及活跃度的指标。因此，不论是从债券融资占比，还是从债券融资规模来看，中国债券市场发展空间依然很大。

（资料来源：http://www.docin.com/p-2047252447.html.有改动）

第四节 金融衍生工具市场

一、金融衍生工具的概念和特征

金融衍生工具，也称金融衍生产品，是从原生金融工具中派生出自身价值的金融产品，其价值取决于作为合约标的物的原生金融工具或指数的变动状况。原生金融产品主要包括外汇、债券、股票、货币、存单等金融资产。最常见的金融衍生工具有远期、期货、期权和互换 4 种类型。

金融衍生工具的特征主要表现在以下几个方面。

（1）跨期性

金融衍生工具是交易双方通过对利率、汇率、股票价格等因素变动趋势的预测，约定在未来时间按照一定条件进行交易或选择是否交易的合约。无论是哪一种金融衍生工具，都会影响交易者在未来一段时间内或未来某时点上的现金流，跨期交易的特征十分突出。

（2）杠杆性

金融衍生工具交易一般只需要支付少量保证金或权利金就可以签订远期大额合约或互换不同的金融工具。例如，若期货交易保证金为合约金额的 5%，则期货交易者可以控制 20 倍于所交易金额的合约资产，实现以小博大的效果。在收益可能成倍放大的同时，交易者所承担的风险与损失也会成倍放大，基础工具价格的轻微变动也许就会为交易者带来大的变动。金融衍生工具的杠杆性效应在一定程度上决定其高投机性和高风险性。

（3）联动性

联动性是指金融衍生工具的价值与基础产品或基础变量紧密联系、规则变动。通常，金融衍生工具与基础变量相联系的支付特征由衍生工具合约规定，其联动关系既可以是简单的线性函数关系，也可以是非线性函数或者分段函数关系。

（4）不确定性或高风险性

金融衍生工具的交易后果取决于交易者对基础工具（变量）未来价格（数值）的预测和判断的准确程度。基础工具价格的变幻莫测决定金融衍生工具交易结果的不稳定性，这是金融衍生工具有高风险性的重要诱因。

二、金融远期合约市场

金融远期合约是指在未来某个确定的时间，按照某个确定的价格，出售或购买某种金融资产的协议。一般地，购买方称为多头，出售方称为空头。金融远期合约通常是在两个金融机构之间或金融机构与其客户之间签订的。金融远期合约的交易一般不在规范的交易所内进行。其具备以下几个特点。

1）合约的规模和内容按交易者的需要而制定，不像期货、期权那样具有标准化合约。

2）合约代表货币或其他商品的现货交付，不像期货、期权那样只需在交割日前进行反向交易即可平仓了结。90%以上的远期合约最终要进行实物交割，因此，其投机程度大大降低，以小博大的可能性被降至最低。

3）合约本身具有不可交易性，即一般不能同期货、期权那样可以随意对合约进行买卖。金融远期合约一般由买卖双方直接签订，或者通过中间商签约。合约签订后，要冲销原合约，除非与原交易者重新签订合约或协议且表明撤销原合约。因此，金融远期合约流动性较小。

4）合约交易无须支付交易保证金。金融远期合约的交易主要在银行间或银行与企业间进行，不存在统一的结算机构，价格无日波动的限制，只受普通合约法和税法的约束，因此无须支付保证金。

三、金融期货市场

金融期货合约是交易双方按照约定的价格在未来某一期间完成一定标准数量特定资产交易的合约。金融期货合约是一种标准化合约，在这种合约中，除价格外，其余都是事先约定好的，不能变动。金融期货市场的基本特征主要为交易场所限于交易所、交易很少以实物交割、交易合约是标准化合约、交易每天进行结算。

（一）金融期货的种类

1. 利率期货

利率期货最早产生于美国。它是指在期货交易所买进或卖出某种价格的有息资产而在未来一定时间交割的金融期货。有息资产包括国库券、政府债券、商业票据、定期存单等。因为金融资产的实际价格与利率水平紧密联系，所以称为利率期货。

2. 外汇期货

外汇期货是指以汇率为标的物的期货合约。浮动汇率制使从事国际贸易的经营者，除了承担商品价格变动带来的商业风险外，还要承担汇率变动带来的汇率风险，从而产生通过期货市场进行套期保值、回避汇率变动风险的客观活动。

3. 股票指数期货

股票指数期货是在期货市场上进行的以股票市场指数作为基础的标准化期货合约。股票指数期货的产生源于股票市场的风险。股票指数期货交易是目前金融期货市场最热门和发展最快的期货交易，其最重要的功能就是投资者可以利用它对股票现货进行投资从而实现套期保值、规避系统风险的目的。

（二）金融期货市场的基本功能

金融期货市场的基本功能主要体现在套期保值和价格发现两个方面。

1. 套期保值

在金融市场活动过程中，市场主体会面临各种各样的风险，如利率风险、汇率风险、股票价格波动风险等。投资者可以利用金融期货市场，通过期货多头或空头把价格风险转移，从而实现规避风险的目的。例如，某企业在商业银行贷了一笔款项，那么，市场利率的上涨会使该企业融资成本上升，于是该企业在贷款的同时也在期货市场上买入了利率期货合约。当市场利率上涨时，其购买的利率期货合约的价格就会上涨，从而可以弥补现货市场的亏损。应该注意的是，对于单个主体而言，利用期货交易可以达到规避价格风险的目的，但对整个社会而言，期货交易通常并不能消除价格风险，期货交易发挥的只是价格风险的再分配，即价格风险的转移作用。并且，在有些条件下，期货交易还具有增大或减少整个社会价格风险总量的作用。

2. 价格发现

期货价格是所有参与期货交易的人对未来某一特定时间的现货价格的期望或预期。不论期货合约的多头还是空头，投资者都会依其个人所持立场或所掌握的市场资讯，并对过去的价格表现加以研究后，做出买卖委托。而交易所通过计算机撮合公开竞价出的价格，即为此瞬间市场对未来某一特定时间现货价格的平均看法。这就是金融期货市场的价格发现功能。

（三）金融期货的交易制度

期货交易所对金融期货交易过程实行规范化管理，主要有以下交易制度和规则：保证金制度、逐日盯市结算制度、涨跌停板制度和交易头寸限制制度。

1. 保证金制度

保证金制度是金融期货交易的最本质制度。金融期货交易最终以双方保证金的交割清算为结果，金融期货交易的直接标的就是保证金，因此，金融期货交易也称保证金交易。期货交易保证金包括结算保证金和交易保证金两个层次。结算保证金是结算所向结算会员收取的，以确保其履约的能力与诚意。交易保证金是结算会员或期货经纪商向客户收取的，以作为履约的保证。结算保证金又分为两种，即原始保证金和变动保证金。原始保证金通常按照期货合约价格的一定比例缴纳；变动保证金则是因期货合约结算价格的变动需要每天进行相应调整的保证金。

2. 逐日盯市结算制度

逐日盯市结算制度，即每日无负债制度、每日结算制度，是指在每个交易日结束之后，交易所结算部门先计算出当日各期货合约结算价格，核算出每个会员每笔交易的盈亏数额，以此调整会员的保证金账户，将盈利记入账户的贷方，将亏损记入账户的借方。若保证金账户贷方金额低于保证金要求，交易所通知该会员在限期内缴纳追加保证金以达到初始保证金水平，否则将不能参加下一交易日的交易。

3. 涨跌停板制度

涨跌停板制度是指期货合约在一个交易日中的成交价格不能高于或低于以该合约上一交易日结算价为基准的某一涨跌幅度，超过该范围的报价将视为无效，不能成交。在涨跌停板制度下，前交易日结算价加上允许的最大涨幅构成当日价格上涨的上限，称为涨停板；前一交易日结算价减去允许的最大跌幅构成价格下跌的下限，称为跌停板。因此，涨跌停板又称每日价格最大波动幅度限制。

4. 交易头寸限制制度

交易头寸限制制度，又称限仓制度，它是期货交易所为防止市场风险过度集中于少数交易者和防范操纵市场行为，对会员和客户的持仓数量进行限制的制度。它规定会员或客户可以持有的，按单边计算的某一合约持仓的最大数额，不允许超量持仓。

（四）金融期货与金融远期的区别

金融期货交易是在金融远期交易的基础上发展起来的。两者最大的共同点是都采用先成交，后交割的交易方式，但两者又有很大的区别，主要表现在以下 5 个方面。

1. 交易场所不同

金融期货交易是在指定的交易所内进行，交易所必须提供一个特定集中的场地。金融期货合约在交易厅内公开交易，交易所还必须保证使当时买卖价格及时并广泛传播出去。而金融远期交易没有集中的交易地点，交易方式较为分散。

2. 合约标准化程度不同

金融期货合约是符合交易所规定的标准化合约，对于交易的金融商品的品质、数量及到期日、交易时间都有严格而详尽的规定。而金融远期合约交易商品的品质、数量、交割时间等，均由交易双方自行决定，没有固定的规格和标准。

3. 信用风险不同

金融远期交易不需要缴纳保证金，合约到期后才结算盈亏。金融期货交易则不同，必须在交易前缴纳合约金额的 5%～10%作为保证金，并由清算公司进行逐日结算。

4. 履约方式不同

金融期货交易有实务交割和对冲平仓两种履约方式，绝大多数金融期货交易是在到期日之前进行对冲平仓。而金融远期交易由于合约的非标准化，在合约双方不违约的情况下，一般会到期进行实物交割。

5. 交易参与者不同

金融远期交易的参与者大多是专业化生产商、贸易商和金融机构。而金融期货交易更具有大众意义，参与者既可以是银行、公司、财务机构，也可以是个人。

知识拓展

2013 年 9 月 6 日上午，时任中共中央政治局委员、上海市委书记韩正，中国证券监督管理委员会（以下简称证监会）党委书记、主席肖钢敲响开市锣声，国债期货在中国金融期货交易所成功上市。这标志着我国金融衍生品市场发展再获重大突破。

首批上市的国债期货为 5 年期合约，分别为 2013 年 12 月和 2014 年 3 月、6 月合约。根据中国金融期货交易所此前发布的 5 年期国债期货合约，国债期货合约标的为面值 100 万元，票面利率为 3%的名义中期国债。

在当日举行的上市仪式上，肖钢表示，国债期货正式在中国金融期货交易所挂牌上市，是我国多层次资本市场建设取得的重要成果，是继股指期货之后期货衍生品市场创新发展的重要突破，也是推进上海国际金融中心建设的重要内容。

肖钢强调，作为我国第一个场内利率衍生品，国债期货的上市标志着我国期货衍生品市场进入了一个新的发展阶段。我们要牢牢把握服务实体经济的根本要求，坚持市场化、法治化、国际化的方向，积极推进期货衍生品市场改革创新；要尊重市场首创精神，激活市场创新活力，按照市场规律办事，努力开发适应市场需要的新品种、新工具；要准确把握衍生品具有“双刃剑”的特性，把风险防范始终贯穿创新全过程，使监管能力与创新举措相适应；牢牢守住不发生系统性、区域性风险的底线；加强监管执法，严厉打击市场操纵、内幕交易等违法违规行为；坚持做好投资者服务工作，切实维护市场“三公”（公平、公正、公开）和投资者合法权益。

（资料来源：http://finance.chinanews.com/stock/2013/09-06/5256814.shtml.有改动）

四、金融期权市场

金融期权市场是在金融期货交易基础上产生的一种衍生金融市场。

期权合约是指期权的买方有权在约定的时间或约定的时期内，按照约定的价格买进或卖出一定数量的相关资产，也可以根据需要放弃行使这一权利。为了取得这样一种权利，期权合约的买方必须向卖方支付一定数额的费用，即期权费。

（一）金融期权的类型

1. 按照买方的权利性质划分

按照买方的权利性质，金融期权可分为买权和卖权。

1）买权，又称看涨期权，是指期权的买方有权按照执行价格和规定时间向期权卖方买进一定数量的相关期权合约。

2）卖权，又称看跌期权，是指期权的买方有权按照执行价格和规定时间向期权卖方卖出一定数量的相关期权合约。

2. 按照执行时间划分

按照执行时间，金融期权可分为欧式期权、美式期权和百慕大期权。

1）欧式期权是指期权合约买方必须在期权到期日当天才能行使的期权。

2）美式期权的买方可以在到期日或之前任一交易日提出执行期权合约的期权。

3）百慕大期权是一种可以在到期日前所规定的一系列时间行权的期权。例如，期权可以有 3 年的到期时间，但只有在 3 年中每一年的最后一个月才能被执行，它的应用通常与固定收益市场有关。

3. 按照执行价格划分

按照执行价格，金融期权可分为价内（实值）期权、价外（虚值）期权和平价（平值）期权。

1）价内（实值）期权是指执行价格与基础工具的现行远期市场价格相比，较为有利的期权。

2）价外（虚值）期权是指不具有内涵价值的期权，即敲定价高于当时期货价格的看涨期权或敲定价低于当时期货价格的看跌期权。

3）平价（平值）期权是指执行价格与实时价格相同的期权。

（二）金融期权交易与金融期货交易的区别

金融期权交易与金融期货交易的区别如表 3-2 所示。

表 3-2 金融期权交易与金融期货交易的区别

项目	金融期权交易	金融期货交易
投资者的权利、义务	双方都有履约的义务	买方只有权利而没有义务；卖方只有义务而没有权利
保证金	双方都要缴纳保证金	期权的卖方需要缴纳保证金
盈亏点	相同点：一方的盈利就是另一方的亏损 不同点：盈亏是对称的，双方盈亏理论上可以是无限的	相同点：一方的盈利就是另一方的亏损 不同点：盈亏有不对称性，期权买方获利无限，损失有限；期权卖方获利有限，亏损可能无限

五、金融互换市场

互换业务是在平行信贷业务基础上发展起来的一个新兴衍生金融交易业务。由于具有成交灵活的优势，从产生之日起，互换业务就以强大的生命力得到迅猛发展，逐步形成有独立标的物和交易程序的金融互换市场。

金融互换是约定两个或两个以上的当事人按照商定条件，在约定的时间内，交换一系列现金流的合约。货币互换和利率互换是金融互换的两个重要品种。

1）货币互换是将一种货币的本金和固定利息与另一种货币的等价本金和固定利息进行交换。其主要原因是双方在各自国家中的金融市场上具有比较优势。

世界上著名的正规货币互换是 1981 年美国所罗门兄弟公司为国际商业机器公司（International Business Machines Corporation，IBM）和世界银行安排的一次互换业务。一方面，当时 IBM 绝大部分资产构成是美元，为规避汇率风险，于是希望其负债与之对称的也是美元；另一方面，世界银行希望用瑞士法郎或德国马克这类利率低的货币安排负债结构调整。同时，世界银行和 IBM 在各自的市场上均有比较优势，世界银行通过发行欧洲美元证券筹资，其成本远低于 IBM 筹措美元资金的成本；IBM 通过发行瑞士法郎筹资，其成本低于世界银行筹措瑞士法郎的成本。于是，通过所罗门兄弟公司的撮合，世界银行将其发行的 2.9 亿欧洲美元债券与 IBM 等值的德国马克、瑞士法郎债券进行互换。结果，双方都达到了降低筹资成本的目的，取得了所需货币资金，实现了资产负债结构调整，解决了相互市场的供求矛盾，特别是免除了市场汇率波动给双方可能带来的损失风险。这笔货币互换业务的成功，为随后互换市场的发展提供了经验和借鉴。

2）利率互换是指双方同意在未来的一定期限内根据同种货币的同样的名义本金交换现金流，其中一方的现金流根据浮动利率计算，而另一方的现金流根据固定利率计算。互换的期限通常在 2 年以上，有时甚至在 15 年以上。

世界上最早的利率互换发生在 1980 年 8 月的欧洲资本市场上的债券发行业务过程之中，当时德意志银行发行了 3 亿美元的 7 年期固定利率的欧洲债券，并安排与 3 家银行进行利率互换，换成以伦敦同业拆放利率为基准的浮动利率欧洲美元债券。在该次互换中，德意志银行按低于伦敦同业拆放利率支付浮动利息，得到优惠，而其他 3 家银行则通过德意志银行很高的资信级别换得优惠的固定利率美元债券。由于利率互换双方能够互相利用各自在金融市场上的比较优势获得利益，这次利率互换交易得以成功，并很大地推动了利率互换市场的发展，也标志着互换交易工具的应用已从货币市场转到信贷市场。

本章小结

金融市场有狭义和广义之分，狭义的金融市场是指资金由多余者向短缺者转移的场所。广义的金融市场是指货币资金融通和金融工具交易的场所与行为的总和。在经济系统中，金融市场能引导资金的流向，使资金由盈余部门向短缺部门转移。

金融市场由交易主体、交易客体、交易价格 3 个基本要素构成。

在金融市场上，资金融通方式有直接融资和间接融资两种。

货币市场是交易期在 1 年期以内的短期金融工具的市场。货币市场活动主要是为了保持资金的流动性。按照金融产品，货币市场可分为票据市场、回购协议市场、大额可转让定期存单市场、银行间同业拆借市场、银行短期信贷市场等。

资本市场是指中长期资金融通或中长期金融证券买卖的市场。按照市场工具，资本市场可分为股票市场和债券市场。按照组织结构，资本市场可分为一级市场和二级市场。

金融衍生工具是从原生金融工具中派生出自身价值的金融商品，其价值取决于作为合约标的物的原生金融工具或指数的变动状况。金融衍生工具主要有四大特点：跨期性、杠杆性、联动性和不确定性或高风险性。目前较为流行的金融衍生工具合约主要有远期、期货、期权和互换 4 种类型。

业务技能自测

第四章 金融机构体系

职业能力目标

【知识目标】

1）了解金融机构的概念、功能及发展趋势。

2）掌握现代金融机构体系的构成和我国金融机构体系的发展及构成。

【能力目标】

1）能够解析西方国家现代金融机构体系的优缺点。

2）能够分析阐述我国金融机构体系存在的合理性及其缺陷。

学习要点

金融机构相关内容；现代金融机构体系；我国的金融机构体系

案例导入

2007 年 4 月，以美国第二大次级房贷公司新世纪金融公司破产事件为标志，美国爆发了房地产次级按揭贷款危机。2008 年 9 月，这场由房地产泡沫引发的金融危机愈演愈烈。2008 年 9 月上旬，美国最大的两家房地产公司——联邦国民抵押贷款协会（Federal National Mortgage Association，Fannie Mae）和联邦住房抵押贷款公司（Federal Home Loan Mortgage Corporation，Freddie Mac）濒临破产，美国政府以少有的接管方式采取了救助行动。9 月中旬，华尔街的两大投资银行巨头——雷曼兄弟公司和美林证券公司先后倒下，分别宣告破产后被其他金融机构收购。9 月下旬，华盛顿互惠银行成为美国历史上最大的银行倒闭案主角。面对一个个相继倒下的金融巨头，美国联邦储备系统（以下简称美联储）前主席格林斯潘把这次危机称为“百年不遇”的金融危机。

为防止金融危机失控，导致更多金融机构倒闭，从而对经济造成重创，美国政府采取了一系列救市措施，其规模之大为历史上所罕见，为金融机构和金融市场提供巨额资金，以恢复系统流动性和市场信心，重建金融机构的资产负债平衡表，避免更多金融机构破产甚至整个金融系统崩溃。美国政府高级官员深知，金融是现代经济的核心，资金是经济发展的“血液”，只有保住金融机构，才能够逐步稳定实体经济。从事后的角度观察和分析，美国政府优先救助金融机构的策略，无疑是正确的。

（资料来源：https://wenku.baidu.com/view/84550a76aeaad1f347933f1b.html.有改动）

思考：美国次贷危机涉及哪些金融机构？这些金融机构与我国的金融机构设置是否相同？

第一节　金融机构概述

一、金融机构的概念

金融机构泛指从事金融业务、协调金融关系、维护金融体系正常运行的机构。在间接融资领域中的金融机构，是作为资金余缺双方进行金融交易的媒介体，如商业银行；在直接融资领域中的金融机构，是为筹资者和投资者双方牵线搭桥的证券公司等。金融机构通过提供各种金融服务，促进资金从盈余者向资金短缺者流动，使货币资金融通得以顺利进行。

二、金融机构的功能

1. 降低交易成本

所谓交易成本，是指从事金融交易所需要花费的时间和金钱。假如你有一笔钱，你想要在市场上寻找需要资金的人，这时你就需要付出一笔寻找费，如做广告。假如你找到了贾某，就需要对贾某进行资信调查，这时就要付出一笔调查费。假如你想借一笔钱给贾某，为了保险起见，你可能需要通过一位律师准备一份借款合同，这时你就需要支付一笔律师费。这笔支出对于大额借款而言可能无关紧要，但如果你能借给贾某的钱很少，你就可能会觉得不值。如果有了银行等间接金融机构，这些问题就可以迎刃而解。由于规模效益的存在，各项交易费用可大大降低。此外，金融中介机构还可以通过开发专门的技术来降低交易成本。

2. 提供多种金融服务

在现代经济中，除了资金借贷之外，资金需求者和资金供给者还需要其他多方面的金融服务，如债权债务的清算、资金的收付、信用担保、信托业务等。金融机构利用自身的优势，通过提供大量具有特定功能的金融工具、金融服务、交易方式和技术等，为经济社会提供各种金融便利和服务，为人们生活中的各种不确定性风险提供保障，增加金融商品和服务的效用，提高金融运作的效率，有利于提升人们经济生活的质量并增加社会总福利。

3. 改善信息不对称，防范风险

所谓信息不对称，是指在金融市场上，交易的一方因对交易的另一方缺乏了解而影响其做出正确决策的一种重要现象。例如，对于贷款项目的潜在收益和风险，借款者通常比贷款者了解得多。这种信息不对称引发的问题可能发生在两个阶段：交易之前和交易之后。交易之前，信息不对称导致的结果是逆向选择。逆向选择最终指向那些最可能造成信贷风险的借款者，通常就是那些寻找贷款最积极而且最可能得到贷款的人。交易之后，信息不对称造成的结果是道德风险。道德风险是指借款者可能从事贷款者不希望看到的那些活动的风险，因为这些活动可能使这些贷款不能归还。无论是逆向选择还是道德风险，都降低了贷款归还的可能性，所以贷款人可能决定不向任何人提供贷款而是将钱存入可信赖的金融中介机构。金融中介机构之所以能防范这些风险，是因为相比个人，它们在甄别贷款风险、防范由逆向选择造成的损失方面的经验和办法较丰富。

4. 调节经济

金融机构调节经济的功能主要通过以下 3 个方面实现：一是能够反映经济的状况，金融机构的各种资产负债业务反映了经济运行货币资金的供求状况；二是在宏观调控方面，政府实施货币政策和财政政策主要依靠金融机构；三是金融机构可实现对经济结构的调节。在经济结构方面，人们对金融工具的选择，实际上是对融资方向的选择，这种选择必然会产生优胜劣汰的效应，从而达到调节经济结构的目的。

三、金融机构的发展趋势

20世纪70年代以来，在经济领域，自由主义经济思潮比较盛行。以美国、英国为代表的各国政府通过减少政府对经济的干预，放松金融管制，从而更好地发挥市场对经济的作用。这使金融机构之间的竞争日益加剧，激烈的竞争促使许多新事物的产生。

1. 创新趋势

技术创新主要体现在技术进步和技术应用上，这使金融机构的服务形态、业务结构和运营方式都发生质的变化，银行的概念从实体银行向虚拟银行方向演进。金融机构业务的创新体现在各金融机构为了在竞争中获取优势，必然积极推出各类金融创新业务，尽量满足不同层次客户的金融消费需求，从而抢占市场份额。

2. 兼并重组

兼并重组成为现代商业银行调整的一种有效手段。尤其是20世纪90年代后，西方国家银行业内部重组不断，以期适应形势的变化与要求。这种趋势的原因主要有兼并重组能够增强金融机构的实力，扩大经营领域和提高市场占有率，在业务经营、财务管理、人事管理上实现规模经济，同时迅速提高竞争能力。

3. 国际化趋势

跨国银行的建立使银行的发展更趋国际化。各国银行纷纷在国外设立分支机构，成立跨国银行，并从事国际银行业务及开拓境外金融业务。

4. 全能化趋势

在利率市场化背景下，传统的存贷业务收窄，银行开始向中间业务收入方转型，因此，各国都在加快推进混业经营模式改革。所谓金融业的混业经营，是指银行、证券公司、保险公司等机构的业务互相渗透、交叉，而不仅仅局限于自身分营业务的范围。银行性金融机构与非银行性金融机构正在不断融合，形成更为庞大的复合型金融机构。传统的分业经营模式逐渐被打破，各种金融机构的业务不断交叉，各种金融机构原有的差异日趋缩小，形成多元化、综合性经营的趋势。

知识拓展

混业经营主要有3种模式，即全能银行模式（德国）、银行母公司模式（英国）及金融控股模式（美国）。

1. 全能银行模式

在全能银行模式下，商业银行可以依法从事包括保险、证券、外汇等各方面的金融服务。德意志银行是其中的典型。当时德意志银行重新组织架构，将银行分为个人业务、企业机构业务及资源控制3个业务集团，并购德国的摩根建富（Morgan Grenfell）及美国的信孚银行（Bankers Trust）以完善一站式金融服务，再通过交叉销售，充分运用客户资源，达到降低成本的目的。德意志银行以各种行动从原本以零售业务为主的银行转型成提供金融一站式的全能银行，而且其在投资银行业务方面脱颖而出，跻身全球顶尖银行行列。

2. 银行母公司模式

采用银行母公司模式的商业银行可以在一定的条件下，成立子公司经营其他业务。混业经营起源于1986年英国的“金融大爆炸”，当时英国政府放松对内管制，并对外开放证券市场，宣布银行机构可直接进入证券交易所进行交易。从此，证券投资等业务则不再限制于投资银行，商业银行亦开始混业经营，成立子公司并从事证券业务。与德国全能银行的一站式服务相比，英国的银行母公司模式则以多公司、多法人、多业务为服务形式。

3. 金融控股模式

金融控股公司并不直接经营金融业务，而是通过投资及控股，整合多个业务范围的子公司。美国从法律上规定银行不允许从事投资业务，也不允许直接投资的子公司经营证券业务，但若是子公司成立的证券公司则能有限度地经营证券业务。美国于1987年开始推动银行混业经营，逐渐放宽对经营公司及附属公司的限制。然而在1998年，旅行者集团与花旗公司合并为花旗集团，这使分业经营正式画上句号。花旗公司的商业银行业务与旅行者集团的证券及保险业务一体化，促使产生成本优势及协同效应，令花旗集团跻身全球规模最大的金融集团行列。

（资料来源：佚名，2015．金融业的转型道路：从分业到混业[EB/OL].（2015-09-24）[2019-02-03]. http://news.hexun.com/2015-09-24/179451864.html.有改动）

5. 信息化趋势

互联网时代下新兴互联网金融企业的进入，对传统金融机构构成威胁。同时，互联网时代下金融机构的信息化建设使金融机构推出小额理财产品的成本大幅下降，使小额理财成为可能。互联网通过开放、分享、个性化和分布式协作改造传统金融。互联网时代下信息化金融机构的运营模式使金融服务的成本更低、操作更便捷，同时服务的透明度更高、个性化更强、用户体验更好。

知识拓展

国内互联网金融发展最为典型的案例是阿里巴巴的小额信用贷业务及阿里金融。与传统的信贷模式不同，阿里金融通过互联网数据化运营模式，为阿里巴巴、淘宝网、天猫网等电子商务平台上的小微企业、个人创业者提供可持续性的、普惠制的电子商务金融服务。阿里金融开发的新型微贷技术的核心是数据和互联网，利用阿里巴巴B2B（business to business，企业对企业电子商务模式），以及淘宝和支付宝等电子商务网络平台上客户积累的信用数据及行为数据，引入网络数据模型和在线视频资信调查模式。通过交叉检验技术辅以第三方验证确认客户信息的真实性，将客户在电子商务网络平台上的行为数据映射为企业和个人的信用评价，向那些无法在传统金融渠道获得贷款的客户批量发放金额小、期限短、随借随还的小额贷款。同时，阿里金融微贷技术也极其重视网络，其中小微企业大量数据的运算即依赖互联网的云计算技术，不仅保证了其安全性和效率，还降低了阿里金融的运营成本。

（资料来源：chengjun,2015.互联网金融案例[EB/OL].（2015-06-25）[2019-02-03]. http://futures.cngold.org/qhzs/c3361577.html.有改动）

第二节　现代金融机构体系

金融机构体系是指金融机构的构成及其相互联系的统一整体。在市场经济条件下，各国金融体系大多是以中央银行为核心，以商业银行为主体，各类银行和非银行金融机构并存的体系。

一、银行金融机构体系

1. 中央银行

中央银行是各国金融体系中的一个特殊银行，其特殊体现为不以营利为目的，专门行使宏观调控与金融管理的职能。它作为发行的银行、银行的银行和政府的银行，成为一国金融体系的核心。中央银行代表国家制定并执行货币金融政策，依法监管金融机构和金融市场，维护金融体系的安全运行。

2. 商业银行

商业银行是以经营工商业存贷款为主要业务，并为客户提供多种服务的金融机构。它以吸收存款为主要负债，同时具有创造存款货币和通过转账结算周转存款货币的功能，通常又称为存款货币银行。商业银行数量多、业务覆盖面广和资产总额大，是金融机构体系中的骨干和主体，并占有显要地位。

3. 专业银行

专业银行是专门经营规定范围内的业务和提供专门性金融服务的银行，它是社会分工发展在金融业的表现。专业银行的种类、形式很多，主要有以下几种。

1）投资银行。投资银行是专门为工商企业办理投资和长期信贷业务的银行。投资银行广泛分布在大多数欧美等工业化国家，英国称其为商人银行，日本称其为证券公司，其他国家或地区称其为长期信贷银行、实业银行、金融公司、投资公司等。投资银行的资金来源主要依靠自己发行股票、债券所得，少数来源于从其他银行取得的贷款或有些国家准许其接受的定期存款。投资银行的主要业务有对工商企业的股票和债券进行直接投资、提供中长期贷款、为工商企业代理和包销证券、参与企业的创建和改组运动、包销本国政府和外国政府的公债券、经营外币存放和买卖、提供投资与合并的财务咨询服务等。

2）储蓄银行。储蓄银行是专门经办居民储蓄并为居民个人提供金融服务的金融机构。这类银行以储蓄存款为主要资金来源，其主要业务是提供消费信贷和住宅信贷，此外也进行投资活动（主要是购买国家债券）。各国的储蓄银行名称各异，如互助储蓄银行、国民储蓄银行、信贷协会等。

3）抵押银行。抵押银行是以不动产作为抵押从事长期贷款的银行，主要资金来源于发行不动产抵押贷款。其业务属长期信贷，大体可分为两类：一类是办理以土地为抵押的长期贷款，贷款对象是土地所有者或购买土地的农业资本家；另一类是以城市房屋为抵押的长期贷款，贷款对象是房屋所有者或经营建筑业的资本家。

4）开发银行。开发银行是专为满足长期建设项目投资融资需要并提供服务的银行。这类投资融资因为投资量大、时间长、见效慢、风险大，虽然具有开发性，但一般商业银行不愿承担，所以多由政府组建。其经营特点是不以营利为目标，属于政策性银行。开发银行的资金来源主要是财政划拨资金和其他财政性资金等，其业务主要是对国内企业和建设项目提供长期贷款。

5）农业银行。农业银行专为支持农业发展所设立。农业信贷具有风险大、期限长、收益低的特点，因此多由政府组建，亦属政策性银行。其资金来源主要是借入的政府资金、发行债券等，主要业务有农业贷款、担保和补贴等，贷款方面几乎满足农业生产的一切资金需要，贷款种类有农业低利率贷款和特别政策性贷款。

6）进出口银行。进出口银行为专门提供对外贸易及非贸易结算、信贷等国际金融服务的银行，多为官方或半官方性质的政策性银行。其资金主要来源于政府拨入资金，业务宗旨是促进本国进出口业务的发展和执行本国政府的对外经济政策。因为政府要在商品输出时承担私人出口和一般金融机构不愿或无力承担的风险，并通过优惠出口信贷以增强本国的出口竞争力，所以此类银行在经营原则、贷款利率等方面带有浓厚的政策性色彩。

二、非银行金融机构体系

随着金融活动的日益深化，非银行金融机构也成为现代各国金融体系的重要组成部分，其发展状况已成为衡量一国金融体系是否成熟的标志之一。非银行金融机构并不以吸收存款为主要资金来源，而以特殊的方式吸收和运用资金。其类别庞杂，名称众多，下面简单介绍几种。

1. 保险公司

保险公司是专门经营保险业务的金融机构，分为财产保险公司和人身保险公司。前者是提供财产意外损失保险的保险公司，包括火灾险、运输险、汽车保险等；后者是为人们因意外事故或死亡而造成的损失提供保险的保险公司。西方国家的保险业十分发达。各类保险公司是各国最重要的非银行金融机构。在西方国家，几乎是无人不保险、无物不保险、无事不保险。

保险的目的是分散风险，即通过保险合同建立经济关系，对发生意外灾害和事故的被保险人予以经济赔偿。保险公司的资金来源于投保人缴纳的保险费或发行人寿保险单，以资费形式积累的保险稳定且数量可观，这成为金融市场上重要的资金来源。

保险公司在经济运行中的作用集中体现在以下几个方面。

1）集聚风险、分散风险、降低个体损失。这是保险公司在经济运行中的基本作用。保险公司将众多个体投保人的风险集中，然后运用特有的风险管理技术将其分散和转移，并给予在约定范围内出险的投保人一定的经济补偿，从而降低个体投保人在经济运行中所承担的风险和损失。

2）融通长期资金、促进资本形成、重新配置资源。这是在保险公司基本作用的基础上衍生的。

3）提供经济保障、稳定社会生产。从经济运行来看，保险公司为社会再生产的各个环节（生产、交换、分配、消费）提供经济保障，充当社会经济与个人生活的稳定器。

知识拓展

2014 年 3 月 24 日晚，马来西亚总理纳吉布宣布，MH370 航班在南印度洋坠毁。消息公布后，国内保险公司开始启动理赔程序。赔付主要集中在以下 3 个方面。

1）交通意外伤害保险。这种保险是以被保险人的身体为保险标的，以被保险人作为乘客在乘坐客运大众交通工具期间因遭受意外伤害事故，导致身故、残疾、医疗费用支出等为给付保险金条件的保险，主要包括火车、飞机、轮船、汽车、地铁等交通工具。

2）死亡寿险、死亡保险。按规定，除非能够确切地证实是第三者造成乘客死亡，否则保险公司需要进行赔付。如果证实是第三方造成的伤害，则由第三方进行赔付。

3）飞机的责任险，也就是承运人责任。大部分航空公司购买保险，在出现航空事故之后，保险公司会向航空公司进行赔付，航空公司则需要向受到伤害的乘客进行赔付。但这种赔付，各国标准不一致。

（资料来源：李松涛，2014-03-26.马航事件该如何赔付[N].中国青年报，05.有改动）

2. 信托投资公司

信托投资公司是一种以受托人的身份，代人理财的金融机构。它与银行信贷、保险并称为现代金融业的三大支柱。信托业务一律采取委托人和受托人签订信托契约的方式进行，信托投资公司受托管理和运用信托资金、财产，但只能收取手续费。

1）货币型信托，如信托存款、信托贷款、委托存款、委托贷款、养老信托、投资信托、养老基金信托等。例如，信托存款是信托机构按照委托人的要求，为特定目的吸收进来代为管理的资金，是信托机构经营业务的重要资金来源。信托存款与一般银行存款相比，具有存期较长、数额较大、利率较高、用途有一定限制、不能随意提取本金等特征。

2）非货币型信托，如有价证券信托、债权信托、不动产信托、动产信托等。例如，有价证券信托就是有价证券所有权人（委托人）将所有权移转给受托人，使其依信托契约为受益人的利益来管理运用的一种法律关系。其特点在于信托成立交付财产时，委托人交付给受托人的信托财产必须为有价证券。但信托成立后，信托财产不一定要保持有价证券的形式。

信托投资公司除办理一般信托业务之外，其突出的特点在于从事投资业务。目前国际上信托投资公司的投资业务大体上分为两类：一是以其他公司的股票、债券为经营对象，通过证券买卖、股利和债息来获取收益；二是以投资者身份直接参与企业的投资。

3. 租赁公司

租赁公司是以出租设备或工具收取租金为业的金融企业。作为非银行金融机构，它以融物的形式起着融资的作用。

在租赁的经济行为中，出租人将自己所拥有的某种物品交与承租人使用，承租人由此获得在一段时期内使用该物品的权利，但物品的所有权仍保留在出租人手中。承租人为获得使用权需向出租人支付一定的费用（租金）。一般来说，租赁可分为以下几种。

1）融资租赁。如果租赁合同不可撤销，租期接近标的物的使用寿命（一般界限为寿命的 75%），或租金总额接近标的物的购置价格（一般界限为购置价格的 90%），或双方约定租赁期满承租人以某种方式取得标的物所有权（西方国家普遍以这 3 项标准界定融资租赁），与标的物相关的 3 种风险都由承租人承担，标的物被视为承租人的资产。融资租赁的实质是承租人意在取得标的物的所有权，常被设备生产厂商作为向用户提供融资的一种促销手段。

2）经营性租赁。经营性租赁又称服务性租赁，是指出租人向承租人提供设备及使用权的同时，还提供设备的维修、保养等其他专门的服务，并承担设备过时风险的一种中短期融资与融物相结合的经济活动。

为了在业内外竞争中取得生存和发展，发达国家的租赁公司进行各种租赁创新，出现众多新式的租赁服务，如回租、委托租赁、转租赁、电子商务租赁、合成租赁、风险租赁、结构式参与租赁、分成式租赁和租赁债权证券化等。创新租赁有两个要点：一是协调出租人、承租人、金融机构、供应商等各方当事人的风险偏好和收益预期，促成分担方案的达成；二是发挥租赁公司在设备市场、资本市场方面的特长，整合社会的多种资源满足用户的需求，如调节利润、节约税费等。

4. 财务公司

财务公司是大型产业集团内部的融资机构。它不以投资为目的，而主要为本集团内各企业融通资金，是一种经营部分银行业务的非银行金融机构，其业务主要有发放贷款、投资、经营耐用品租赁或分期付款等销售业务。财务公司的主要资金来源包括向银行借款，出售商业票据，推销企业股票、债券和发行本公司债券，多数财务公司还接受定期存款。资金运用主要以消费信贷及工商企业生产信贷为主，专营或兼营抵押放款，依靠吸收的大额定期存款进行贷款或投资耐用品的租购或分期付款售货业务。较大的财务公司还兼营外汇、证券包销、财务及投资咨询业务、联合贷款等。

在西方国家，财务公司与投资公司差别不大，与商业银行的区别仅在于商业银行是小借入大贷出，而财务公司是大借入小贷出。由于国家对财务公司的管制比较宽松，近年来财务公司与商业银行的差别正在逐渐缩小。

5. 信用合作社

信用合作社是西方国家普遍存在的一种互助合作性的金融组织，一般规模不大，成员有特定范围，如农村农民的信用合作社、城市手工业者的信用合作社。其资金来源于成员缴纳的股金和吸收存款，贷款主要用于满足成员的资金需要。

过去信用合作社的资金运用主要是向其成员提供小额的消费贷款和短期生产贷款，现在一些资金充裕的信用合作社开办家庭住房抵押贷款、信用卡贷款等业务，有的信用合作社还为社员的生产设备更新改造提供中、长期贷款。

6. 退休或养老基金

退休或养老基金是由雇主和雇员依据法律规定按期量缴纳薪金固定比例积累而成的，雇员退休后可从基金中享受养老基金，该基金的主要投向是公债、不动产抵押贷款、企业债券和股票等。

第三节　我国的金融机构体系

一、我国金融机构体系的建立和发展

1897 年，中国通商银行成立，这标志着中国银行业开始兴起；20 世纪初，我国先后建立起大清户部银行、交通银行等官办银行，以及浙江兴业银行、四明商业储蓄银行等民族资本银行，共有数十家。至 1927 年，国民政府兼并了中国银行和交通银行，连同其自办的中央银行、以后设立的中国农民银行、中央信托局、邮政储蓄汇业局和中央合作金库，建立起以“四行两局一库”为核心的官僚资本金融机构体系。1948 年 12 月 1 日，中国人民银行成立，为创建适合我国具体国情的社会主义金融机构体系打下坚实的基础。我国的社会主义金融机构体系从形成、巩固、改革，直至发展到现行的中央银行制度，大致经历了以下 4 个阶段。

1. “大一统”的金融体系（1953～1978 年）

“大一统”的金融体系是高度集中的、以行政管理办法为主的单一的国家银行体系，其特点如下。

1）在银行设置上，全国只有中国人民银行一家办理全部银行业务，下设众多分支机构、遍布全国，统揽一切银行信用。

2）中国人民银行集货币发行和信贷业务于一身，既执行中央银行职能，又兼办普通银行的信贷业务。

2. 改革初期（1979～1982 年）

1979 年的金融机构体系，打破长期只存在中国人民银行一家银行的金融机构格局，恢复和建立了独立经营的专业银行，如中国农业银行、中国人民建设银行（后改为中国建设银行）、中国银行，并与中国人民银行一起构成多元化银行体系。

3. 初具规模阶段（1983～1993 年）

1983 年开始，我国在金融机构方面进行如下改革：中国人民银行专门行使中央银行职能；专设中国工商银行，承办原来由中国人民银行负责的信贷及城镇储蓄业务；增设交通银行等综合性银行、广东发展银行等区域性银行；设立一些非银行金融机构，如中国人民保险公司。

4. 商业化改革时期（1993 年至今）

1993 年开始，专业银行向商业银行转变，进行商业化业务，同时建立政策性银行，分离原专业银行承担的政策性业务，其政策性业务由政策性银行专门承担。中国人民银行行使中央银行的金融宏观调控和金融监管职能，其调控手段适应市场经济的改革。

此后，我国金融机构体系框架基本形成，我国金融体系的主要改革方向由专业银行向商业化发展，大力发展股份制银行，对原有的城市和农村信用社进行改革和调整，发展城市和农村合作银行，整顿中小金融机构，规范信托投资公司业务，严格控制证券经营机构的自营业务，发展企业财务集团公司，完善对保险企业的监管等。我国现已形成以中国人民银行为核心、股份制商业银行为主体、多种金融机构并存发展的多元化金融机构体系格局。

知识拓展

票号被称为早期的银行，山西的第一家票号是日升昌票号，日升昌的前身是一个并不起眼的颜料行——西裕成。1831 年，目光远大的雷履泰灵机一动，向东家建议将颜料行改组为专营汇兑的票号——日升昌。随着经济的发展，异地购销越来越多，现银调动数量越来越大。日升昌从汇兑业务开始逐步扩展到信汇、电汇，进一步开拓了存、贷和中间结算等金融业务。这时的日升昌票号已经基本具备银行的框架，在竞争中，票号逐步发展和完善，最终进入全盛时期。

（资料来源：张美萍，2012. 山西票号：中国银行的“乡下鼻祖”[J]. 经济师（12）：41.有改动）

二、我国金融机构体系的构成

1. 中央银行

中国人民银行是我国的中央银行，是在国务院领导下制定和实施货币政策，对金融业实施监督管理的国家机关。中国人民银行于 1983 年 9 月剥离工商信贷业务，专门行使中央银行职能。

2. 政策性银行

政策性银行是由政府投资设立的，根据政府的决策和意向专门从事政策性金融业务的银行。其活动不以营利为目的，而是根据具体分工服务于特定的领域，所以也称为政策性专业银行。政策性银行的特点：资金来源主要是财政拨款、发行金融债券，不面向公众吸收存款；资本金多由政府财政拨付；经营时主要考虑国家的整体利益、社会效益，不以营利为目的，一旦出现亏损，一般由财政弥补，但在经营中应争取保本微利；有自己特定的服务领域，不与商业银行竞争。

我国有 3 家政策性金融机构，即国家开发银行、中国进出口银行和中国农业发展银行。

国家开发银行的主要任务是建立长期稳定的资金来源，按照国家法律、法规和方针、政策，筹集和引导境内外资金，向国家基础设施、基础产业和支柱产业的大中型基本建设和技术改造等政策项目及其配套工程发放贷款；从资金来源上对固定资产投资总量进行控制和调节，优化投资结构，按照社会主义市场经济原则，逐步建立投资约束和风险责任机制，提高投资效益，促进国民经济持续、快速、健康发展。

中国进出口银行的主要任务是执行国家产业政策和外贸政策，为扩大机电产品和成套设备等资本性货物出口提供政策性金融支持。中国进出口银行经办的主要业务是提供出口信贷，以促进高技术含量与高附加值的大型机电成套设备出口。

中国农业发展银行的主要任务是按照国家的法律、法规和方针、政策，以国家信用为基础，筹集农业政策性信贷资金，承担国家规定的农业政策性金融业务，代理财政性支农资金的拨付，为农业和农村经济发展服务。

知识拓展

2015 年 10 月 22 日，邵阳县人民政府与中国农业发展银行邵阳市分行（以下简称邵阳市农发行）就金融支持扶贫攻坚意向达成战略合作，签订了 40 亿元的贷款、债券等综合金融服务框架协议，助力金融扶贫开发，推动县域经济加快发展。根据协议，邵阳市农发行在未来5年内将向邵阳县产业发展、金融扶贫、基础设施建设、中小企业扶持、异地扶贫搬迁等项目提供贷款、债券等综合金融服务共40亿元。邵阳市农发行将邵阳县列为全省首个农村金融创新示范县(点),开通信贷绿色通道,旨在助力贫困地区“十三五”的扶贫攻坚与县域经济发展,优先支持区域内的重点行业、重点人群和重点项目建设,促进县域结构调整、扶贫攻坚、消费升级、项目增效。

(资料来源:戴勤,蒋剑平,2015.邵阳县签下40亿元[EB/OL].(2015-10-23)[2017-11-15]. http://news.ifeng.com/a/20151023/45967649_0.shtml.有改动)

国家开发银行、中国进出口银行除个别情况外一般不设经营性分支机构,它们的贷款拨付等业务的具体经办,主要委托原国有商业银行代理。而中国农业发展银行除在北京设总行外,还在各省、自治区、直辖市设立分行,在农业大省的地(市)设立分行的派出机构,在农业政策性金融业务量大的县(市)设立支行。

3. 商业银行

由于历史原因,中国工商银行、中国农业银行、中国银行和中国建设银行是我国银行体系的主体。无论是在人员、机构网点的数量上,还是在资产规模及市场占有份额上,这几大银行都在我国整个金融领域占据举足轻重的地位,在世界上的大银行排序中也处于前列。

改革开放以后,我国先后按照现代商业银行模式设立了一批股份制商业银行。它们用国际通行的股份制经营模式进行运营,经营方式灵活,在市场经济中具有很强的竞争力,显示了股份制经营在商业银行经营中的巨大潜力。我国股份制商业银行积极推出社会需要的业务品种,如消费贷款、股票质押贷款、单位通知存款、单位协定存款等新品种,它们还积极开展网上银行业务,大力发展银行卡、信用证、承兑汇票、担保等中间业务,为我国金融市场的活跃和金融产品的多样化做出很大的贡献。

商业银行的设立推动了我国金融体系向多元化格局转变,促进了金融业的合理竞争,有利于提高商业银行的经营效率。

4. 农村信用合作社

农村信用合作社是我国农村集体所有制的合作金融组织,一般按乡设立,一般的县建有县联社。信用社之间、信用社与各银行之间可以发生横向的业务联系。农村信用合作社是我国历史最长、规模最大、覆盖面最广的合作金融机构。

农村信用合作社的主要业务是办理农村各项存款业务;办理农村经济单位的贷款;办理农村相关的各种结算业务;代理农业银行其他专业银行的委托业务;根据有关规定,办理农村信托投资、租赁业务;辅导农业企业与专业户、承包户的会计核算工作,协助主管部门帮助农业企业做好财务管理;接受银行委托,代理现金与工资基金管理工作。

5. 中国邮政储蓄银行

1919 年，中华邮政开办邮政储金业务。1942 年，邮政储金汇业局成为当时六大金融支柱“四行两局”的重要组成部分。1953 年，邮政储蓄业务停办。1986 年，邮政储蓄业务正式恢复。

目前，中国邮政储蓄银行主要服务于“三农”、中小企业和社区，而且已成为全国网点规模最大、覆盖面最广、服务客户数量最多的商业银行。中国邮政储蓄银行已经开办包括网上银行、手机银行、电话银行、电视银行等在内的电子金融服务网络，服务触角遍及城乡。

6. 村镇银行

2012 年 3 月 28 日，我国提出，鼓励和支持民间资金参与地方金融机构改革，依法发起设立或参股村镇银行、贷款公司、农村资金互助社等新型金融组织，符合条件的小额贷款公司可改制为村镇银行。

村镇银行可经营吸收公众存款，发放短期、中期和长期贷款，办理国内结算，办理票据承兑与贴现，从事银行间同业拆借，从事银行卡业务，代理发行、兑付，承销政府债券，代理收付款项、保险业务及经银行业监督管理机构批准的其他业务。按照国家有关规定，村镇银行还可代理政策性银行、商业银行和保险公司、证券公司等金融机构的业务。

村镇银行主要为当地农民、农业和农村经济发展提供金融服务。以往，在我国农村只有农村信用社和中国邮政储蓄银行两个金融主体，金融服务的水平越来越无法满足农民的需求，因此，建设村镇银行成为金融监管部门大力推动的目标。

7. 保险公司

1950 年以后，中国人民保险公司逐步恢复停办多年的国内保险业务。目前，我国全国性大型保险公司有中国人民财产保险股份有限公司、中国人寿保险股份有限公司、中国再保险（集团）股份有限公司。此外，全国性保险公司还有中国太平洋保险（集团）股份有限公司、中国平安保险（集团）股份有限公司等。随着保险市场的开放和主体的逐步增加，保险业务不断扩大，我国已建立起一个多层次、有竞争的保险体系。

保险公司在承保风险过程中，有其独特的社会功能，既为投保人提供风险管理服务的同时，也对保险资金进行运用，促进储蓄性资金向生产性资金的有效转化。

8. 证券公司

证券公司是专门经营证券业务，具有独立企业法人地位的金融机构。它受托办理债券和股票的发行业务、受托代理单位及个人的买卖证券，同时从事证券的买卖经营。

《中华人民共和国证券法》第一百二十二条规定："设立证券公司，必须经国务院证券监督管理机构审查批准。未经国务院证券监督管理机构批准，任何单位和个人不得经营证券业务。"

证券公司必须将其证券经纪业务、证券承销业务、证券自营业务和证券资产管理业务分开办理，不得混合操作。证券公司不得将客户的交易结算资金和证券归入其自有财产。禁止任何单位或者个人以任何形式挪用客户的交易结算资金和证券。

经国务院证券监督管理机构批准，证券公司可以经营下列部分或者全部业务：证券经纪；证券投资咨询；与证券交易、证券投资活动有关的财务顾问；证券承销与保荐；证券自营；证券资产管理；其他证券业务。

9. 投资基金

投资基金是一种利益共享、风险共担的集合投资制度，它集中投资者的资金，由基金托管人委托职业经理人员管理，专门从事投资活动。人们平常所说的基金主要是指证券投资基金。

从集资方式上看，投资基金可分为公募和私募两种；从运营选择上看，投资基金可分为开放型和封闭型两种；从产权组织方式上看，投资基金可分为公司制和有限合伙制等。在投资基金中，受托人接受投资者的委托用契约的形式明确双方的权责利关系，投资基金是一种介于国家投资、银行投资、企业投资和个人投资之间的投资组织形式。

10. 信托投资机构

信托投资机构的信托业务是指接受人们的委托（动产或不动产、有形或无形），按约定的条件和目的进行管理、运用和处置，受益人可以是委托人，也可以是第三方，信托投资公司收取手续费或佣金。

我国的信托投资机构除办理一般的信托业务外，其突出的特点在于从事投资业务，因此，通常称其为信托投资公司。这类公司有全国性的，也有地方性的，它们大多实行独立核算、自负盈亏、资金自求平衡、自担风险。目前，我国规模较大、成立较早的信托投资机构是中国中信集团公司，它于 1979 年 10 月成立，是由国家组建的经营金融、生产、贸易、技术、服务等业务的综合性经济实体。

除此以外，我国还建立了一些全国性信托投资公司，如中国光大国际信托投资公司、中国民族国际信托投资公司、中国教育科技信托投资有限公司及为数众多的地方性信托投资公司与国际信托投资公司。

11. 金融资产管理公司

为解决我国国有商业银行巨额不良资产的问题，推动国有商业银行体制的改革，1999 年 4 月以后，我国先将中国建设银行、中国银行、中国农业银行、中国工商银行的信托投资公司改组为中国信达资产管理公司、中国东方资产管理公司、中国长城资产管理公司和中国华融资产管理公司 4 家金融资产管理公司，分别购买或托管原四大国有商业银行的不良贷款。这些均具有独立法人资格的国有独资公司的首要任务是负责接收、管理、处置对口银行划转的不良贷款，最大限度地保全资产，减少损失。其主要运作方式：以综合运用出售、置换、资产重组、债转股、资产证券化等方法对不良贷款及抵押品进行处置；为债务人提供管理咨询、收购兼并、分立重组等服务；对确属资不抵债的企业进行破产清算；向境外投资者出售债权和股权。

金融资产管理公司，在发达国家一般称为“桥”公司，即过渡性公司，其主要任务是处理不良资产。当不良资产处理完毕后，其使命也就完成了。2009 年后，由于政策性任务逐渐完成，四大金融资产管理公司先后加快商业化进程，进行市场化运作。

12. 财务公司

我国的财务公司基本立足于企业集团内部，专门办理企业集团内部金融业务。它在业务内容和服务范围等方面较其他非银行金融机构逊色，但在投资决策、促进企业发展及产业结构调整和科技进步等方面令其他非银行金融机构及商业银行望尘莫及。在企业集团内部，财务公司可以发挥商业银行、投资银行、租赁公司、信托投资公司等金融机构多方面的功能，提供多种形式的综合性金融服务。

自 1987 年我国第一家财务公司——南京中山（电子）集团财务公司成立以来，企业集团财务公司稳步发展。近年来，我国财务公司数量不断增加。财务公司利用自己的特殊地位和多功能的服务，在推动企业集团的技术进步、加强成员单位之间的协作、优化企业集团内部的资金配置等方面起到很大的作用。

13. 金融租赁公司

金融租赁公司是指专门通过出租设备而发放贷款的金融机构，即主要经营融资租赁的金融机构。融资租赁是指需要添置某些技术设备而又缺乏资金的企业，由出租人代其购进或租进所需设备，然后出租给其使用的一种租赁方式。融资租赁以融通资金为直接目的，以技术设备等动产为租赁对象，以经济法人为承租人，是一种以融物代替融资、融物与融资密切相连的信用形式，将融资、融物统一在同一过程的信用活动。

金融租赁公司的业务范围相当广泛，从单机设备到成套设备，从生产资料到工厂产权，从工商设施到办公设备，都可以进行操作。其资金的主要来源包括自有资金、银行贷款、发行债券及客户交纳的租金，其资金运用主要是购买客户需要的设备。

我国的金融租赁业始于 20 世纪 80 年代初期，金融租赁公司创建时大多是由银行、其他金融机构及一些行业主管部门合资设立的，如中国金融租赁集团有限公司、民生金融租赁股份有限公司等。

14. 小额贷款公司

小额贷款公司是由自然人、企业法人与其他社会组织投资设立，不吸收公众存款，经营小额贷款业务，以有限责任公司或股份有限公司形式开展经营活动的金融机构。与银行相比，小额贷款公司更为便捷、迅速，可满足中小企业、个体工商户的资金需求。与民间借贷相比，小额贷款更加规范，贷款利息双方可协商。

小额贷款按照贷款种类，可分为个人贷款、小企业贷款和循环信用贷款。

1）个人贷款。个人贷款属于工薪阶层的个人贷款服务，其网点数量众多，由员工全程帮助客户完成整个贷款流程，客户也可以在网上申请贷款。

2）小企业贷款。小企业贷款为小企业主的免抵押、免担保的贷款服务。无论是经营小公司还是摊点，只要经营时间超过 6 个月，就可以申请高达 30 万元的贷款，一般能在 2～3 天放款。

3）循环信用贷款。客户可以在预定的限额内，方便还款或重贷，而无须支付违约金。这对于时常需要额外现金的客户及需要灵活还款、随时取现的客户来说是一种较好的选择。

案例分析

1998 年 4 月 6 日，美国花旗银行的母公司花旗公司和旅行者集团宣布合并，这一消息给国际金融界以极大的震憾。这次合并之所以引人注目，不仅仅是因为其涉及 1 400 亿美元资产而成为全球最大的一次合并，更重要的在于，一旦这次合并得到美国联邦储备委员会的批准，合并后的实体将成为集商业银行、投资银行和保险业务于一身的金融大超市，从而使“金融一条龙服务”的梦想成为现实。花旗银行原为美国第一大银行，1996 年，美国化学银行和大通曼哈顿银行合并后，其屈居次席。旅行者集团是一家总部设在纽约的老字号保险金融服务公司，是道琼斯 30 种工业股票中的一员。旅行者集团早期以经营保险业为主，在收购美邦经纪公司后，其经营范围扩大到投资金融服务领域。1997 年年底，旅行者集团又以 90 多亿美元的价格兼并所罗门兄弟公司，成立所罗门美邦投资公司，该公司已居美国投资银行的第二位。至此，旅行者集团的业务包括投资服务、客户金融服务、商业信贷和财产及人寿保险业四大范围。合并后的新公司命名为花旗集团。

欧洲和日本对此极为不安，欧洲舆论呼吁欧洲金融界尽快采取类似的兼并行动以防止美国金融界独霸全球；日本认为，花旗集团的出现使日本中小银行面临更为严峻的生存压力，同时将冲击亚洲金融界。

（资料来源：https://wenku.baidu.com/view/ca47e432cc175527072208ea.html.有改动）

思考：根据上述案例，简述商业银行的发展趋势，并分析这一趋势的利弊。

分析：银行并购是实现银行资本集中的重要途径。近年来，由于银行的大量并购，银行资本出现前所未有的集中，形成超大银行集团；同时，银行并购不仅使美国银行规模越来越大，还使美国银行的数量减少。美国是世界上银行兼并最频繁的国家，在 20 世纪 90 年代，美国平均每年有超过 400 起银行并购案；20 世纪最后 20 年，美国超过 1/3 的独立银行组织消失。银行之间的并购形成超大银行，使这些大银行在该国银行业中的垄断地位更加巩固，从而逐渐形成以超大银行为核心的银行体系。这种并购形成的大银行体系对于金融业发展而言，既有有利的一面，也有不利的一面。

商业银行的发展趋势对金融业发展有利的一面主要表现在以下几点。

1）合并有利于银行取得规模效益。这是因为通过合并，银行可以在技术上形成内部互补，提供更多的金融产品并降低边际成本，从而可以为市场提供价格更加优惠的金融产品和服务。

2）合并有利于提高银行整体的内在价值。因为银行兼并对其股票的市场表现有极大的利好作用，使最低价格上扬，给股东带来经济效益。

3）银行并购后，无论是在规模上还是在经营范围上都得到较大的扩张，从而有利于银行参与全球范围内的金融竞争，涉及更大范围的经营领域，提供更多的创新金融产品，有利于当地消费者。

4）有利于推动社会经济发展和高科技产业的发展。大银行抗风险能力强、资金实力雄厚，可以积极地支持高科技产业。

当然，银行兼并也会产生一些新的问题：合并后的银行规模巨大，本身的管理难度加大，政府对其监管能力削弱，一旦缺乏自律，金融风险就会增大。商业银行的发展趋势对金融业发展不利的方面主要表现在以下几点。

1）银行及其他非银行金融机构的大量合并，减少了金融机构的数量，从而导致市场竞争的弱化，破坏公平竞争的市场环境，有垄断经营的嫌疑。

2）合并使大银行形成强大的信用创造能力。在市场发展较快时，会出现大规模的信用扩张，大银行基于自身的利益驱动，违背中央银行的逆向货币政策，就有可能抵消中央银行的货币政策效果。

3）由于并购使金融机构的规模扩大，宏观金融政策难以对其进行有效约束，经营风险的控制基本依靠自律，一旦自律不够严格，就有可能出现金融风险和金融动荡，甚至引发金融危机。

本章小结

金融机构是专门从事各种金融活动的法人组织，是金融活动最重要的参与者和组织者。金融机构的功能包括降低交易成本；提供多种金融服务；改善信息不对称，防范风险；调节经济等。在现实经济生活中，虽然金融机构种类众多，体系庞大，但现代金融体系通常是由以中央银行为核心、以经营信贷业务为主的银行金融机构和以提供融资服务为主的非银行金融机构共同构成的。中央银行是领导与管理全国货币金融的首脑机构，银行金融机构和非银行金融机构是经营机构，两者曾经界限分明，各自经营不同的金融业务。但随着金融业的迅速发展，银行金融机构与非银行金融机构的业务已经交叉融合。

业务技能自测

第五章
商 业 银 行

职业能力目标

【知识目标】

1）了解商业银行的概念与起源、组织结构与类型。

2）掌握商业银行的性质与职能、资产业务、负债业务、中间业务、经营原则，以及商业银行信用创造的过程。

3）理解商业银行主要经营管理理论的核心思想。

【能力目标】

1）能够判断我国商业银行的基本类型、组织架构、业务范畴。

2）能够解释我国商业银行的改革路径。

学习要点

商业银行概述；商业银行的业务；商业银行的信用创造

案例导入

英国北岩银行是一家成立于1997年的商业银行，1997～1999年，其资金来源以吸收居民存款为主，期间北岩银行大力发展线上业务，然而在利率市场化和产品同质化的作用下，居民存款扩张不明显。1999～2003年，北岩银行开始转向银行间同业拆借市场融资，同业批发、住房抵押贷款证券化政策相继出台，北岩银行借助市场行情一路保持高增长。2003～2006年，市场行情开始平稳，北岩银行在高增长的诉求下，开始实现“三部曲”：换主席、变口径、扩渠道。此后北岩银行再次逆市上扬。2006年，北岩银行成为英国第五大抵押贷款商业银行、第八大上市商业银行。2006～2007年上半年，北岩银行在绚丽的光环下暗流涌动：负债业务严重依赖银行间同业拆借资金，资产业务过度侧重住房抵押贷款，期限错配造成的流动性风险隐患逐渐显现，北岩银行的现金流开始枯竭。2007年下半年，美国次贷危机来袭，房价下滑，居民住房抵押贷款违约率上升，贷款证券化和担保债券开始贬值，市场萎缩，机构不能通过证券化融资，开始收紧其他渠道（主要是同业市场的外借），深度参与世界金融市场的英国很快受到波及，过度依赖同业市场和抵押贷款证券化的北岩银行首当其冲。在流动性危机被媒体曝光后，引发的居民“挤兑”进一步加剧流动性危机，最终北岩银行宣告破产。

北岩银行因“挤兑”倒闭，警示商业银行作为以营利为目的的金融企业，必须未雨绸缪，稳健开展业务活动，随时保持资金的流动性，如此才能不断发展和壮大。

（资料来源：http://www.doc88.com/p-9893919190554.html.有改动）

思考：商业银行有哪些主要业务？如何进行商业银行的经营管理？

第一节 商业银行概述

“商业银行”的概念源于早期资本主义银行的经营特征，因为商业银行的发展初期，资金主要来源于短期存款，所以资金主要用于发放短期（一般不超过1年）的商业贷款。所谓商业贷款就是以商业活动为基础，与商业行为和企业的经营（产销）活动相结合，放款对象一般为商人和进出口贸易商的资金融通活动。

随着经济的发展，人们对资金的需求趋向多元化，客户对金融服务有了更高层次的要求，加上技术革命及银行同业之间竞争和银行内部营利机制的驱动，商业银行的业务及其经营的内容已远远超出传统范围，现已成为业务范围不断扩大、经营品种较为齐全、技术手段相当先进、服务质量不断提高的多功能、综合性的“金融百货公司”。资金来源方面，商业银行不仅有短期性资金，还有长期性资金；资金运用方面，商业银行不仅有短期周转性贷款，还有长期投资性贷款和证券投资等。此外，商业银行还开拓和发展了许多中间业务。商业银行业务经营的内容已经与其名称不相符，但因为历史的延续及人们的习惯，所以商业银行这一名称一直沿用至今。

概括地说，商业银行是以获取利润为经营目标，以多种金融资产和金融负债为经营对象，具有综合性服务功能的金融企业。

一、现代商业银行的产生和发展

早期银行业的产生与国际贸易的发展有着密切的联系。中世纪的欧洲地中海沿岸各国，尤其是意大利的威尼斯、热那亚等城市是著名的国际贸易中心，商贾云集、市场繁荣，但因为当时处于封建割据时代、货币制度混乱，所以各国商人携带的铸币形状、成色、重量各不相同。为保证贸易的顺利进行，必须进行货币兑换。于是，单纯从事货币兑换业并从中收取手续费的专业货币商便出现了。随着异地交易和国际贸易的不断发展，来自各地的商人为了避免长途携带而产生的麻烦和可能的风险，开始将自己的货币存放于专业货币商处，委托其办理汇兑与支付。此时的专业货币商已表现出银行萌芽的最初职能——货币的兑换与款项的划拨。

随着存放资金的不断增加，专业货币商发现多个存款人不会同时支取存款，于是他们开始将汇兑业务中暂时闲置的资金贷放给社会上的资金需求者。最初，专业货币商贷放的款项仅限于自有资金，后来借款者就把所借款存在贷出者那里，并通知贷放人代理支付。可见，从实质上看，贷款已不仅限于现实的货币，还有一部分变成了账面信用，这标志着现代银行的本质特征已经出现。

早期的银行业虽已具备银行业的本质特征，但它仅仅处于现代银行业的原始发展阶段。因为银行业的生存基础还不是社会化大生产的生产方式，银行业的放款对象还主要是政府和封建贵族，银行业的放款带有明显的高利贷性质，其提供的信用不利于社会再生产过程。早期银行业的出现，完善了货币经营业务，孕育了信贷业务的萌芽，其演变为现代银行业则发生于17世纪末到18世纪，而且这种演变要求具备经济发展过程中的某些特殊条件。

知识拓展

在英国，早期的银行业是通过金匠业发展而来的。17世纪中叶，英国的金匠业极为发达，人们为了防止金银被盗，于是将金银委托给金匠保存。当时金匠不仅代人保管金银，签发保管凭条，还可以按顾客书面要求将金银划拨给第三方。金匠还利用自有资本发放贷款，以获取利息。同时，金匠签发的凭条可代替现金流通于市面，称为“金匠券”，这便开了近代银行券的先河。这样，英国早期银行就在金匠业的基础上产生了。

（资料来源：http://www.zwbk.org/MyLemmaShow.aspx?lid=128354.有改动）

现代商业银行的最初形式是资本主义商业银行，它是资本主义生产方式的产物。随着生产力的发展、生产技术的进步、社会劳动分工的扩大，资本主义生产关系开始萌芽。一些手工工场主与城市的富商、银行家开始形成新的阶级——资产阶级。封建社会的银行贷款具有高利贷的性质，这严重阻碍社会闲置资本向产业资本转化。另外，早期银行的贷款对象主要是政府等一批特权阶层而非工商业，新兴的资产阶级工商业无法得到足够的信用支持，而资本主义生产方式的产生与发展的一个重要前提是要有大量的为组织生产所必需的货币资本。因此，新兴的资产阶级迫切需要建立和发展资本主义银行。

资本主义银行的产生，基本通过两种途径：一是旧的高利贷性质的银行逐渐适应新的经济条件，演变为资本主义银行。在英国，由金匠业演化而来的旧式银行，主要是通过这一种途径缓慢地转化为资本主义银行。二是新兴的资产阶级按照资本主义原则组建的股份制银行。其中，后者是主要的途径。这种建立资本主义银行的历史过程，在最早建立资本主义制度的英国表现得尤其明显。1694 年，在政府的帮助下，英国建立了历史上第一家资本主义股份制的商业银行——英格兰银行。它的出现，宣告高利贷性质的银行业在社会信用领域垄断地位的结束，标志着现代商业银行的产生。从这个意义上说，英格兰银行是现代商业银行的鼻祖。继英格兰银行之后，欧洲各资本主义国家相继成立商业银行。从此，现代商业银行体系在世界范围内开始普及。

二、商业银行的性质

从商业银行的概念来看，其包括 3 个方面的含义，这也体现了商业银行的性质。

1. 商业银行是企业

商业银行是依法设立的企业法人，具有现代企业的基本特征。商业银行和一般的工商企业一样，具有从事业务经营所必需的自有资本，依法设立、自主经营、独立核算、自担风险、自负盈亏。其经营目的是通过资产和负债的运作，以获得最大限度的利润。因此，商业银行是企业。

2. 商业银行是特殊的企业

商业银行与一般工商企业相比，其经营对象、活动领域、社会责任及对整个经济的影响程度均不相同，因此，它是一种特殊的企业。这具体表现在工商企业经营的是具有一定使用价值的商品，从事围绕商品而展开的各种经济活动；而商业银行以金融资产和金融负债为经营对象，经营的是具有特殊使用价值的特殊商品——货币和货币资本，经营的内容包括货币的收付、借贷及各种与货币运动相关的金融服务产品。这种商品的特殊性决定了商业银行面对的对象是全社会的各行各业，所经营的业务是渗透于各个领域的服务项目，它是贯穿整个经济社会正常运行的命脉。也正因如此，商业银行对整个经济发展的影响程度远大于一般工商企业。

3. 商业银行是特殊的金融企业

中央银行仅对政府和金融机构提供服务，其他金融机构只能从事某一方面或某几个方面的金融服务，商业银行则是面向工商企业、公众及政府乃至各类金融机构经营业务的特殊金融企业，它能够提供比其他金融机构更多、更全面的金融服务，能够吸收活期存款。随着金融自由化和金融创新的发展，商业银行经营的业务和提供的服务范围越来越广泛，现代商业银行正在向“万能银行”和“金融百货公司”的方向发展。

三、商业银行的职能

商业银行的业务具有综合性、广泛性，它在金融体系中具有不可替代的主体地位，同时，商业银行具备了其他金融机构所不具备的职能。

1. 信用中介职能

信用中介职能是商业银行最基本、最能反映其经营活动特征的职能。通过负债业务，商业银行将社会上的闲散资金集中起来，再通过资产业务将资金投放到国民经济的各个部门，在借贷之间充当中间人。商业银行通过信用中介职能，在资金所有权不发生转移的情况下，使闲置的资金资源得到了最大限度的利用。

2. 支付中介职能

商业银行在办理负债业务的基础上，通过代理客户支付贷款和费用、兑付现金等，逐渐成为工商企业、社会团体和个人的货币保管人、出纳人和支付代理人。在现代经济中，商业银行成为支付体系的中心。

3. 信用创造职能

在信用中介职能和支付中介职能的基础上，商业银行产生信用创造职能。一家银行吸引到一笔存款，按规定缴纳存款准备金后，就可以把剩余的资金作为贷款贷给客户。客户收到贷款后，或用来支付投资款项，或用作其他支付，但最终会转变成其他人的资金来源，其他人会把收到的款项存入另一家银行，另一家银行扣除存款准备金后再把剩余款项重新贷给客户，如此反复，最初的一笔原始存款将在整个银行体系中形成数倍的派生存款。这就是商业银行的信用创造职能。

4. 金融服务职能

在竞争压力的驱动下，商业银行不断开拓服务领域，推出新的服务项目，提高服务质量，加强与客户的广泛联系。例如，商业银行可以代发工资，代理支付水电费、电话费、汽油费等其他费用，提供投资咨询服务、资信调查服务等，其银行服务已深入普通家庭。如今，经济和社会的发展与电子技术在银行业务中的应用，为商业银行提供了更大的服务空间。

第二节 商业银行的业务

在商业银行的资产负债表中，右边各项形成商业银行的资金来源，所对应的业务就是商业银行的负债业务，包括支票存款（活期存款）、非交易存款（储蓄存款、定期存款）、借款、自有资本；左边是商业银行运用资金形成的各项资产，对应的是商业银行的资产业务，包括在中央银行的存款、库存现金、银行同业存款、证券、贷款、其他资产（如实物资产）。因此，形成商业银行资金来源的业务就是负债业务，而商业银行运用资金进行的业务则是其资产业务。另外，商业银行有一类业务既不是商业银行的资产业务，又不是商业银行的负债业务，无法体现在资产负债表中，但是能为银行带来利润，主要是银行的一些服务业务，能更充分地体现商业银行作为金融服务业的特征，这便是商业银行的中间业务。

一、负债业务

负债业务是商业银行吸收资金，借以形成其资金来源的业务，是商业银行业务营运的起点和基础。商业银行的负债业务在很大程度上决定了其资产业务。没有负债，商业银行就无法经营。因此，商业银行必须切实有效地经营好负债业务。商业银行的负债业务主要包括自有资本和吸收外来资金两个部分。自有资本是商业银行开展业务的基础，它占负债的比重很小，但能体现商业银行的实力，是吸收外来资金的基础；吸收外来资金又有存款和借款之分，其中数量最大、内容最多的是存款。

（一）存款业务

吸收存款是商业银行最基本的负债业务。存款在商业银行的资金来源中所占的比重一般在80%以上。如果没有存款，商业银行的贷款活动也就成为无源之水。除了资本金不可替代外，借款和发行金融债券都只是存款负债业务的补充。

1. 活期存款

活期存款是指顾客无须提前通知即可随时提取或支付的存款，也称为支票存款。这种存款传统上只能由商业银行经营，是商业银行创造存款货币的基础，目前在西方国家，储蓄银行和其他金融机构也能经营。活期存款存取自由、便于结算，因此政府机关、公司企业、家庭及个人都乐于在银行开立活期存款账户。从传统上说，对于活期存款银行是不支付利息的，有的甚至还要收取一定的手续费，因为活期存款是银行资金来源中最具波动性和最不可预测的部分，客户可以不事先通知银行而随时将其取走，这便增加了银行的经营成本。由于现在保留活期存款账户的主要是经营性机构，银行可以通过加快结算速度、降低结算过程的交易费用来增加自身盈利。

2. 定期存款

定期存款是相对于活期存款而言的，是一种由储户预先约定存储期限的存款。定期存款的期限一般为3个月、6个月、1年、3年、5年等。定期存款的利率也随期限长短而高低不等，但总是高于活期存款利率。定期存款的存期确定，而且期限较长，从而为商业银行提供了稳定的资金来源，对商业银行长期放款和投资具有重要意义。定期存款要凭银行所签发的定期存单来提取，一般要到期才能提取存款，银行根据到期存单计算应付本息。

3. 储蓄存款

储蓄存款一般是个人为积蓄货币和取得利息收入而开立的存款账户。储蓄存款不使用支票，而是用存款凭证（银行卡、存折或存单），手续比较简单。储蓄存款有活期储蓄存款和定期储蓄存款两种。活期储蓄存款无一定期限，只凭存款凭证便可提现。存款凭证一般不能转让流通，存户不能透支款项。定期储蓄存款类似于定期存款，必须先约定期限，利率较高。

知识拓展

计息起点的规定：以元为计息起点，元以下不计息。例如，存入8 000.53元，按8 000元计息。

利率换算的规定：全年按360天计算，每月按30天计算。

活期储蓄存款利息的规定：目前，活期储蓄存款每季度结息一次，每季末月的20日为结息日，按当日挂牌的活期利率计息，商业银行在这一日将利息转入储户账户。如果储户在结息日前清户，商业银行将按当日挂牌活期利率计算利息并连同本金支付给储户。

定期储蓄存款利息的规定：原存期利率调整，无论调高调低，均按存单开户日所定利率计息，不分段计息。

（资料来源：http://www.docin.com/p-281187425.html.有改动）

4. 创新性存款业务

20世纪70年代，美国的商业银行面临严重的“脱媒”问题，威胁商业银行的生存。究其原因主要是存款收益太低。当时，美国商业银行受到“Q条例”的限制，存款利率上限不能逾越，而同时美国的货币基金市场已经发展起来，投资者在货币市场投资获得的收益远远超过商业银行的存款利息，因此造成商业银行大量存款外流。为了吸引或留住存款，商业银行纷纷开发出创新性存款业务。

知识拓展

"Q条例"是美国1929～1933年经济危机之后，规定美联储的会员银行不得为活期存款付息并对储蓄存款和定期存款利率设定上限，其初衷是降低银行资金成本。"Q条例"颁布之初，的确为美国经济和银行业复苏起到了一定的积极作用。但随着20世纪60年代通货膨胀加剧，资金多流向具有高收益回报的领域。在美国银行业分业经营的状态下，共同基金、货币市场基金等新型金融机构如雨后春笋般迅速出现，它们给予资金的回报率不受法律限制，因此造成银行存款的大量外流，存款性银行的资金来源岌岌可危。作为对这种压力的被动反应，在数次提高存款利率上限水平仍无法根本解决问题的情况下，美国国会最终在1980年废除了"Q条例"，全面放开存款利率的上限管制。但是，受制于此前"Q条例"的负面影响，此时的存款机构流动性严重短缺，存款利率上限放开后便以大幅度提高存款利率来吸引存款。资金来源的成本继续攀升，但其很多贷款是此前比照"Q条例"管制下的资金成本所投放的低收益率贷款，高息揽储最终导致以长期贷款为主的金融机构（储贷机构）收益无法完全覆盖成本，在1985～1990年造成银行的大量倒闭，这就是著名的"储贷机构危机"。

（资料来源：http://www.docin.com/p-702455917.html.有改动）

1）大额可转让定期存单（negotiable certificate of deposits，CDs）。1961年，纽约花旗银行首先开始发行大额可转让定期存单，它是逃避政府最高利率限制与存款准备金规定的一种手段。大额可转让定期存单的面额通常为10万美元以上，定期期限应在1天以上。它一般按面额发行，并载明息票利率，大额可转让定期存单的利率根据实际天数（一年按360天）计算。对于存款者来说，大额可转让定期存单不仅可获得高利息收入，可以在货币市场出售，还可以使其具有流动性。目前，大额可转让定期存单已成为公司、养老金协会、政府机构及个人的主要投资对象。

2）可转让支付命令账户（negotiable order of withdrawal accounts，NOWs）。可转让支付命令账户是20世纪70年代初由美国马萨诸塞州互助储蓄银行创办的，是一种以支付命令书取代支票的活期存款账户。可转让支付命令账户既能如传统的活期存款那样使客户在转账结算上得到便利，又可让客户获取存款利息。这等于将储蓄存款与活期存款两者的优点集于一身，因此有较大的吸引力。1980年，美国国会批准所有的互助储蓄银行、储蓄放款协会、信用合作社及商业银行都可开设这种账户。可转让支付命令账户使商业银行和其他存款机构的资金来源得到增加，清偿能力得以增强。

3）货币市场存款账户（money market deposit accounts，MMDAs）。20世纪70年代，美国创立货币市场基金，通过这种基金，小投资者可以将其零散资金集中起来投资于货币市场金融工具，共同分享投资所获收益。货币市场基金风险低、流动性好，而且投资者可以签发以其基金账户为基础的支票，因此货币市场基金实际上具有支票存款账户的性质，但又无须缴纳法定存款准备金，也不受利率上限的管制。货币市场基金自其创设以后，对商业银行构成较大的竞争威胁，银行需要创造新型存款产品与其竞争。1982

年，《加恩-圣杰曼法案》授权存款机构可提供货币市场存款账户。在该账户下，储户享有联邦存款保险和一定限度的交易账户方便。储户每月最多可以办理 6 次收付转账，其中 3 次可以使用支票付款，这使该账户有部分活期存款的性质。而且该账户没有最短存期的限制，储户取款只需提前一周通知即可。货币市场存款账户适用的利率比较灵活。对于日常平均余额在 2 500 美元以上的存款，银行可自选决定，不存在利率上限的限制，而且银行可以每周调整。这使银行可以根据公开市场短期利率和银行竞争者，如货币市场基金提供的收益水平，依自身经营的需要灵活调整利率。

知识拓展

2014 年 4 月，中信银行首推可在自动柜员机（automatic teller machine，ATM）上取现的货币基金产品薪金宝。有业内人士分析，这款产品可能对传统银行的存款业务带来极大冲击。同时，也突破了其他互联网“宝宝”们的申赎局限，这意味着中国版的货币市场存款账户诞生。该账户和国外货币市场存款账户类似，既具备活期储蓄流动性功能，又具备货币市场收益。

此前，银行跟进余额宝等互联网基金推出的类似产品大多集中在线上，没有支付取现功能，在操作过程中需要购买、赎回等流程。与这类银行系“宝宝”相比，薪金宝在货币基金的申购与赎回模式上有所突破，采取理财全自动模式。客户在申办中信银行卡时，可设定一个最低金额，超出部分将自动转为货币基金，同时在客户需要使用资金时，也无须发出赎回指令，可通过 ATM 直接取现，并可直接刷卡消费。该产品和国外货币市场存款账户类似，兼具活期储蓄流动性功能和货币市场收益。

（资料来源：张威，2014. 中国版“货币市场存款账户”问世：宝宝真正对手降临？[EB/OL].（2014-01-23）[2019-02-22]. http://business.sohu.com/20140423/n398662993.shtml.有改动）

4）自动转账服务账户（automatic transfer service accounts，ATS）。自动转账服务账户规定存款人可以在银行开立两个账户：有息的储蓄账户和无息的支票账户。客户对支票账户上的平均余额有一个授权限额，客户的存款平时放在储蓄账户上计收利息，当支票账户出现余额不足时，银行自动将资金从储蓄账户转移到支票账户上。自动转账服务账户兼具活期账户和储蓄账户的双重优点，既可以利用活期账户开出支票对外支付，又可以利用储蓄账户获取利息收入。

5）协定账户（agreement account，AA）。协定账户是一种可以在活期存款账户、可转让支付命令账户和货币市场存款账户三者之间自动转账的新型活期存款账户。协定账户是银行与客户达成一种协议，即储户授权银行可将款项存在活期存款账户、可转让支付命令账户或货币市场存款账户中的任何一个账户上。对前两个账户都规定一个最低余额，超过最低余额的款项由银行自动转入同一储户的货币市场存款账户上，以便取得较高的利息。如果低于最低余额，也可由银行将同一储户在货币市场存款账户上的一部分款项，转入活期存款账户或可转让支付命令账户，以补足最低余额。

（二）借款业务

1. 短期借款

当商业银行出现资金短缺或头寸不足，而又不能及时地通过获得存款来补足这一差额时，它可以通过借款来弥补这一资金缺口。商业银行的借款主要包括银行间同业拆借、向中央银行借款和证券回购。

1）银行间同业拆借是银行获取短期资金的简便方法。银行在日常的经营中有时会有暂时的资金闲置，有时又会发生临时性的资金不足，银行间同业拆借资金市场恰好能满足资金供求双方的需要：临时发生流动性不足的银行通过银行间同业拆借获取资金，而临时有资金闲置的银行通过拆借方式使资金得以运用。在西方国家，由于中央银行对商业银行的存款准备金不支付利息，同时，商业银行对一部分活期存款也不支付利息，这就更加刺激了商业银行将闲置的资金头寸投放到银行间同业拆借市场以获取盈利。中国人民银行对商业银行的准备金支付存款利息，商业银行对各种存款也支付相应的利息，因此，银行间同业拆借的主要目的是补充准备金的不足和保持银行的流动性。

2）商业银行也可以直接向中央银行借款来弥补暂时的头寸缺口。一般情况下，商业银行需持中央银行规定的票据向中央银行申请贴现，即再贴现。商业银行获得贴现借款的利率由中央银行规定，而这一利率就成为中央银行调节商业银行准备金、实施货币政策调控经济的重要的利率之一。如果中央银行调高贴现率，则意味着中央银行将实施紧缩的货币政策；相反，贴现率的降低则意味着货币政策的放松。我国商业银行从中央银行的借款有一部分是通过票据贴现完成的，有一部分则以再贷款（信用贷款）的方式取得。

3）证券回购也是商业银行获取短期资金的重要方式。随着商业银行业务的不断发展，商业银行持有政府短期债券的规模越来越大。作为流动性强、安全性高的优质资产，商业银行可以用签订回购协议的方式来融资。回购协议的一方暂时出售这些资产，同时约定在未来的某个时间以协商的价格购回这些资产。回购协议可以是隔夜回购，也可以是较长时期。这样，银行不仅可以充分利用这些优质资产，而且回购协议利率较低，如果银行以此融资用于收益高的投资，则会带来更高的盈利。

2. 发行金融债券

商业银行获得稳定资金的来源是发行金融债券。发行金融债券与吸收存款不同的是，金融债券是标准化的，在同一次发行的金融债券应当有相同的面额、期限和利率。比较而言，吸收存款则比较灵活，利息成本相对较低。另外，发行金融债券有限制性条件，如信息公开、受到证券监管部门的监管等。因此，通常而言，发行金融债券在企业融资来源中所占比重极低，几乎可以忽略不计。

（三）筹集与补充资本金

1. 银行资本金的功能

银行资本金主要发挥以下功能。

1）银行资本金可以吸收银行的经营亏损，保护银行的正常经营，使银行的管理者能有一定的时间解决存在的问题，为银行避免破产提供缓冲的余地。因此，资本金可以发挥风险“缓冲器”的作用，保护债权人。

2）银行资本金为银行的注册、组织营业及存款进入前的经营提供启动资金，如土地获得及建设办公楼或租用、安装设备等。

3）银行资本金有助于树立公众对银行的信心。银行资本金向银行的债权人显示银行的实力。对于高负债经营的银行业，市场信心是决定银行经营稳定性的直接因素。充足的资本金令银行即使是在紧缩时期也能满足市场的信贷需求，在客户看来，这是一种有力的保证。在市场经济条件下，银行资本金在维持市场信心方面发挥关键作用。

4）银行资本金为银行的扩张，新业务、新计划的开拓与发展提供资金。随着银行的发展，需要增加办公设备、增设分行，以便同市场的扩大保持同步发展。因为受到资本充足率的限制，商业银行在扩大资产业务时必须有相应的资本做支撑，所以资本金是商业银行生存与发展所必备的资金。

2. 银行资本金的构成

银行资本金一般有两个来源：一是商业银行创立时所筹措的资本；二是商业银行经营利润的一部分。无论来源如何，资本金都属于商业银行的长期性资金来源。银行资本金可分为不同的类型，主要包括以下几种。

1）实收资本（或股本）。银行的实收资本是指投资者按照企业章程或合同、协议的约定实际投入银行的资本。股份制银行的股本是在核定的股本总额及核定的股份总额的范围内通过发行股票或股东出资取得的，一般分为普通股和优先股两种。

2）资本公积。银行的资本公积是指由投资者或其他人（单位）投入，所有权归属于投资者，但不构成银行实收资本的那部分资本或出资。根据规定，我国银行的资本公积包括资本（或股本）溢价、接受非现金资产捐赠准备、接受现金捐赠、股权投资准备、外币资本折算差额、关联交易差价等。

3）盈余公积。银行的盈余公积是指银行按照规定从净利润中提取的各种积累资金。根据规定，我国银行的盈余公积包括法定盈余公积、任意盈余公积和法定公益金。

4）未分配利润。银行的未分配利润是指银行以前年度实现的，留待以后年度进行分配的结存利润。

5）重估储备。银行的重估储备是指对固定资产进行重估时，固定资产公允价值与账面价值之间的正差额。

6）权益准备金。权益准备金也称银行的一般准备。银行的权益准备金是指根据全部贷款余额一定比例计提的，用于弥补尚未识别的可能性损失的准备。

7）次级债务。银行的次级债务一般是指固定期限不低于 5 年（包括 5 年），除非银行倒闭或清算，不用于弥补银行日常经营损失，且该项债务的求偿权排在存款和其他负债之后的银行长期债务。长期次级债务是指原始期限在 5 年以上的次级债务。在我国，经中国银行保险监督管理委员会（以下简称银保监会）认可，商业银行发行的、普通的、无担保的、不以银行资产为抵押或质押的长期次级债务工具可列入附属资本，在距到期日前最后 5 年，其可计入附属资本的数量每年累计折扣 20%。

3. 决定银行资本金需要量的主要因素

决定银行资本金需要量的主要因素是银行的规模、资产的分散情况和资产的风险等。①银行的资产越多，它所要求的资本金也就越多。②如果贷款高度集中于少数几个企业，那么，只要有一家企业破产就可能给银行带来很高比例的不良资产。在这种情况下，银行就需要较多的资本金作为贷款损失的缓冲。③资产风险越高，就需要有更多的资本金来缓冲风险暴露所产生的损失。如果银行主要是持有政府债券，那么它所需要的资本金就比主要是持有对企业贷款债权的银行的资本金要少。

二、资产业务

资产业务就是商业银行如何运用资金的业务。商业银行的资产业务主要有贷款、投资和票据贴现。另外，银行为保证充足的流动性，需要安排部分资金形成现金资产，安排或运用资金形成现金资产的业务也是商业银行重要的资产业务。

（一）现金资产业务

狭义的现金资产指库存现金，一般意义上的现金资产是广义的，包括库存现金、托收未达款、在中央银行的存款和存放同业存款。现金资产虽然收益低，但流动性是所有资产中最强的，对于保证商业银行安全经营有重要意义。

1. 库存现金

库存现金是银行为了满足日常交易之需而持有的通货，保留在银行的现金库中。库存现金属于非营利资产，其所需防护费用和保险费用较高。因此，银行一般只保持必要的最低额度，超出额度的部分存入中央银行或其代理行。

2. 托收未达款

托收未达款又称在途资金，是指在本行通过对方银行向外地付款单位或个人收取的票据。托收未达款在收妥之前，是一笔占用的资金，又因为通常在途时间较短，收妥后即成为存放同业存款，所以将其视同现金资产。

3. 在中央银行的存款

在中央银行的存款是指商业银行存放在中央银行的资金，也被称为存款准备金、商业银行在中央银行开立的存款账户，它是用于银行的支票结算、资金转取等的基本存款。商业银行由于银行间同业拆借、回购、向中央银行借款等业务而出现的资金划转及库存现金的增减，均需要通过这个账户进行。

4. 存放同业存款

存放同业存款是指存放在其他银行的存款，它主要是为了便于银行之间的票据清算及代理收付等往来业务。存放同业存款为活期存款性质，可随时支用，因而通常被视为银行的现金资产，作为其营运资金的一部分。

（二）贷款业务

贷款是商业银行最基本的资产业务。商业银行吸收存款获得资金之后需要将这些资金中的大部分贷出去，只有这样才能获得收入，存贷利差是我国商业银行最基本的利润来源。商业银行为了追求尽可能多的利润，一般倾向于多发展贷款，但是贷款量受到诸多条件的约束，如法定存款准备金率、存款总量、资本充足情况、宏观经济政策等。贷款按照不同标准可以分为不同种类。

1. 按照贷款用途分类

按照贷款用途，商业银行的贷款可分为生产性贷款和消费贷款。

1）生产性贷款一般是面向企业发放的贷款，以保证企业生产发展之需。生产性贷款又包括固定资产贷款和流动资金贷款。企业在取得固定资产贷款后，用所获得的贷款资金购买机器设备、建置厂房等，从而形成物质资本。固定资产贷款是使储蓄转化为资本的重要一环。有时，企业也会遇到一些季节性的资金不足的问题。例如，假设某企业出售了一批价值 5 000 万元的货物，但要等到 3 个月以后才能收到货款，而企业现在又需要购买原材料投入生产，否则会面临停工的危险，解决这一问题的办法之一，就是向银行申请流动资金贷款。商业银行在对资本需求量很大的企业或项目发放贷款时，往往会组织银团贷款，即一家商业银行做牵头银行，联合其他几家商业银行对该企业或项目一起发放贷款。银团贷款可以有效地分散风险，由多家银行共同承担企业或项目的信贷风险。此外，由于监管要求对一家企业的贷款不能超过商业银行资本金的 10%，这往往限制了那些资本金有限的中小商业银行对大企业的信贷业务，通过银团贷款就克服了这一障碍。

2）消费贷款，顾名思义，即发放贷款的主要目的是用于购买消费品。信用卡、住房抵押贷款和汽车消费贷款是主要的消费贷款。如果获得某银行一定的信用额度且持有该行信用卡，即使卡上没有足额的存款，使用者也可以在该行的特约商户购物或在高档宾馆住宿，这就是信用卡消费贷款。与住房抵押贷款和汽车消费贷款不同，信用卡消费贷款设有特定的贷款用途，它主要是满足零星的消费支出。通过取得银行的消费贷款，人们就可以提前花费未来的收入，实现消费效用最大化。

2. 按照贷款期限长短分类

按照贷款期限长短，商业银行的贷款可分为短期贷款、中期贷款和长期贷款。

短期贷款，是指贷款期限在1年以内（含1年）的贷款；中期贷款，是指贷款期限在1年以上（不含1年）5年以下（含5年）的贷款；长期贷款，是指贷款期限在5年（不含5年）以上的贷款。

3. 按照贷款有无担保分类

按照贷款有无担保，商业银行的贷款可分为信用贷款和担保贷款。

信用贷款，是依据借款人的信用状况向借款人发放的贷款，无须寻找保证人，也不需要别的担保。担保贷款，是指由借款人或第三方依法提供担保而发放的贷款。担保贷款包括保证贷款、抵押贷款、质押贷款，它们是指按《中华人民共和国担保法》规定的保证方式、抵押方式或质押方式发放的贷款。例如，个人住房抵押贷款和汽车消费贷款是分别以住房或汽车作为抵押发放的担保贷款。

（三）投资业务

投资业务就是商业银行购买有价证券或投资于其他实物资本的业务活动，如商业银行购买股票、政府债券或投资于房地产、自己经办实业等。但是，商业银行在从事投资业务时，会受到一些法律上的限制，并不是所有国家的商业银行都可以从事这些方面的投资。一般来说，商业银行投资政府债券受到的限制较小，而投资股票、基金或非自用房地产等在不同的国家有较大的差异。在实行分业经营的国家，法律禁止商业银行购买股票、企业债券或投资房地产。但在实行银行与证券混业经营的国家，商业银行在投资这些资产时，受到的限制就很少。在实行全能银行模式的德国，其银行除了吸收存款、发展贷款外，还可以直接投资新兴企业、大量持有企业的股票和包销证券。因此，德国的银行是集商业银行与投资银行于一体的。

目前，全球已有走向混业经营的趋势，银行与证券业之间的经营壁垒正在逐步打破，商业银行从事直接资本市场的投资活动空间越来越大。中国目前还是实行较为严格的分业管理，即商业银行不得从事股票等有价证券业务，也不得投资非自用房地产。但是，中国商业银行购买政府债券则不受限制。

有价证券是商业银行的一项重要资产，商业银行持有的有价证券包括由财政部发行的政府债券、由中央银行发行的中央银行债券和由政策性银行发行的金融债券。它不仅可以给银行带来一定的收益，而且流动性极高，尤其是在需要现金时，银行可以很方便地在公开市场上将其卖出，因此，政府债券构成了商业银行的二级准备。相对于贷款，银行持有政府债券之类的有价证券所承担的风险要低得多。增加有价证券的持有量成为我国商业银行实行资产结构优化、提高资产质量、降低资产组合风险的主要措施。同时，商业银行持有一定的有价证券，也便于中央银行通过公开市场业务来提高对基础货币的调控能力。

三、中间业务

中间业务是指银行不动用自己的资金，而是利用自身的人才、信息等方面的优势为客户办理的服务，包括汇兑业务、信托业务、代理业务、信用卡业务、基金托管业务和咨询顾问类业务等。银行在办理中间业务时，要收取一定的手续费。

1. 汇兑业务

汇兑业务是银行代理客户把现款汇给异地收款人的业务。这种业务要使用特殊的汇兑凭证，即银行汇票或支付委托书。这些凭证是承汇银行向另一家银行或分支行发出的命令，命令后者向第三者支付一定数额的货币。银行汇票由银行交给客户，客户再将它寄给收款人，由收款人到汇票指定的银行取款。因此，汇兑业务中包含两个阶段的行为：首先是汇款，其次是兑现，故称为汇兑。汇兑业务为商业银行创造了没有风险的收益机会，而且银行可以利用汇兑业务占用客户的一部分资金。因为客户把存款交给银行，银行再把存款汇给异地的收款人，这中间总会有一段时间间隔，在这段时间内银行就可以占用客户的资金。

2. 信托业务

信托业务是银行受客户的委托，代为管理、营运、处理有关钱财的业务，包括对个人和企业的信托业务。对个人的信托业务主要包括代保管财产、代保管有价证券和贵重物品，以及代办人寿保险。对企业的信托业务主要包括代办投资、代办筹资事宜，如股票或债券的发行、股票或红利的分发、偿还债券的本息、代办合并或接管其他企业、代管员工福利账户、退休养老金的发放、业务咨询、代理国债的发行和还本付息等。商业银行经营信托业务一般也只按一定比例收取手续费或佣金，营运中获得的收入则归委托人所有。同时，银行在办理这项业务时，同汇兑业务一样，也可将部分信托资金用于投资业务或临时性的流动性管理。

3. 代理业务

代理业务指商业银行接受客户委托、代为办理客户指定的经济事务、提供金融服务并收取一定费用的业务，包括代理政策性银行业务、代理中国人民银行业务、代理商业银行业务、代收代付业务、代理证券业务、代理保险业务、代理其他银行银行卡收单业务等。

知识拓展

代理业务和信托业务都以信任为基础，代理人与信托中受托人的地位相似，但二者又有明显的区别：①在信托业务中，委托人须将信托财产的财产权转移给受托人，而代理业务不转移财产权。②在信托业务中，受托人以自己的名义处理信托事务，而代理业务代理人以被代理人的名义处理受托事务。③在信托业务中，受托人的权限较大，在遵守信托目的的前提下，可自主处理信托事务，而代理人的权限较小，在处理代理业务中一般需要被代理人具体授权。④受托人承担的责任大于代理人。⑤代理业务的范围大于信托业务，主要是代理业务可不受财产的限制，而是根据代理人与被代理人签订的代理合同进行，但超越授权的行为由代理人自己承担责任，对由此给被代理人造成的损失负赔偿责任。

（资料来源：http://www.360doc.com/content/17/1203/22/35367701_709631709.shtml.有改动）

4. 信用卡业务

信用卡是一种消费者信贷，持卡人可以用卡支付物品或劳务的费用。商家每天将持卡人签发的发票副本送交发卡银行，然后由发卡银行按月向持卡人收账。信用卡实际上把银行的支付与信贷两项基本功能结合了起来。

各种信用卡的发行不仅为银行提供了方便，还为顾客和商家提供了便利。对于银行来说，它不仅可以吸收商家在银行的存款，还可收取一定的佣金或不能按期付款的罚息，同时加强了银行与客户的往来合作关系。对于顾客来说，借助信用卡，可以获得购物或享受的方便，不用随身携带现金，并且可以免去通常借款每次都要申请的手续和调查信用的流程。对于商家来说，它们赊销后可以立即从银行收回货款，使资金免于积压。

5. 基金托管业务

基金托管业务是指有托管资格的商业银行接受基金管理公司委托，安全保管所托管的基金的全部资产，为所托管的基金办理基金资金清算款项划拨、会计核算、基金估值、监督管理人投资运作等业务。基金托管业务主要包括封闭式证券投资基金托管业务、开放式证券投资基金托管业务和其他基金的托管业务。

6. 咨询顾问类业务

咨询顾问类业务是指商业银行依靠自身在信息、人才、信誉等方面的优势，收集和整理有关信息，并通过对此类信息及银行和客户资金运作的记录与分析，形成系统的资料和方案，提供给客户，以满足其业务经营管理或发展需要的服务活动。咨询顾问类业务主要包括企业信息咨询业务、资产管理顾问业务、财务顾问业务、现金管理业务等。

四、商业银行的经营原则

商业银行的经营原则是指商业银行在经营活动中所必须遵循的行为准则，通常所说的“三性原则”是指盈利性原则（又称效益性原则）、流动性原则和安全性原则，这是商业银行的一般经营原则。

1. 盈利性原则

盈利性是指商业银行获取利润的能力。商业银行作为金融企业，追求最大限度的盈利是其经营的内在动力和源泉。遵循盈利性原则，就是要在整个经营活动中将盈利性作为一个目标、一种手段、一项标准和一个过程，自始至终对它加以考虑和运用。只有在保持理想的盈利水平的条件下，银行才能有充实的资本，并以此来增强经营实力，巩固信用，提高银行的竞争力。盈利性不仅对银行本身经营管理有重大意义，还会对工商企业的经营管理产生积极影响；不仅对微观经济活动发生作用，还会影响宏观经济活动。商业银行在经营中，其利润受许多因素的影响，归纳起来主要有资产收益、资产损失、资金成本、其他营业收支，所以，银行在经营中应努力减少资产损失、降低资金成本、节约其他支出，以取得较多的收益。

2. 流动性原则

流动性通常是指商业银行资产在无损状况下迅速变现的能力，着重强调的是以现金资产来保证必要支付的能力。严格来说，流动性体现在资产和负债两个方面：资产流动性是指将银行持有的资产能随时偿付或在不贬值的条件下迅速变现的能力；负债流动性是指银行能够以较低的成本随时获得所需要的资金的能力。只有保证资金的正常流动，才能确立银行的信用中介地位，并使其业务自动顺利进行。因此，可以说流动性是银行经营的条件，保持资金的流动性，尤其是以现金资产保证必要的支付能力，对银行而言非常重要。

银行为保持其资产的流动性，采取的传统方法是持有相当数量的现金资产和短期有价证券，即通过持有一定量的变现能力较强的资产来满足流动性的需要。不过，随着负债管理理论的产生和发展，从负债方面即银行通过借入资金来满足流动性要求，已日益成为商业银行保持其流动性的新方法。

3. 安全性原则

安全性是指商业银行的资产、收益、信誉及所有经营生存发展条件免遭损失的可靠性程度，其核心是保证资金安全。安全性原则是商业银行经营业务的前提，银行遵循安全性原则，就是要正确处置风险，尽可能地减少风险。银行经营中存在的风险很多，主要有信用风险、市场风险、利率风险、购买力风险、流动性风险等。商业银行遵循安全性原则，加强风险管理，主要采用规避、分散、转嫁和补偿风险等方法。

《中华人民共和国商业银行法》第四条规定："商业银行以安全性、流动性、效益性为经营原则，实行自主经营，自担风险，自负盈亏，自我约束。"资产业务是银行取得收益的主要来源。银行在开展资产业务时，要追求盈利性、流动性和安全性的统一。为了使收益更高，赚取的利润更多，首先，就要寻找愿意支付较高利率的借款者，发放收益较高、风险较低的贷款。其次，购买收益较高、风险较低的有价证券，在收益与风险之间取得平衡。银行要使所有资产平均风险最小化，就必须寻找最佳的资产组合。最后，银行还要注意资产的流动性，避免用很高的成本来获得资金。为满足中央银行的法定要求或满足存款者取款的要求，银行必须持有一定的库存现金或超额准备金。

但是，盈利性、流动性和安全性之间又存在矛盾。如果收益率较高，其风险性也会相应提高，流动性则会相应较低；反之，要想风险性最小、流动性最高，又必须以低收益为代价。例如，如果银行主要以持有库存现金超额准备金为其资产形式，它的流动性固然极高，也不存在违约风险，但银行失去了将它用于发放贷款或购买有价证券获取更多收益的机会。因此，银行的资产管理就是在资产的盈利性、流动性和安全性之间寻求平衡。

第三节 商业银行的信用创造

在银行存入 100 元，会变成几百元吗？这样的问题乍看起来似乎很荒唐。但是，如果理解了银行体系放款的功能及其放款结算的方式，你也许会豁然开朗。我们在银行存入的 100 元，在整个银行体系可能会被放大至数百元，这一过程就是存款货币的创造。

一、原始存款和派生存款

原始存款是指商业银行接受的客户以现金方式存入的存款及中央银行对商业银行的再贴现或再贷款而形成的准备金存款。原始存款是商业银行从事资产业务的基础，也是扩张信用的源泉。商业银行的准备金以两种具体形式存在：一是商业银行持有的应付日常业务需要的库存现金；二是商业银行在中央银行的存款。对于商业银行来说，活期存款是其负债业务的重要内容，也是其从事贷款等资产业务活动的基础，是原始存款的主要来源。

派生存款与原始存款相对应，是指由商业银行发放贷款、办理贴现或投资等业务活动引申而来的存款。派生存款产生的过程，就是商业银行吸收存款、发放贷款，形成新的存款额，最终导致银行体系存款总量增加的过程。

二、商业银行创造存款的条件

1. 部分准备金制度

部分准备金制度下，当客户在银行存入一笔现金或支票后，银行不必将这笔款项都放在其保险柜中，或存入中央银行，以待客户提取；而只要保留一定的比例作为准备金就可以，其余的可以贷放出去或用来购买证券。在后面的分析中我们将看到，新的存款正是在银行将客户存款中的一部分用于贷款或购买证券的过程中创造出来的。

2. 非全部现金提取

即使实行部分准备金制度，如果客户全部提现，商业银行也不能创造存款。例如，商业银行法定准备金率为20%，这样银行在收到100元存款之后，就可以把其中的80元贷放出去。但是，如果借款人在获得这笔贷款之后，立即以现金的形式将它全部从银行取走，而且在贷款归还之前这笔现金始终在公众手中流通，而不存入银行，这时也不会有存款创造，整个银行系统存款和贷款的增加都是一次性的，不存在多倍的存款创造。

但是，现实中这种100%的现金提取是不大可能的。银行向某一借款人发放一笔贷款之后，通常是把该笔资金贷记在该借款人的支票存款账户上，借款人利用这笔款项进行支付时，通常也只是通过票据清算把它转到收款人的账户上。收款人的账户既可以在同一家银行，又可以在不同银行。对于整个银行系统来说，这并没有什么区别。当然，借款人也可以把贷款提取出来，用现金进行付款，但是收到现金的一方通常仍要把它存入银行。因此，真正以现金的形式游离在银行系统之外的只能是贷款的一部分，而不可能是它的全部，这就使多倍的存款扩张成为可能。

三、商业银行存款创造的过程

下面利用简化的资产负债表T形账户来详细分析派生存款的创造过程。每一轮派生存款产生之前，每一家银行的资产负债表均处于均衡状态，T形账户将其他项目省略，仅仅列出特定条件下所要考察的项目。为了方便起见，做如下假设：①银行客户将其一切收入均存入商业银行体系，且不支取现金或归还贷款；②存款准备金由商业银行的库存现金及其在中央银行的存款组成；③法定存款准备金率为20%，其他因素暂不考虑。

假设客户甲将100 000元的支票交存A银行，那么，A银行存款准备金增加100 000元，同时，在客户甲的存款账户上增记100 000元。按规定A银行从中提取现金准备20 000元，其余80 000元均可用于贷款以获取收益。这时，A银行的资产负债表如表5-1所示。

表 5-1 A 银行的资产负债表

单位：元

资产		负债	
存款准备金	20 000	存款	100 000
贷款	80 000		

当 A 银行将 80 000 元贷给客户乙时，由于一国有多家商业银行，该客户可以将钱存入 B 银行，使 B 银行的存款准备金增加 80 000 元，同时，增记客户乙存款 80 000 元。同样的道理，B 银行将按 20%提取 16 000 元准备金，其余 64 000 元用来发放贷款。B 银行的资产负债表如表 5-2 所示。

表 5-2 B 银行的资产负债表

单位：元

资产		负债	
存款准备金	16 000	存款	80 000
贷款	64 000		

B 银行贷出的 64 000 元又被借款人存入 C 银行，C 银行按 20%提取 12 800 元准备金后，其余的 51 200 元再贷放出去。C 银行的资产负债表如表 5-3 所示。

表 5-3 C 银行的资产负债表

单位：元

资产		负债	
存款准备金	12 800	存款	64 000
贷款	51 200		

依此类推，银行与客户之间不断地贷款、存款，就会产生表 5-4 所示的结果。

表 5-4 商业银行派生存款的创造过程

单位：元

银行名称	支票账户存款额	银行发放贷款额	银行准备金额
A 银行	100 000	80 000	20 000
B 银行	80 000	64 000	16 000
C 银行	64 000	51 200	12 800
D 银行	51 200	40 960	10 240
E 银行	40 960	32 768	8 192
…	…	…	…
整个银行系统合计	500 000	400 000	100 000

显然，各银行的支票存款增加额构成一个无穷递减等比数列，整个银行系统的存款总和为

$$
\begin{aligned}
\text{存款总额} &= 100\,000\times(1+80\%+80\%^2+80\%^3+\cdots+80\%^n+\cdots)\\
&= 100\,000/(1-80\%)\\
&= 500\,000(\text{元})
\end{aligned}
$$

若以 R 代表银行的初始准备金增加额（即原始存款），D 代表经过派生的存款总额，r_d 代表法定存款准备金率，则这一过程可以用公式表示为

$$D = R / r_d$$

如把上例代入公式，得

$$D=100\,000/20\%=500\,000(\text{元})$$

$$\text{派生存款}=D-R=500\,000-100\,000=400\,000(\text{元})$$

我们通常把存款总额相对于原始存款的扩张倍数称为商业银行存款派生倍数，又称存款乘数。若以 k 代表存款乘数，依据上述公式得

$$k = D / R = 1 / r_d$$

法定存款准备金率越高，商业银行创造存款货币的能力越弱；法定存款准备金率越低，商业银行创造存款货币的能力越强。

四、商业银行创造派生存款的限制因素

商业银行具有创造派生存款的能力，但派生存款的扩张不是无限度的，派生存款的总量取决于原始存款和存款乘数。在商业银行存款创造的分析中，我们假定：①银行客户不支取现金；②商业银行只有法定存款准备金，没有超额准备金；③商业银行只有活期存款，不考虑其他存款。实际上，这些假定并不符合商业银行经营的实际，因此，当我们考虑把这些假定放松时，存款乘数会受以下诸多因素的制约。

1. 法定存款准备金率（r_d）

各家商业银行均须按一定比例将其存款的部分转存中央银行，此目的就在于限制商业银行创造存款的能力。一般在其他条件不变的情况下，法定存款准备金率越高，派生存款的扩张倍数越小，两者之间呈现一种负相关关系。法定存款准备金率是派生存款的主要制约因素。

2. 现金漏损率（c）

客户总会从银行提取或多或少的现金，从而使一部分现金流出银行系统，出现所谓的“现金漏损”。现金漏损与存款总额之比称为现金漏损率或提现率。现金外流，银行存款用于放贷部分的资金减少，削弱了商业银行活期存款的派生能力。现金漏损率对派生存款扩张倍数的限制，同法定存款准备金率，即现金漏损率越高，派生存款就越少。两者的区别是，法定存款准备金率是中央银行根据客观需要制定和调整的，有一定的主观因素，而现金漏损率是在经济生活中必然发生的。

3. 超额存款准备金率（e）

超额存款准备金与存款总额的比称为超额存款准备金率。银行在实际经营中所提留

的准备金，不可能恰好等于法定存款准备金，为了应付客户提现和临时放贷的需要，事实上银行实际持有的法定存款准备金总是高于法定存款准备金，这种款额称为超额存款准备金。显然，超额存款准备金和法定存款准备金一样，也相应降低了商业银行创造派生存款的能力。

4. 定期存款准备金率（r_t）

企业等经营主体既会持有活期存款，又会持有定期存款。银行对定期存款也要按一定的准备金率，提留准备金。定期存款的法定准备金率，往往不同于活期存款的准备金率，而且定期存款和经过派生的存款总额也会保持一定的比例关系（t）。定期存款中按准备金率提取的准备金是不能用于创造派生存款的。我们可以将这部分对活期存款货币乘数 p 的影响，视同为法定存款准备金率。它的大小对派生存款的扩张倍数同样起到制约作用。

以上我们只是考虑银行派生存款过程中的基本因素的影响。就实际情况来说，派生存款的扩张究竟能达到多少倍，还需依据国民经济情况、所处的经济发展阶段而定。例如，客户对贷款的需求要受经济发展的制约，并非任何时候银行都有机会将可能贷出的款项全部贷出。因为银行发放贷款的数量，不仅取决于银行的行为，还要依据企业的贷款需求。在经济增长停滞和预期利润率下降的情况下，即使银行愿意多贷，企业也可能不要求贷款，从而理论上的派生规模并不一定能够实现。

案例分析

发生在 2013 年 6 月的中国式“钱荒”，创造了一系列令人瞠目结舌的数据纪录，堪称我国银行业经历的最严重“钱荒”，银行间隔夜拆借利率一路狂涨，各金融机构在市场中的焦虑与挣扎，生动地呈现了中国银行业的资金困局。

某商业银行交易员：“利率多高我们根本不看，我们只要保证借到钱，只求保证流动性，6 月初以来我们基本就只借入不拆出了。”

不少交易员相互间无奈调侃：“你没见过隔夜拆借利率超过 30%的交易员，人生是不圆满的。”

就在 6 月 20 日，隔夜拆借最高涨升至 30%的当天，某银行临时调整大额转账，规定 5 000 万元转账需提前预约，6 月 21 日进一步要求 1 000 万元转账也需提前预约，而此前 1 亿元以上转账才需要提前预约。

事实上，中国人民银行于当年5月底开始停止通过逆回购等方式向市场注入流动性。反映银行间市场资金面情况的上海银行间同业拆放利率已开始攀升，隔夜拆借利率逐渐从 2%上涨至 4%以上，但真正将银行间市场资金趋紧暴露于公众面前的是 6 月 6 日关于两家中信银行交易员交往的消息。虽然两家银行随后否认违约交恶，但银行间资金市场的恐慌，从此一发不可收拾。

事后数据显示，5 月外汇占款增长速度骤然放缓，这为资金紧张埋下伏笔。当年前 4 个月外汇占款新增规模超过 1.5 万亿元，每月新增规模均在千亿元以上，但 5 月新增规模缩减至 668.6 亿元。与此同时，5 月末开始，中国人民银行不再动用逆回购等工具投放流动性货币，此前中国人民银行通常会动用工具，调节外汇占款，给资金市场带来影响，这也令银行做出习惯性预期。中国人民银行会在资金紧张时再度出手，而从 6 月开始，无论资金面如何紧张，中国人民银行一直“按兵不动”。银行的预期一再落空，这也是导致此后银行间市场“钱荒”愈演愈烈的重要原因。

6 月 8 日（端午节前夕），上海银行间同业隔夜拆放利率大涨至罕见的 9.58%，而如此大涨的现象，通常只在提现需求旺盛的春节前后出现，端午节后两周内的短期限，银行间同业拆借利率皆有所回落，但 1 个月、3 个月期限，同业拆借利率继续上涨，上海银行间同业隔夜拆放利率，6 月 20 日跳涨至 13.44%，一时间令市场的恐慌情绪迅速蔓延。

资金主要囤聚在大的银行，此时大的银行都不拆出了，中小银行就更缺钱了。资金分布的结构性失衡及银行预期季末时点资金更紧张、存款波动更大，种种因素加剧了“钱荒”。

（资料来源：佚名，2013. 中国式钱荒倒逼银行调整资产负债结构[EB/OL].（2013-06-24）[2016-12-12]. http://www.chinairn.com/news/20130624/102729897.html.有改动）

思考：上述案例反映银行的哪种风险？此次“钱荒”的主要原因是什么？商业银行应该如何应对此类风险？

分析：该案例反映我国商业银行出现流动性风险。尽管有一些短期因素起作用，但此次“钱荒”的深层次原因，还是与银行业无节制地扩张有关。而中国人民银行坚决不放松，则意在迫使银行进一步改进流动性管理，并给一些银行快速地同业业务扩张敲响警钟。

我国商业银行应认真汲取“钱荒”教训，从强化风险管理、化解潜在危机出发，平衡好盈利性、流动性和安全性的辩证关系，提高切实加强和改善流动性管理的能力。

1）从制度上进一步提高对流动性的监控、预判、控制等能力，可考虑设计并不定期进行流动性自我压力测试，检查潜在的流动性风险，尤其是表外业务发展中的潜在问题。

2）建立流动性应急机制，改变依赖中国人民银行在关键时刻进行流动性投放的心态，提高独立应对“钱荒”的能力，对“钱荒”危机做出预案，以避免措手不及的情况出现。

3）对业务模式进行适度调整，稳步降低对产能过剩行业直接与间接贷款的比例，促销不良资产，提高负债多元化和稳定性，优化资产负债结构；同时，更合理规划长、中、短期贷款比例，放缓利用短期同业资金进行准信贷业务的增长速度，减少“冲时点”

行为，减少借短贷长、期限错配等现象。

4）加强宏观经济分析能力，对我国经济周期和金融市场波动做出合理、及时的研判，并有针对性地适当调整业务。

本章小结

商业银行是为适应和促进国际贸易的发展而产生并不断发展起来的，是以营利为最终目的的特殊金融机构，具有信用中介、支付中介、信用创造、金融服务四大职能。商业银行的负债业务包括存款业务、借款业务、筹集与补充资本金等；资产业务包括现金资产业务、贷款业务、投资业务；中间业务是利用商业银行的信息、人才、技术和分支机构等优势，以中间人身份为客户提供金融服务而形成的业务。商业银行的经营原则是盈利性原则、流动性原则和安全性原则，商业银行需要通过资产负债结构的安排来协调“三性原则”之间的关系。商业银行最独特的功能是其派生存款功能，这一功能受法定存款准备金率、现金漏损率、超额存款准备金率、定期存款准备金率等因素的影响。

业务技能自测

第六章
中 央 银 行

职业能力目标

【知识目标】

1）了解中央银行的产生和发展。

2）理解中央银行的性质，掌握中央银行的职能和作用。

3）理解并掌握中央银行的主要业务。

【能力目标】

能够运用中央银行的基础理论解释我国中央银行的基本业务活动。

学习要点

中央银行概述；中央银行的性质和职能；中央银行的业务

案例导入

法兰西银行是第二次世界大战后首先进行国有化的中央银行。1945 年 12 月 2 日，法国公布国有化法令，将法兰西银行的私人资本收归国有。原股东的股票按照 1944 年 9 月 1 日～1945 年 8 月 31 日的市场价格计算，换取利率为 3%的政府债券。法兰西银行既是货币当局之一，又是法国货币、银行机构的最高行政管理机关。在法国本土全境内享有发行钞票不受限制的特权，承办黄金和外币买卖、贴现、国库券及股票垫款、公开市场等业务，同时办理某些根据本身的特点和任务所产生的业务。

根据国有化法令，法国三大商业银行即巴黎国民银行、里昂信贷银行、法国兴业银行也实行国有化，并设立国家信贷委员会。同时对 1941 年 6 月成立的银行管理委员会加以改组。法兰西银行总裁兼任银行管理委员会主席和国家信贷委员会副主席。

1973 年 1 月 3 日，法国政府公布了《法兰西银行法》，规定法兰西银行也可参与货币政策的制定，履行调控信贷的职能，因此，法兰西银行在制定和执行政策方面，实际上是集中统一的。在货币政策方面，1961 年有关法律规定各银行的现金对存款总额应保持一个最低水平。1967 年，实行准备金制度以取代现金比率制度，法兰西银行根据市场情况决定准备金比率，各银行无息存入准备金。该行还采取贴现政策和公开市场业务手段，直接影响各银行的业务活动。法兰西银行在国有化后全面履行中央银行的职能，得到很大的发展。1975 年，法兰西银行的资产达到 1 828 亿法郎，成为国家干预经济的重要工具。

（资料来源：杜朝运，2010. 中央银行学[M]. 厦门：厦门大学出版社.）

思考：中央银行的性质与职能是什么？主要有哪些业务？

第一节　中央银行概述

一、中央银行的产生与发展

（一）中央银行产生的背景

中央银行是在商业银行不断发展的基础上产生的。当时资本主义经济发展面临一些问题迫切需要中央银行这样一个机构来解决。

1. 银行券的发行问题

在银行业发展的初期，商业银行只要有足够的金银准备就可以发行自己的银行券，以充当流通手段和支付手段，在同一地区会有多种银行券同时流通。由于发行银行的实力、资信状况、经营状况和分支机构设立状况不同，银行券被接受程度和使用范围也不同。银行券的分散发行，造成多种信用货币同时流通的局面，与一般等价物这一货币的本质属性相矛盾，也给社会的生产和流通带来困难。同时，商业银行的不断发展，导致银行之间的竞争越来越激烈，一部分银行因经营不善而无法保证自己所发行的银行券可以及时兑现，这就使银行券的信誉大大受损，也导致社会经济发展的混乱。特别是在商品经济关系和债务关系越来越复杂，银行与企业之间、银行与银行之间的联系越来越紧密的情况下，某种银行券不能兑现所带来的社会影响就会发生连锁反应。另外，从宏观角度来看，如果银行券的发行超过客观需要，就会给经济发展带来不利影响。上述问题的存在，客观上要求银行券的发行权应集中在资金雄厚且有权威的几家或一家银行手中。

2. 票据交换和清算问题

随着商品经济的发展和银行业务的不断扩大，各银行之间的债权债务关系日趋复杂，票据的交换业务越来越多。在这种情况下，由单个或少数银行自行处理结算和清算业务，已不能满足商品经济活动和银行业务发展的要求，客观上要求建立一个全国统一和公正的权威性清算机构，作为金融支付体系的核心，能够快速清算银行间各种票据，从而使资金顺畅流通，保证商品经济的快速发展。

3. 最后贷款人问题

银行在日常经营中，可能会因为贷款不能按时收回或其他原因陷入流动性危机，发生支付困难。解决这一问题的一般做法是银行间同业拆借，但拆借的数量不可能很大，因为其他银行也不可能保留很多的支付准备金。尤其是在金融恐慌时，大部分银行有可能陷入支付危机，银行间同业拆借显然是行不通的。因此，当困难严重时，银行的破产倒闭在所难免。事实上，随着银行业务规模的扩大和业务活动的复杂化，银行的经营风险也是不断增加的，单个银行资金调度困难和支付能力不足的情况经常出现，因一家银行支付困难而波及数家银行甚至整个金融业发生支付危机的现象时有发生。为了保护存款人的利益，维护整个金融业的稳定，客观上需要有一家权威性机构，适当集中各银行的一部分准备金作为后盾，在银行出现难以克服的支付困难时，给予必要的贷款支持，充当银行的最后贷款人。

4. 金融监管问题

随着商品货币经济关系的发展，金融业在整个社会经济关系中的地位和作用日益突出，金融的稳定成为经济稳定发展的重要条件。尽管在运作过程中银行之间形成某些约定，但这些约束的效力是有限的，这就使金融活动经常出现混乱甚至无序状况。为了保证银行和金融业的公平有序竞争，减少金融运行的风险，政府亟须设置一个专门机构对金融业进行监督管理。这个专门机构不仅要有一定的技术能力和操作手段，还要在业务上与银行建立密切的联系，以便于制定的各项政策和规定能够通过业务活动得到贯彻实施。

（二）中央银行的产生

历史上最早的中央银行为1656年成立的瑞典银行。该行在初建时只是一般的私人银行，1668年由政府出资改组为国家银行。但是，它直到1897年才垄断货币发行权，成为真正意义上的中央银行。最早全面发挥中央银行各项职能的是英格兰银行，它成立于1694年，是世界上第一家现代股份制银行。英格兰银行在成立之初，就在接受政府存款、向政府提供贷款，以及发行银行券等方面具有一定的特权。1833年，英国国会规定英格兰银行发行的银行券具有无限法偿资格。1844年，英国首相皮尔主持通过了《英格兰银行条例》（又称《皮尔条例》），对英格兰银行之外的银行发行银行券进行限制，进一步确立英格兰银行的特殊地位。随着英格兰银行地位的提高，许多商业银行便把自己的一部分准备金存入英格兰银行，并利用该部分准备金来结清同其他银行之间的各种债权债务关系。这样，英格兰银行便逐渐取得清算银行的地位，并于1854年成为英国银行业的票据交换中心。在19世纪出现的多次经济金融危机中，英格兰银行担负起最后贷款人的责任，为其他银行提供暂时的资金支持。这样，英格兰银行便越来越成为现代意义上的中央银行。之后，法国、德国、日本等国纷纷建立中央银行制度。

（三）中央银行的发展

19世纪末到20世纪中叶，是世界中央银行制度的普遍推行时期。第一次世界大战期间因主要资本主义国家相继放弃金本位制而导致普遍的通货膨胀，货币制度混乱。第一次世界大战后重建货币制度时，有识之士大力呼吁加强中央银行的地位和强化对货币信用的管制。1920年，在比利时首都布鲁塞尔召开的国际经济会议上提出：未设立中央银行的国家应尽快设立中央银行，设立中央银行的国家要进一步发挥中央银行的作用。世界各国纷纷响应，1921～1939年共计新建30多家中央银行。20世纪20年代以后，新成立或新改组的中央银行，因为有老的中央银行创设和发展的经验可供借鉴，所以许多是运用政府力量直接设计成为在法律上具有明确权责的特定机构。在20世纪30年代经济大危机后，新、老中央银行大多建立起法定存款准备金制度，并以重点管理其他金融机构为己任。中央银行职能在迅速扩展中也逐渐得以完善。

20世纪中叶至今，是世界中央银行制度的强化时期。这一时期的表象是第二次世界大战以后发达国家的中央银行掀起国有化浪潮和大部分发展中国家国有制度的建立，其实质是中央银行制度的职能进一步深化。

1945年12月，法国率先将法兰西银行收归国有，股票由国家收购，原有股东换取了利息为3%的债券。法兰西银行完全置于政府的控制之下。1946年，英国通过英格兰银行国有化法令，由财政部高于原有价值的政府公债的4倍收兑了全部股票。从此，英格兰银行由私人股份资本银行变为国有的金融机构。此后，其他发达国家效仿英国和法国，实行中央银行国有化。而发展中国家则兴起建立本国中央银行的浪潮，这些中央银行大部分以国有资本为主要的资本形式。

第二次世界大战以后，中央银行获得迅速的发展，中央银行的地位得到巩固与提高，大多数国家通过立法，授权中央银行调节国民经济，调节金融，稳定货币，促进经济增长、充分就业和国际收支平衡，中央银行已成为政府的组成部分，是国家金融货币政策的制定和监督管理机构。

二、中央银行的组织制度

中央银行的结构随各国具体国情的不同而存在较大的差异。根据中央银行组织形式、组织结构的不同，可以将中央银行制度分为以下 4 种类型。

1. 单一中央银行制

单一中央银行制是最主要、最典型的中央银行制度形式，它是指国家设立专门的中央银行机构，使其与一般的商业银行业务相分离，而纯粹地行使各项中央银行职能的制度。单一中央银行制又可分为一元式和二元式两种类型。

1）一元式是指一国由独家中央银行及其众多的分支机构来执行中央银行职能。这种由分行构成的中央银行的特点是权力集中、职能齐全、分支机构众多。世界上大多数国家，如英国、日本、法国的中央银行采取这种形式。我国自 1984 年之后也实行这种中央银行制度。

2）二元式是指在一国内建立中央和地方两级相对独立的中央银行机构。中央级机构为最高权力或管理机构，地方级机构受中央级机构的监督管理，但是在它们各自的辖区内具有独立性。实行联邦制的国家多采取这种中央银行制度，如美国、德国等。

知识拓展

美联储的结构属于二元式的单一中央银行制。它由 3 个主要部分构成，即联邦级的联邦储备理事会、联邦公开市场委员会和地方级的 12 家联邦储备银行及其分支结构，这些银行的股份分别为它们各自的会员银行所拥有。这 12 家联邦储备银行又在其他 25 个大城市中设立分支机构。纽约、芝加哥和圣弗朗西斯科 3 家联邦储备银行的规模最大，它们持有一半以上的联邦储备资产，而纽约联邦储备银行又是“冠中之冠”，持有联邦储备总资产的 30%。除了负责检查会员银行、审批某些银行合并的申请、支票清算，收回被损坏的旧钞、发行新钞等日常职能外，各联邦储备银行还具有一定的政策职能。例如，它可以管理自己的贴现窗口，决定是否向辖区内的某一商业银行或其他存款机构提供贷款；它还可以在征得联邦储备理事会批准的情况下设定自己的贴现利率。更重要的在于，各联邦储备银行占据着联邦公开市场委员会 12 个席位中的 5 个。

（资料来源：http://www.docin.com/p-801823553.html.有改动）

2. 复合中央银行制

复合中央银行制是指在一国之内，不设立专门的中央银行，而是由一家大银行来同时扮演商业银行和中央银行两种角色，也就是所谓的“一身二任”。复合中央银行制主要存在于过去的东欧国家，我国在 1983 年以前也实行过这种中央银行制度。

3. 跨国中央银行制

跨国中央银行制是指两个以上的主权国家设立共同的中央银行，它一般是与一定的货币联盟联系在一起的。第一次世界大战后，一些在地域上相邻、经济上与某一发达国家联系密切的欠发达国家，为促进共同的经济发展，而组建一个货币联盟。在联盟内发行共同的货币，执行共同的金融政策，并建立共同的中央银行。例如，欧盟建立的欧洲中央银行；西非的贝宁共和国、布基纳法索、科特迪瓦共和国、几内亚比绍共和国、尼日尔共和国、塞内加尔共和国、多哥共和国和马里共和国 8 个国家组成的西非货币联盟设立了共同的中央银行——西非国家中央银行。类似的跨国中央银行还有中非货币联盟设立的中非中央银行和东加勒比海货币管理局等。

4. 准中央银行制

准中央银行制是指某些国家或地区没有建立通常意义上的中央银行，而只设有类似中央银行的机构，或由政府授权某个或某几个商业银行行使部分中央银行职能的制度形式。例如，在新加坡有两个类似中央银行的机构，即金融管理局与货币发行局，由它们配合行使中央银行职能。中国香港实行的也是准中央银行制，金融管理局是中国香港的金融监管机构，但是不拥有发钞权，发钞权掌握在渣打银行（香港）有限公司、香港汇丰银行有限公司及中国银行（香港）有限公司手中。马尔代夫、利比里亚等国实行的也是准中央银行制。

第二节 中央银行的性质与职能

一、中央银行的性质

中央银行的性质是指其自身特有的属性。中央银行既是为商业银行等普通金融机构和政府提供金融服务的特殊金融机构，又是管理金融、调控经济的特殊政府机构。

1. 中央银行是一国金融体系的核心

中央银行、商业银行、各种专业银行和非银行金融机构共同构成一国的金融体系，中央银行处于金融体系的核心地位。中央银行扮演“总指挥官”的角色，负责管理一国的金融运行；通过调节法定存款准备金率、再贴现率、公开市场业务等方式，控制一国的货币供给总量，稳定经济发展；通过颁布各种规章制度对各种金融机构的经营活动进行监管和规范，以贯彻国家政策意图；通过与其他国家金融管理机构及国际金融组织的往来与合作，参与金融全球化发展中金融问题的解决。

2. 中央银行是特殊的金融机构

中央银行的主要业务活动虽然同样具有银行固有的办理“存、贷、汇”业务的特征，但其业务活动又与普通银行及一般金融机构不同，主要表现在以下几个方面。

1）从经营目标来看，商业银行及其他非银行金融机构一般以追求利润最大化为经营目标，而中央银行作为国家管理金融的特殊机构，不以营利为目的。

2）从服务对象来看，商业银行及其他非银行金融机构一般以企业、社会团队和个人为主要的服务对象；而中央银行的服务对象主要是政府和商业银行等金融机构。

3）从经营内容来看，中央银行接受商业银行等金融机构的准备金存款、接受政府财政性存款、负责国家的货币发行、受理再贴现业务等。

3. 中央银行是国家最高的金融决策机构和金融管理机构，具有国家机关性质

随着国家对金融和经济实施干预与控制的加强，中央银行的国家机关性质也趋于强化。但其国家机关的性质与一般国家行政机关有很大的不同。

1）中央银行主要通过特定金融业务履行其职责，对金融和经济的管理调控基本上采用经济手段，这与主要依靠行政手段进行管理的国家机关有明显的不同。

2）中央银行对宏观经济的调控是分层次实现的。通过货币政策工具操作调节金融机构的行为和金融市场运作，然后通过金融机构和金融市场影响各经济部门，市场回旋空间较大，作用也较平缓，而国家机关一般使用行政手段直接作用于各微观主体。

3）中央银行在政策制定上有一定的独立性。

知识拓展

中央银行的“第一代”强调业务营运。这是一个具有业务性的角色，提供业务支持，以支持国家政府机构及国民经济中的机构和个人。中央银行的具体职能大体上应包括：①发行流通货币和收集铸币税；②银行间结算；③为政府和其他银行服务；④管理财政的工具；⑤特定时间和地点的其他业务服务。

中央银行发展的“第一代”，优先考虑的是效率。客户和利益相关者要求中央银行具有可预测性、一致性和可靠性。人们期待、鼓励中央银行作为一种“官僚机构”去运作。在这一阶段，官僚机构的消极方面影响不大，指挥和控制可传递效率。在中央银行第一个发展阶段，“经理”只需要成为能干的管理者。

在“第二代”，中央银行将有新的角色，需要更广泛的知识和更复杂的判断。该银行的直接客户，即其更广泛的利益相关者，也需要政策职能，如管理国家的外汇储备

和汇率，制定和执行货币政策，管理和监督金融机构，在经济发展方面提供专家建议甚至决定。

“第二代”中央银行需要以更现代化的方式去取代“第一代”作为官僚机构的中央银行，这些变化可能包括彻底地反思中央银行的职能和结构。总体工作人员数大幅减少，以适应中央银行功能和技术变革。薪酬结构应反映经济价值，而不是服务时间。20世纪常用的商业工具，如量化的目标、成本会计、管理报告、利益相关者的问责制和系统优化，将不得不加以调整，以适应中央银行的特定需求。在“第二代”中央银行中，高级职员必须是真正的经理人，而不是行政官员。

“第三代”中央银行的形态正在形成中，但某些轮廓已经显现。平衡的经济活动正在从产生有形需求转向产生无形需求。信息和通信技术正在改变经济结构、经济关系和经济交易，以创建一个复杂的、技术先进的和全球化的“知识经济”。

在“第三代”中央银行中，业务功能并非中央银行独有。或者说更多的高科技因素、更少的人参与其中。政策职能从开处方和干预，转变为施加影响和风险管理，在所有职能中，态度，更快、更新的经验和信息技术发挥着战略性的作用。这些“第三代”中央银行功能变化甚至构成对“第二代”中央银行的组织结构和管理做法的挑战。

为了管理重要银行组织不可避免的风险，基于其理论和实践结合的独特视野，中央银行可以研究企业和政府可能会忽略的问题。思想领导可能成为中央银行的主要职能。

“第三代”中央银行要求有一个更复杂的新的组织结构，增加一个新的功能——探索。通过探索，中央银行可以做很多工作来帮助社会实现艰难的经济和社会转型。

“第三代”中央银行也要求在它们的传统美德——诚信、专业和公共服务的道德的基础上，增加新品质，即眼光、开放、创新、对未来风险和机会的预测。高级职员大多数必须成为领导者和服务者，而不仅仅是经理人。

（资料来源：尼尔·库提斯，波特·尼可，2010. 中央银行现代化[M]. 方洁，张立勇，译. 北京：中国金融出版社.）

二、中央银行的职能

中央银行的性质决定着中央银行的职能，中央银行的职能又是其性质的具体体现。随着中央银行制度的不断发展，中央银行的职能越来越完善，内容也越来越丰富。尽管各国的政治与经济制度、社会历史背景、商品经济与信用制度的发展水平不相同，但中央银行的基本职能是一致的，一般归纳为中央银行是发行的银行，是政府的银行，是银行的银行。

（一）中央银行是发行的银行

中央银行是发行的银行，是指中央银行接受国家政府的授权集中和垄断货币发行，是国家唯一的货币发行机构。中央银行集中与垄断货币发行权作为中央银行最基本、最重要的标志，也是中央银行发挥其全部职能的基础。目前，世界上除少数国家（如美国、日本）的铸币由财政部发行外，大多是由中央银行负责货币的发行。

（二）中央银行是政府的银行

中央银行是政府的银行，是指中央银行与政府关系密切。根据国家法律授权，中央银行制定和实施货币金融政策，通过办理业务为政府服务，在法律许可的范围内向政府提供信用、代理政府债券，以满足政府的需求。这具体表现在以下几个方面。

1. 代理国库，管理政府资金

中央银行通过代理政府的财政收支，执行国库出纳职能，管理好政府资金，为政府服务。国家财政收支一般是委托中央银行代理的，即通过其在中央银行开立的各种账户进行。具体如下：①按国家预算要求代收国库库款。所有的预算收入都通过中央银行集中收缴并存入中央银行的账户，使中央银行成为掌管国库资金的中心。②按财政支付命令拨付财政支出。中央银行根据财政签发的支票，为其办理付款或转账，成为国库的出纳。③向财政部门反映预算收支的执行情况。

2. 代理政府债券发行

许多国家的政府经常利用发行政府债券的方式来弥补政府开支的不足。为了保证政府债券的顺利发行和兑付，中央银行接受政府的委托，代理政府债券的发行和债券到期时的还本付息等。

3. 为政府提供信用

政府为了应付因财政支出急剧变动而出现短期的财政收入不足以抵补财政支出状况，往往通过向中央银行借款来为其解决困境。中央银行在法律允许的限度内，直接向政府提供贷款或透支，用于弥补财政收支临时差额，是弥补政府财政赤字的重要资金供给者。但是，为了约束财政赤字的过度扩张和长期出现，避免通货膨胀，稳定币值，中央银行一般不向政府提供长期借款、无限额贷款或透支。

另外，中央银行通过购买政府发行的债券，扩大政府债券的容量，增强社会对政府债券的购买能力。同时，中央银行通过公开市场业务，向市场投放基础货币，有利于新的政府债券的发行和货币供应量的调节。

4. 为国家经营和管理国际储备

国家的国际储备一般由各国的中央银行持有并进行经营与管理，管理的内容主要包括以下几个方面：①控制和调节国际储备的总量，使其与国内货币发行和国际贸易的对外支付的需要相适应。②控制和调节国际储备资产结构特别是外汇资产结构，使其与国际贸易对外支付货币结构和外债结构相适应。③在保证安全性、流动性的前提下，合理运用外汇储备资产，实现外汇储备资产的保值和增值。④保持国际收支的平衡和汇率的基本稳定。

5. 代表国家管理国内、国外金融事务

中央银行代表国家通过制定货币金融政策，加强金融管制。在具体实施中，一方面，中央银行通过宏观金融管理来强化对经济的干预，保证物价和汇率的稳定；另一方面，中央银行代表政府检查和监管各金融机构的业务活动，即有权检查和监管各金融机构的业务经营和信用分配。

中央银行代表国家参加国际金融组织和各项国际金融活动，如参加国际货币基金组织、世界银行等世界性金融组织，参加亚洲开发银行、泛美开发银行等区域性金融组织，参加各种金融论坛和非正式的协调组织等，以及代表政府签订国际金融协定等事项。

（三）中央银行是银行的银行

中央银行是银行的银行，是指中央银行一般不直接与工商企业发生业务来往，主要以商业银行和其他金融机构为服务对象。这具体表现在以下几个方面。

1. 集中法定存款准备金

按照法律规定，商业银行及其他存款货币机构必须按存款的一定比例向中央银行缴存存款准备金，用以保证商业银行和其他存款货币机构的支付和清偿能力、自身的安全运营能力，保障存款人的资金安全及合法权益。因此，中央银行具有为商业银行等存款货币机构集中保管法定存款准备金的特权，是法定存款准备金的唯一保管者。当商业银行等存款货币机构出现支付和清偿困难时，商业银行等存款货币机构可以动用其在中央银行的法定存款准备金，既保证存款人的安全，又能防止因发生挤兑而倒闭的情况。另外，中央银行可以通过集中法定存款准备金调节信用规模和控制货币供应量。

2. 充当最后贷款人

中央银行作为商业银行和其他金融机构的最后贷款人，在商业银行和其他金融机构发生资金困难而无法通过其他银行或金融市场筹措资金时，由中央银行承担最后贷款人的责任向其提供贷款支持，由此确立中央银行在金融体系中的核心地位。中央银行作为最后贷款人提供贷款的方式主要有再贴现、再抵押或直接取得贷款。中央银行最后贷款人的职能主要表现在以下几个方面：①当商业银行及其他金融机构在业务经营过程中，出现临时性资金头寸不足时，中央银行可以通过再贴现、再抵押或直接贷款等方式为其提供资金融通。②当商业银行及其他金融机构发生资金周转困难，出现支付危机时，中央银行给予最后的、紧急的资金救助，以避免商业银行及其他金融机构频繁破产倒闭而引发系统性或地区性金融危机。③中央银行在对商业银行提供资金支持的同时，也可以达到调节银行信贷和货币供应量的目的，从而传递和实施金融调控。

知识拓展

欧洲风暴肆虐于2011年，危机自欧元区外围成员国蔓延至核心国家，并不断向欧洲银行浸染。尽管此前欧洲中央银行已经通过直接购买意大利、希腊等国国债施以援手，但法国等欧元区国家认为，阻止欧债危机蔓延的最佳办法，应是欧洲中央银行出资干预，或承诺充当最后贷款人，以摆脱欧元区资金流动性紧缺的困境。不过，这一意见一直遭到德国与欧洲中央银行的反对，后者一再声称要维护欧洲中央银行的货币政策独立性。

欧洲中央银行自成立以来一直承担着维持物价的主要职责，欧盟法律也禁止欧洲中央银行直接或间接透过欧洲金融稳定基金（European Financial Stability Facility，EFSF）等特殊目的机构来代替政府融资。欧洲中央银行由欧元区国家中央银行和欧盟非欧元区国家中央银行共同注资。欧元区国家中央银行资本占比约为70%，其中德意志联邦银行和法兰西银行所占比例分别约为19%和14%。按照欧元区机制，欧元区国家必须共同参与其中，一致同意后欧盟才能实施行动。所以，如果欧洲中央银行要承担“最后贷款人”的职责，首先欧元区国家要对欧债危机的原因和责任形成共识，否则解决方案就难以实施。

2011年12月5日，标准普尔发表或将调降欧元区15个国家信用评级（其中包括6个AAA评级国家）的声明，再度使欧洲中央银行陷入“是否承诺充当欧债危机最后贷款人”的窘境。在此情况下，市场普遍将欧洲中央银行视为欧元区的最后一根“救命稻草”，期待在欧盟缔结财政新约后，欧洲中央银行能采取措施，力挽危机狂澜。2011年12月21日，欧洲中央银行终于发挥“最后贷款人”作用，首次通过提供3年期无上限贷款的方式，向欧洲银行体系贷出4 890亿欧元，远远超出此前市场预期的3 100亿欧元，同时还通过98天期贷款操作向银行释出资金297.41亿欧元。其主要目的是帮助各商业银行偿还2012年年初即将到期的约2 300亿欧元贷款，保障银行业继续向实体经济提供信贷的能力，同时提升商业银行信誉，缓解信用恐慌，稳定市场情绪。

（资料来源：付一书，2013. 中央银行学[M]. 2版. 上海：复旦大学出版社.）

3. 充当最后清算人

充当最后清算人指中央银行通过票据清算中心为商业银行和其他金融机构相互间进行应收应付的票据进行清算。这一职能是在中央银行垄断货币发行集中保管准备金的基础上发展起来的。因为中央银行掌握货币发行权，集中保管准备金，所以各银行和金融机构都在中央银行开设有存款往来账户，这为中央银行主持银行间票据交换和差额清算提供了条件。中央银行将结算轧差，并直接增减各银行的准备金，手续简便，有利于加速自身周转，使其成为全国的票据清算中心。

知识拓展

在早期，银行间共同协议设置票据交换所，世界上最早的票据交换所于 1773 年在当时票据最发达的英国伦敦成立。随着中央银行制度的建立和发展，伦敦票据交换所现已成为中央银行领导下的一个票据清算机构。20 世纪 70 年代，美国率先使用电子化和自动化技术实现票据的自动交换，即通过电子支票传输系统将支票的主要信息传送到收款银行，而将实物支票截留，以备核实，这极大地提高了清算效率。目前，各国的票据交换一般实现电子化。

自动票据交换所是地区性的金融计算中心，能集中处理所在地区活期存款户头的电子存款和电子提款。例如，美国有 32 个自动票据交换所，大部分隶属于美联储，每月要接受 1 000 多万个电子票据交换项目。电子票据处理项目包括军饷、工资、社会保险电子存款、支付用户认可的支票等。如果要求电子存款和电子提款的户头不是该地区自动票据交换所服务的金融机构，可通过远程数据通信网与有关地区的自动票据交换所进行交换处理。

（资料来源：包屹红，2012. 货币银行学[M]. 武汉：华中科技大学出版社.）

第三节　中央银行的业务

一、中央银行的资产业务

中央银行的资产是指中央银行在一定时点所拥有的各种债权。中央银行的资产业务对其制定实施货币政策、调控金融运行具有重要作用，主要包括再贴现业务、贷款业务、证券买卖业务及国际储备业务等。

（一）再贴现业务

1. 再贴现

再贴现是指贴现银行持未到期的已贴现汇票向中央银行贴现，通过转让汇票取得中央银行再贷款的行为。再贴现是中央银行的一种信用业务，是中央银行为执行货币政策而运用的一种货币政策工具。再贴现的功能主要是调控市场基础货币量，即通过再贴现业务直接向流通中注入或回收基础货币，通过再贴现规模的扩大和收缩、再贴现利率的升降，向经济主体传递中央银行政策信号，实施货币政策。在金融机构贷款风险管理严格，不允许发生新增贷款风险，而中央银行再贴现利率与票据贴现利率有较大利差的情况下，金融机构必然把再贴现业务作为营利的手段，廉价的中央银行再贴现资金成为金融机构竞相争夺的资源。再贴现是向金融机构提供资金融通和支付保证，履行“最后贷款人”职能的具体手段，是中央银行提供基础货币的重要渠道，是中央银行调节市场银根松紧及货币供应量的重要手段。

2. 再贴现率

再贴现率是商业银行将其贴现的未到期票据向中央银行申请再贴现时的预扣利率。再贴现意味着中央银行向商业银行贷款，从而增加货币投放，直接增加货币供应量。再贴现率不仅直接决定再贴现额，还会间接影响商业银行的再贴现需求，从而影响整体再贴现规模。这是因为，一方面，再贴现率直接决定再贴现成本，即再贴现率提高，再贴现成本增加，自然影响再贴现需求。另一方面，再贴现率变动，在一定程度上反映了中央银行的政策意向，因此具有一种告示作用，即提高再贴现率，呈现紧缩意向；反之，呈现扩张意向，这点特别是对短期市场利率具有较强的导向作用。

在大多数国家，再贴现率是一种基准利率，其他各种利率依据再贴现的变动而调整。同时，再贴现率是一种官定利率，它是根据国家的信贷政策规定的，在一定程度上反映中央银行的政策意向。此外，再贴现率还是一种短期利率。因此，再贴现率对金融市场的影响具体体现在货币市场上。通常，再贴现率是通过定期挂牌的方式公布的。再贴现率的调整一般作为实现货币政策的手段。

3. 再贴现业务的一般规定

1）再贴现业务开展的对象。只有在中央银行开立了账户的商业银行等金融机构才能够成为再贴现业务的对象。

2）再贴现业务的申请和审查。商业银行必须以已办理贴现的未到期的合法票据申请贴现。中央银行接受商业银行所提出的再贴现申请时，应审查票据的合理性和申请者的资金营运状况，确定是否符合再贴现的条件。若审查一致通过，商业银行则在票据上背书，并逐笔填制再贴现凭证，一并交中央银行办理再贴现手续。

3）再贴现金额和利率的确定。其计算公式为

$$再贴现实付金额=票据面额-再贴现利息$$

$$再贴现利息=票据面额\times 日贴现率\times 未到期天数$$

4）再贴现的收回。再贴现的票据到期，中央银行通过票据交换和清算系统向承兑单位或承兑银行收回资金。若承兑单位账户存款不足，由承兑单位开户银行将原票据按背书行名退给申请再贴现的商业银行，按逾期贷款处理。

知识拓展

实践说明，商业汇票承兑、贴现与再贴现业务在引导资金投向、规范商业信用、帮助企业衔接产销关系等方面具有积极的作用。具体表现如下：一是有利于引导信贷资金向国有重点行业倾斜，促进国有大中型企业的发展。通过对重点行业、重点企业、重点产品的票据优先办理贴现和再贴现，可以贯彻落实国家产业政策，有效缓解国有大中型

企业生产经营的资金困难。二是有利于规范商业信用，防止发生新的拖欠。三是有利于企业衔接产销关系，减少资金占用。一种商品或物资往往要经过多个产业部门和多次交易。过去每个环节都要向商业银行贷款，一套物资占用几套资金。而通过使用商业汇票，可以一票贯彻始终，并把它们连接成一条有序的债务链，强化债权债务双方的经济责任，节约信贷资金和企业的费用支出。

当然，商业汇票承兑、贴现与再贴现业务发展中也存在一些问题。一些不法分子利用假汇票、复制票据套取银行资金、诈骗作案的现象时有发生；商业汇票主要依赖银行信用的承诺支持，以企业信誉为基础的商业承兑汇票发展滞后；各地商业汇票的发展不平衡，有些地方的票据量不大；各商业银行在票据操作上标准不一，存在许多不规范的地方。因此，商业汇票承兑、贴现与再贴现业务，需要在严格规范的基础上大力发展，今后应重点在以下 3 个方面取得突破。

1）在规范业务操作的基础上，大力推广使用商业汇票，扩大票据的融资功能。鼓励和积极引导各商业银行通过发展票据承兑、贴现、转贴现及再贴现业务，调整信贷资产结构。在确保票据真实性的前提下，中央银行要适当简化再贴现业务手续，切实改进再贴现业务。对资信良好的城乡信用社和企业集团财务公司办理再贴现业务，对再贴现票据不再实行行业限制，支持各类企业合格的票据办理再贴现业务。

2）加快发展以中心城市为依托的区域性票据市场。支持商业银行在中心城市集中办理商业汇票的承兑、贴现、转贴现等票据业务，促进票据流通转让，提高票据业务的效率和规模效益。

3）依法规范票据行为，防范票据风险。根据《中华人民共和国票据法》《中华人民共和国票据管理实施办法》《中国人民银行支付结算办法》等法律法规的规定，严肃商业汇票结算纪律，保证商业汇票按期付款。中国人民银行各级行要切实加强对商业银行办理商业汇票业务的日常监管工作。对违章承兑、贴现商业汇票，拖延付款或划款和无理拒付的，要按照有关规定给予处罚。商业银行各级行要加强对商业汇票业务的管理，强化内部监督制约机制，加强监督检查，对违反规定的行为要及时予以纠正和处理，并向中国人民银行报告。

（资料来源：http://www.niwodai.com/view-zaitiexian/article-79549.html.有改动）

（二）贷款业务

1. 再贷款

中央银行的贷款业务是指中央银行采用信用放款或抵押放款的形式，对商业银行等金融机构和政府进行的贷款。它是中央银行的主要资产业务之一，是商业银行基础货币的重要来源，它对于维护金融体系安全、抑制通货膨胀及调节经济具有非常重要的意义。贷款对象主要是商业银行和国家财政，但在特殊的情况下，也会对一些非银行金融机构发放小额贷款。

2. 中央银行放款的种类

1）对商业银行的放款。这是中央银行最主要的放款种类。中央银行通常定期公布贷款利率。商业银行提出贷款申请后，中央银行将严格审查贷款的数额、期限等，有的还规定用途。一般借款是短期，而且通常以政府债券和商业票据作为担保的抵押贷款。

2）对政府的放款。中央银行对政府的放款一般是短期的，而且多是信用放款，大致分为 3 种情况：一是政府的正常借款，其放款方式与对商业银行的放款方式大体相同；二是政府透支；三是债务投资性放款。中央银行在公开市场上购买的政府发行的国库券和公债，事实上都是在间接向政府提供贷款。

3）对非金融部门的放款。少数中央银行的放款业务也包括对非金融部门的贷款，如中国人民银行对偏远贫困地区的特殊贷款。

4）其他放款。中央银行的其他放款包括对外国银行或国际性金融机构的贷款等。

3. 中央银行的放款方式

中央银行对商业银行的放款，可根据实际情况采取不同方式。

1）信用贷款。这是凭商业银行信用状况而提供的贷款，期限较短，只有少数信用极佳的银行在放松银根时才能得到这种优惠贷款。

2）担保贷款。这是以商业银行客户发出的合格商业票据为担保而发放的贷款，手续比较复杂，风险性也比较大。在多数情况下，其已被再贴现取代。

3）抵押贷款。一般孕育着较为活跃的二级市场，以属于优质证券的政府债权为抵押，将债券交给中央银行保管，中央银行据此发放贷款。

4）贴现贷款，即再贴现。

（三）证券买卖业务

1. 证券买卖业务的种类

一般来讲，中央银行在公开市场上买卖的证券主要是政府公债、国库券及其他流动性很强的有价证券。但是，由于国情不同，各国中央银行证券买卖业务的种类存在着一些差别，如有些国家只允许中央银行买卖政府公债，而有些国家的中央银行还可以买卖地方政府债券及在证券交易所正式挂牌上市的债券。

中央银行买卖证券一般是通过其公开市场业务进行的，其直接目的是增减银行资金的流动性；间接目的则是影响市场利率变动，调节金融机构的信用活动，以影响整个宏观经济。

2. 证券买卖业务与贷款业务的比较

（1）相同之处

1）从效果来看，中央银行买进证券实际上是以自己创造的负债去支付，这就相当于中央银行的贷款；而卖出证券，则相当于收回贷款，其效果是相同的。

2）从货币供应量的影响来看，中央银行买进证券同发放贷款一样，实际上都会引起社会的基础货币量增加，从而引起货币供应量的多倍扩张。

3）无论是证券买卖业务，还是贷款业务，都是中央银行调节与控制社会货币供应量的重要工具与业务。

（2）不同之处

1）从资金的流动性看，中央银行的贷款都是短期的，必须到期才能收回；证券业务则可以随时买卖，不存在到期问题。因此，证券业务的资金流动性要高于贷款业务。

2）证券买卖相当于抵押贷款。证券买卖以证券的质量为依据；而中央银行贷款则以商业银行的信用为重要依据。

3）从获得的收入来源看，中央银行贷款业务有利息收入；而证券买卖的收益主要是买进或卖出的价差收益，没有利息收入。

4）中央银行开展证券买卖业务对整个经济、金融环境要求较高，特别是必须有一个发达的金融市场；而贷款业务对经济、金融环境的要求较低。

（四）国际储备业务

1. 国际储备的特征

国际储备（international reserve）是一国货币当局为国际支付、平衡国际收支和维持其货币汇率所持有的各种形式的国际上可接受的流动资产的总称。作为国际储备资产必须具备以下几个特征。

1）官方持有性。国际储备的资产必须由一国货币当局能够无条件地获得，而且是由一国货币当局集中掌握的。为此该国政府对该类资产不仅要具有使用权，还要具有所有权，非官方金融机构、企业和私人持有的资产均不能作为国际储备资产。这一特征使国际储备也被称为官方储备。

2）自由兑换性。作为国际储备的资产，必须能同其他货币相兑换，并且是国际上能普遍被接受的资产。

3）充分流动性。作为国际储备的资产，必须是随时能够动用的资产，当一国出现国际收支赤字时，就可以迅速动用这些资产予以弥补，或干预外汇市场来维持汇率的稳定。

4）普遍接受性。作为国际储备的资产，必须能够为世界各国所普遍认同和接受，否则就不能作为国际支付手段用于弥补国际收支赤字。

2. 国际储备的构成

（1）黄金储备

黄金储备是指一国货币当局持有的，用以平衡国际收支、维持或影响汇率水平，作为金融资产持有的黄金。它在稳定国民经济、抑制通货膨胀、提高国际资信等方面有着特殊作用。

（2）外汇储备

外汇储备是指一国政府所持有的国际储备资产中的外汇部分，即一国政府保有的以外币表示的债权，是一个国家货币当局持有并可以随时兑换外国货币的资产，有狭义和广义之分。狭义的外汇储备是一个国家经济实力的重要组成部分，是一国用于平衡国际收支、稳定汇率、偿还对外债务的外汇积累。广义的外汇储备是指以外汇计价的资产，包括现钞、国外银行存款、国外有价证券等。外汇储备是一个国家国际清偿力的重要组成部分，同时对平衡国际收支、稳定汇率有重要的影响。

（3）普通提款权

普通提款权（general drawing right，GDR）也称基金组织中的储备头寸，是指国际货币基金组织的成员国按规定从基金组织提取一定数额款项的权利。它是国际货币基金组织最基本的一项贷款，用于解决成员国国际收支不平衡问题，但不能用于成员国贸易和非贸易的经常项目开支。

（4）特别提款权

特别提款权（special drawing right，SDR）是国际货币基金组织创设的无偿分配给各成员国用以补充现有储备资产的一种国际储备资产。特别提款权具有以下特点：①本身不具有内在价值，是一种凭信用发行的账面资产；②国际货币基金组织按一定比例分配给各成员国，接受者无须付出代价，各成员国有义务接受特别提款权的使用；③只能在国际货币基金组织及各成员国政府之间发挥作用，私人和企业不能持有使用。

3. 国际储备管理

国际储备管理是一国政府或货币当局根据一定时期内本国的国际收支状况和经济发展的要求，对国际储备的规模、结构和储备资产的使用进行调整、控制，从而实现储备资产的规模适度化、结构最优化和使用高效化的整个过程。

（1）国际储备规模管理

适度国际储备规模是指一国政府为实现国内经济目标而持有的用于平衡国际收支和维持汇率稳定所必要的黄金和外汇的储备量。由于各国国际储备规模受国民经济的发展状况、外贸状况及经济开放度、外汇管理的严格程度、对外资信、经济政策的选择等因素的影响，各国难以形成一个统一的标准。

（2）国际储备结构管理

国际储备结构管理又包括币种结构管理和储备货币流动性结构管理。

1）币种结构管理是指各国通常根据分散原理安排预防性储备货币的币种结构，即实行储备货币多样化。在币种结构管理中，政府主要考虑的是储备资产安全性与盈利性之间的关系。

2）储备货币流动性结构管理是在流动性结构管理中，政府主要考虑的是流动性与盈利性之间的关系。根据流动性的差异，同种货币储备资产可分为多种层次。

二、中央银行的负债业务

中央银行的负债业务是指社会集团和个人持有的对中央银行的债权，主要包括货币发行业务、存款业务和其他负债业务。

（一）货币发行业务

各国法律都规定中央银行垄断货币发行权。发行货币是中央银行最重要的特权也是最重要的负债业务。

货币发行的含义主要有两层：第一层是指货币从中央银行的发行库通过各个商业银行的业务库流向社会；第二层是指货币从中央银行流出的数量大于从流通中回笼的数量。中央银行通过货币发行业务，一方面满足社会商品流通扩大和商品经济发展的需要；另一方面筹集资金，满足履行中央银行各项职能的需要。一般的发行渠道如图 6-1 所示。

图 6-1　一般的发行渠道

中央银行货币发行必须建立在可靠的准备金基础上，而不能因外界影响或政治压力滥发信用货币。货币的发行必须遵循 3 个原则：第一，坚持垄断发行。只有中央银行垄断货币发行才能统一国内货币的形式、避免多头发行造成的混乱、便于中央银行制定和执行货币政策、灵活有效地调节流通中的货币。第二，要有可行的信用保证。发行货币要以一定的黄金或证券作为保证，建立一定的发行准备制度，如弹性比例制、现金准备发行制等，以保证中央银行的独立运行。第三，要有一定的弹性。货币发行要具有一定的伸缩性和灵活性，以满足经济状况变化的需要，避免因通货不足而导致通货紧缩和经济萎缩；也要严格控制货币发行数量，避免因货币过量发行造成通货膨胀和经济混乱。

（二）存款业务

中央银行作为一个金融机构，吸收存款是其主要业务，但中央银行吸收存款的目的有别于一般商业银行等存款型金融机构。中央银行吸收存款的目的主要有 3 个：第一，调控信贷规模与货币供应量。中央银行通过对法定存款准备金率的调整，间接影响商业银行超额存款准备金的数量，从而调控商业银行的信贷规模。同时，通过存款业务集中资金，主动地开展再贴现业务和公开市场业务，增强中央银行调控社会货币供应量的能力。第二，维护金融业的安全。利用存款准备金缓解商业银行能力不足的问题，也有利于对商业银行进行监督管理，提高商业银行的经营管理水平。第三，通过吸收存款，有利于顺利清算商业银行等金融机构之间的债券债务关系。

中央银行存款业务与商业银行存款业务的区别：①商业银行开展存款业务遵循的是自愿原则，而中央银行存款业务具有一定的强制性。②商业银行吸收存款的目的是扩大资金来源及资金运用，最终增加盈利；中央银行吸收存款则是为了获得履行其职能手段的需要，调控信贷规模和监督管理金融机构的经营活动。③商业银行直接吸收社会个人和工商企业的存款；中央银行吸收存款的对象是金融机构和财政等部门。④商业银行存款当事人之间是一种经济关系，银行与存款人之间的关系平等互利；中央银行与存款人之间的关系不仅仅是经济关系，更是一种管理和被管理的关系。

中央银行存款业务主要包括准备金存款业务和其他存款业务。

（1）准备金存款业务

存款准备金主要由两个部分组成：一部分是法定存款准备金，即依照法律规定，商业银行必须按某一比例上缴中央银行的部分；另一部分是超额存款准备金，即在中央银行存款中超过法定存款准备金的部分。

中央银行的存款准备金不仅形成中央银行稳定的资金来源，还是低成本甚至是无成本的资金来源。

（2）其他存款业务

1）政府存款。政府存款在不同的国家是有差别的。有些国家一般特指中央政府存款，有些国家还包括地方政府和政府部门存款。中国人民银行资产负债表中的“政府存款”项目主要是指各级财政在中国人民银行账户上预算的收支余额。

2）非银行金融机构存款。非银行金融机构的存款一般不纳入存款准备金业务，而是作为中央银行的一项单独的存款业务，以方便非金融机构的清算。

3）外国存款。债权人为外国中央银行或政府，用于贸易结算和债务清算。其多少由外国存款者决定，本国中央银行处于被动地位。但其数量较少，因此对本国基础货币投放的影响相对有限。

4）特定机构和私人部门存款。特定机构为特定目的而收存的非金融机构存款，主要是向这些机构发放贷款而形成的存款或为扩大中央银行资金来源而收存。中国人民银行的该类存款在 1998 年以前主要为机关团体部队的财政性存款，1998 年准备金制度改革后则只有部队存款。私人部门存款在我国一般不允许中国人民银行吸收，即使允许，也只限于特定对象且数量很小。

5）特种存款。中央银行根据商业银行及其他金融机构信贷资金营运情况，以及宏观调控和货币政策需要，要求这些金融机构以存款方式向其交存一定数量的存款，它是中央银行的一种直接信用控制方式。特种存款具有非常规性、对象的特定性、存款期限较短、存款数量和利率由中央银行规定且具有一定强制性等特点。

（三）其他负债业务

1. 代理国库

中央银行经办政府的财政收支，执行国库出纳的职能，在执行该业务过程中，可以吸收大量的财政金库存款，形成中央银行的中央资金来源。其具体的操作过程：财政部作为国库的管理者首先在中央银行开设专门账户，当财政部征缴税款和发行政府债券时，其应收款项都记在财政部的存款账户上，以支票的方式从有关吸收存款机构的账户转入中央银行账户；当财政部拨付政府各项经费和资金给指定部门时，就直接从财政部存款户汇兑到有关单位存款户。

2. 资本金

中央银行必须保留一定的资本金，以保证业务的正常开展。世界各国中央银行的资本类型主要有以下 3 类。

1）政府出资，即中央银行的全部资本由政府出资，目前绝大多数国家如此。

2）混合持股，即中央银行的资本，一部分由政府出资，股份一般占到一半或以上；另一部分由其他部门或个人持有，且无股东投票权、经营管理权等实质性权利，仅享有每年收取固定股息的权利。

3）银行持股，即中央银行的资本是由该国商业银行按一定资本量认购其股票的方式。代表性的国家主要有美国和意大利。

三、中央银行的其他业务

1. 提供资金清算业务

随着信用制度的不断发展，企业间因经济往来发生的债权债务关系一般通过商业银行办理转账结算，企业间的债权债务关系就转变为银行间的债权债务关系。不同银行间的债权债务关系需要通过中央银行来办理转账结算，中央银行因此成为全国资金清算中心。中央银行的资金清算业务实现了银行之间债权债务的非现金结算，免除了现款支付的麻烦，方便了异地间的资金转移，加速了商品的流通。

2. 代理政府债券

一方面，中央银行是政府债券的代理机构，可以为政府代办政府债券的发行、还本付息等业务；另一方面，中央银行可通过购买政府债券的方式为政府融通资金。

3. 会计和调查统计

会计业务反映中央银行履行其职能和业务活动的情况。首先，中央银行按照会计的基本原则制定核算形式和核算方法，对其自身业务活动进行会计核算、会计分析和会计检查。其次，中央银行对商业银行等金融机构的会计核算进行指导和监管。

调查统计业务指中央银行坚持客观性、科学性、统一性、及时性和保密性的原则，对金融和经济状况进行统计调查，有助于中央银行把握国民经济各部门资金和经济运行状况，更好地进行宏观调控。

本章小结

中央银行是在商业银行不断发展的基础上产生的。中央银行既是为商业银行等普通金融机构和政府提供金融服务的特殊金融机构，又是管理金融、调控经济的特殊政府机构。中央银行执行发行的银行、银行的银行和政府的银行三大职能。

根据中央银行组织形式和组织结构，中央银行制度可分为单一中央银行制、复合中央银行制、跨国中央银行制、准中央银行制 4 种类型。中央银行的资产业务主要包括再贴现业务、贷款业务、证券买卖业务、国际储备业务等。中央银行的负债业务主要包括货币发行业务、存款业务、其他负债业务等。

业务技能自测

第七章
国 际 金 融

职业能力目标

【知识目标】

1）理解并掌握外汇、汇率、国际收支的内涵。

2）理解并掌握汇率的标价方法、决定基础，以及汇率变动对经济的影响。

3）理解国际收支平衡表的编制原理及其内容。

4）理解国际货币体系的变迁及现行国际货币体系的内容。

【能力目标】

能够运用国际金融的基础知识解释经济现象。

学习要点

外汇与汇率；国际收支；国际货币体系

案例导入

从 1997 年 2 月开始，泰铢受到国际投机商的猛烈攻击，金融危机愈演愈烈。7 月 2 日，泰国政府被迫宣布实行有管理的浮动汇率政策，放弃已实行 12 年之久的同美元挂钩的钉住汇率制度。几个月后，泰铢剧烈动荡，汇率下跌近 40%，引发了第二次世界大战后泰国最严重的经济危机、政治危机和信心危机。920 亿美元的外债成本急剧攀升；外资大量外逃，金额高达 3 500 亿泰铢；股市更加动荡，日成交量只有往常的 1/10；政局不稳，内阁频繁调整，联合政府执政地位受到严峻考验；企业经营困难，亏损面扩大，企业破产数量已达 3 600 家，失业人口超过 120 万；1997 年下半年通货膨胀率超过 10%，全年平均通货膨胀率超过 8%；全年经济增长率下降至零。泰国连续 10 年 10%的增长率成为过去，泰国经济由此进入一个艰难的调整期。

此次金融危机的爆发和演变，充分暴露了泰国经济结构存在的严重缺陷：经济发展过度依赖短期外资，外债数目巨大，账户赤字长期居高不下，过度膨胀而又脆弱的金融体系等。唯利是图的国际投机商早已将触角伸向泰国，蠢蠢欲动。

泰国于 1984 年实行一揽子货币政策，泰铢 80%钉住美元，泰铢汇率基本上维持在 25 泰铢兑 1 美元。该政策当时客观上使泰铢大幅度贬值，极大地促进了泰国的出口和产业结构调整。但是进入 20 世纪 90 年代中期，泰铢币值低估的优势逐步消失，特别是随着美元币值的进一步强化，泰国出口商品竞争力变弱，泰铢币值被高估。1996 年，泰国出口增长率为零，外贸逆差进一步扩大，泰铢币值被高估的状态变得越来越明显，改革汇率制度成为经济发展的客观要求。

（资料来源：张春莲，2014. 金融学教程[M]. 长沙：中南大学出版社.）

思考：简述泰国汇率制度选择与货币贬值之间的关系。

第一节　外汇与汇率

一、外汇

（一）外汇的含义

外汇有动态和静态两种含义。

1. 外汇的动态含义

外汇的动态含义是指人们将一种货币兑换成另一种货币，清偿国际债权债务关系的行为。这个意义上的外汇概念等同于国际结算。

2. 外汇的静态含义

外汇的静态含义有广义和狭义之分。

1）广义的外汇是指一切用外币表示的资产。《中华人民共和国外汇管理条例》规定，外汇是指下列以外币表示的可以用作国际清偿的支付手段和资产：①外币现钞，包括纸币、铸币；②外币支付凭证或者支付工具，包括票据、银行存款凭证、银行卡等；③外币有价证券，包括债券、股票等；④特别提款权；⑤其他外汇资产。从这个意义上说，外汇就是外币资产。

2）狭义的外汇是指以外币表示的可用于国际结算的支付手段。从这个意义上讲，只有存放在国外银行的外币资金，以及将对银行存款的索取权具体化了的外币票据才构成外汇，主要包括银行汇票、支票、银行存款等。这就是通常意义上的外汇概念。

（二）外汇的种类

1. 按照可否自由兑换划分

按照可否自由兑换，外汇可分为自由外汇和记账外汇。

1）自由外汇是指不需要货币发行国批准，可以随时自由兑换成其他货币或向第三者办理支付的外汇。自由外汇货币的一个基本特征是可兑换货币，如美元、英镑、日元等，目前世界上有 50 多种自由外汇。

《国际货币基金组织协定》第八条规定了成员国有义务实行经常项目的自由兑换，符合这条规定的国家称为“第八条款国”。持有这些国家的货币可以在国际金融市场上自由买卖、兑换成其他国家货币或在国际结算中广泛使用。因此，当一种货币的持有人能将该种货币兑换为其他任何国家货币而不受限制时，则这种货币称为可自由兑换货币。

2）记账外汇，又称双边外汇或协定外汇，是指未经货币发行国批准，不能自由兑换成其他货币或对第三者支付的外汇。记账外汇只能根据两国政府间清算协定或民间双边协定，确定某种货币为记账货币，在双方银行开立专门账户记载使用。

2. 按照来源和用途划分

按照来源和用途，外汇可分为贸易外汇和非贸易外汇。

1）贸易外汇是指由国际商品贸易引起收支的外汇。

2）非贸易外汇是指除国际商品贸易以外的其他各项外汇收支，包括劳务外汇、旅游外汇、侨汇、捐赠、援助外汇等。

二、汇率

（一）汇率的概念

汇率是指两种不同货币之间的折算比价，即以一种货币表示的另一种货币的相对价格。

汇率在不同的货币制度下有不同的制定方法。在金本位制下，由于不同国家的货币含金量不同，两种货币含金量的对比（又称铸币平价）是决定外汇汇兑的基础。在不兑现的信用货币制度下，汇率变动受外汇供求关系的制约，即当某种货币供不应求时，这种货币的汇率就会上升；当某种货币供过于求时，它的汇率就会下降。

（二）汇率的标价方法

1. 直接标价法

直接标价法也称应付标价法，是指以一定单位的外币（1 个或 100 个、1 000 个单位）为标准，计算应付多少单位本国货币的标价方法。也就是说，在直接标价法下，汇率是以本国货币表示的单位外币的价格。外汇汇率上涨，说明外币的币值上涨，表示单位外币所能换取的本币增多，本币的币值下降；外汇汇率下降，说明外币的币值下跌，表示外国单位货币能换取的本币减少，本币的币值上升。目前世界上大多数国家采用直接标价法。

2. 间接标价法

间接标价法也称应收标价法或数量标价法，是指以一定单位的本国货币（1 个或 100 个、1 000 个单位）为标准，计算应收进多少外币的标价方法。在间接标价法下，汇率是以外币来表示的单位本国货币的价格。若一定数额的本国货币能兑换的外币比原来少，则说明外币升值；若一定数额的本国货币能兑换的外币比原来增多，则说明外币的币值下跌，本国货币的币值上升。目前，只有英国和美国等少数国家使用间接标价法。

（三）影响外汇汇率变动的基本因素

1. 国际收支

外汇的供给和需求体现国际收支平衡表所列的各种国际经济交易，国际收支平衡表中的贷方项目构成外汇供给，借方构成外汇需求。一国国际收支逆差意味着外汇市场上的外汇供不应求，本币供过于求，结果是外汇汇率上升；反之，一国国际收支顺差意味着外汇供过于求，本币供不应求，结果是外汇汇率下降。在国际收支中，贸易项目和资本项目对汇率的影响最大。

2. 通货膨胀

国内外通货膨胀的差异是决定汇率长期趋势的主导因素。在不兑现的信用货币条件下，两国货币之间的比率由各自所代表的价值决定。如果一国通货膨胀率高于他国，该国货币在外汇市场上就会趋于贬值；反之，就会趋于升值。

3. 利率

如果一国利率水平相对高于他国，就会刺激国外资金流入，由此改善资本账户，提高本币的汇率；反之，如果一国的利率水平相对低于他国，则会导致资金外流，资本账户恶化。

4. 经济发展

国内外经济增长的差异对汇率的影响是多方面的。经济的增长和国民收入的增加意味着购买力增强，由此带来进口的增加；经济增长意味着生产率的提高，产品竞争力的增加，对进口商品需求下降。另外，经济增长意味着投资机会的增加，有利于吸引外国资金的流入，改善资本账户。长期来看，经济的增长有利于本国货币的币值稳中趋升。

5. 市场预期

国际金融市场的游资数额巨大，这些游资对世界各国的政治、军事、经济状况具有高度敏感性，由此产生的预期支配游资的流动方向，将对外汇市场形成巨大冲击。市场预期是短期内影响外汇市场的最主要因素。

6. 货币管理

各国货币当局为了使汇率维持在政府所期望的水平之上，会对外汇市场进行直接干预，以改变外汇市场的供求状况。这种干预虽然不能从根本上改变汇率的长期趋势，但对汇率的短期走势仍有重要影响。

知识拓展

固定汇率制度是指一国货币与其他外币兑换时以货币的含金量为基础，汇率受铸币平价制约，只能围绕铸币平价在很小的范围内上下波动的汇率制度。从历史发展看，自19世纪中末期金本位制在西方主要各国确定以来，一直到1973年，世界各国的汇率制度基本上属于固定汇率制度。固定汇率制度包括金本位制下的固定汇率制度和以美元为中心的固定汇率制度。

浮动汇率制度是指现实的汇率不受铸币平价限制，随外汇市场供求关系状况变动而变动的汇率制度。浮动汇率制度下货币与黄金的固定关系脱钩，政府不再规定本国货币与他国货币的铸币平价和固定比价，也不对汇率波动上下幅度加以限制，完全由市场决定而自由涨落的汇率制度。1973 年以后，世界主要工业国家实行浮动汇率制度。

（资料来源：曼昆，2009. 宏观经济学[M]. 6 版. 张帆，杨祐宁，岳珊，译. 北京：中国人民大学出版社.）

（四）汇率的分类

1. 从制定汇率的角度划分

从制定汇率的角度划分，汇率可分为基本汇率和交叉汇率。

1）基本汇率。基本汇率是指一国货币与关键货币的比率。关键货币一般是指某个国家的货币，被广泛用于计价、结算、储备货币，可自由兑换国际上可普遍接受的货币。目前作为关键货币的通常是美元，即把本国货币对美元的汇率作为基本汇率。人民币基本汇率由中国人民银行根据前一日银行间外汇市场上形成的美元对人民币的加权平均价，公布当日主要交易货币（美元、日元和港币）对人民币交易的基本汇率，即市场交易中间价。

2）交叉汇率。制定出基本汇率后，本币对其他外币的汇率就可以通过基本汇率加以套算，这样得出的汇率就是交叉汇率，又称套算汇率。

2. 从汇率制度的角度划分

从汇率制度的角度划分，汇率可分为固定汇率和浮动汇率。

1）固定汇率。固定汇率是指一国货币同另一国货币的兑换比率基本固定的汇率，波动幅度较小。在金本位制下，固定汇率决定于两国金铸币的含金量，波动的界限是引起黄金输出入的汇率水平，波动的幅度是两国之间运送黄金的费用。在第二次世界大战后到 20 世纪 70 年代初的布雷顿森林货币制度下，国际货币基金组织成员国的货币规定含金量和对美元的汇率，都实行固定汇率。汇率的波动严格限制在官方汇率的上下 1%的幅度内。汇率变动幅度很小，因此也是固定汇率。

2）浮动汇率。浮动汇率是指一国货币当局不规定本国货币对其他货币的官方汇率，也无任何汇率波动幅度的上下限，汇率由外汇市场的供求关系决定，自由涨落。外币供过于求时，外币贬值，本币升值，外汇汇率下跌；相反，外汇汇率上涨。本国货币当局在外汇市场上进行适当的干预，使本币汇率不致波动过大，以维护本国经济的稳定和发展。

3. 从银行买卖外汇的角度划分

从银行买卖外汇的角度划分，汇率可分为买入汇率、卖出汇率、中间汇率和现钞汇率。

1）买入汇率。买入汇率又称买入价，是外汇银行向客户买进外汇时使用的价格。

在直接标价法下，外币折合本币数较少的汇率是买入汇率，它表示买入一定数额的外汇需要付出的本国货币的数量。

2）卖出汇率。卖出汇率又称卖出价，是指银行向客户卖出外汇时所使用的汇率。在直接标价法下，外币折合本币数较多的汇率是卖出汇率，它表示银行卖出一定数额的外汇需要收回的本国货币的数量。买入价和卖出价根据外汇交易中所处的买方或卖方的地位而定。买卖价之间的差额一般为1%～5%，这是外汇银行的手续费收益。

3）中间汇率。中间汇率是买入价与卖出价的平均数。银行报出汇率消息时常用中间汇率。

4）现钞汇率。现钞汇率又称现钞买卖价，是指银行买入或卖出外币现钞时所使用的汇率。从理论上讲，现钞买卖价同外币支付凭证、外币信用凭证等外汇形式达成买卖价相同。但现实生活中，国家一般不允许外币在本国流通，需要把买入的外币现钞运送到发行国或能流通的地方去，这就需要支付一定的运费和保险费，这些费用需要由客户承担。因此，银行在收兑外币现钞时使用的汇率，稍低于其他外汇形式的买入汇率；而银行卖出外币现钞时使用的汇率则与外汇卖出价相同。

4. 从外汇交易支付通知方式的角度划分

从外汇交易支付通知方式的角度划分，汇率可分为电汇汇率、信汇汇率和票汇汇率。

1）电汇汇率。电汇汇率是银行卖出外汇后，以电报为传递工具，通知其国外分行或代理行付款给收款人时所使用的一种汇率。因为电汇是国际资金转移中较为迅速的一种国际汇兑方式，能在1～3天支付款项，所以电汇汇率最高。

2）信汇汇率。信汇汇率是在银行卖出外汇后，用信函方式通知付款地银行转汇收款人的一种汇款方式。因为邮程需要时间较长，银行可在邮程期内利用客户的资金，所以信汇汇率较电汇汇率低。

3）票汇汇率。票汇汇率是指银行在卖出外汇时，开立一张由其国外分支机构或代理行付款的汇票，交给汇款人，由其自带或寄往国外取款。因为票汇汇率从卖出外汇到支付外汇有一段间隔时间，银行可以在这段时间内占用客户的资金，所以票汇汇率一般比电汇汇率低。

5. 从外汇交易交割期限长短的角度划分

从外汇交易交割期限长短的角度划分，汇率可分为即期汇率和远期汇率。

1）即期汇率。即期汇率是指即期外汇买卖的汇率，即外汇买卖成交后，买卖双方在当天或两个营业日内进行交割所使用的汇率。即期汇率就是现汇汇率。即期汇率是由当场交货时货币的供求关系情况决定的。在外汇市场上挂牌的汇率，除特别标明远期汇率以外，一般指即期汇率。

2）远期汇率。远期汇率是约定在未来一定时期进行交割，而事先由买卖双方签订合同，达成协议的汇率。到了交割日期，协议双方按预订的汇率、金额进行交割。远期外汇买卖是一种预约性交易，是因为外汇购买者对外汇资金需要的时间不同，以及为了避免外汇风险而引进的。远期汇率以即期汇率为基础，即用即期汇率的升水（premium）、贴水（discount）、平价（par）来表示。其中，在直接标价法下，如果远期汇率比即期汇率高，高出的差额称为升水；如果远期汇率比即期汇率低，低出的差额称为贴水；如果远期汇率与即期汇率相等，则没有升水和贴水，称为平价。

6. 从外汇银行营业时间的角度划分

从外汇银行营业时间的角度划分，汇率可分为开盘汇率和收盘汇率。

1）开盘汇率。开盘汇率是外汇银行在一个营业日刚开始营业进行外汇买卖时用的汇率。

2）收盘汇率。收盘汇率是外汇银行在一个营业日的外汇交易结束的汇率。随着现代科技的发展、外汇交易设备的现代化，世界各地的外汇市场连为一体。同时，因为存在时差，而各大外汇市场汇率相互影响，所以一个外汇市场的开盘汇率往往受上一时区外汇市场收盘汇率的影响。开盘汇率与收盘汇率虽然只相隔几个小时，但在汇率动荡的今天，也往往会有较大的出入。

知识拓展

1. 人民币升值的积极影响

1）人民币小幅升值，在一定程度上会平衡国内物价，方便居民生活。尤其是对于出国旅游人员，购买物品可能更为经济，显现出其国际购买力，也有利于人才出国学习和培训。

2）人民币小幅升值，可以减少外汇占款，外债还本付息压力减轻，有利于偿还外债。同时，随着我国国际地位的提高，国内企业对外投资能力增强；资产出卖更合算，可使人民币直接交易面扩大，包括用人民币购买境外股票、变相的举债功能等，人民币相当于成为国际上不付利息的债券，有利于增强本国经济抵御风险的能力。

3）人民币小幅升值，有利于进口贸易，尤其对原材料进口依赖型厂商来说，成本下降。对工业化所需的石油、矿石、铜材等关键性原材料进口起到平衡作用，降低价格压力。这也是应对资源涨价的重要手段。

4）人民币小幅升值，能有效解决国家对外经济政策的压力。近年来，我国进出口贸易总额一直处于顺差状态。长期的贸易顺差不利于经济的发展，也不利于解决中国对外经济、对外均衡的问题。人民币小幅升值，不仅可以改善对外均衡的状况，还能降低贸易纠纷、征税等方面的成本，更加注重国外对我国产品附加值的提高，改变以低廉价格水平参与竞争的局面，从而更好地融入全球一体化。

2. 人民币升值的消极影响

1）人民币小幅升值，会抑制出口，增加进口。一方面，人民币升值后，我国出口企业成本会相应提高，这会削弱出口产品的国际竞争力，不利于出口的持续扩大，从而削弱国内大量劳动密集型出口产品的国际市场价格竞争力，这将对我国的外贸出口造成伤害。人民币的升值直接抑制或打击出口，则会导致不可贸易品（如土地、劳动力等生产要素）价格上升，从而减弱国内需求，进而对就业市场带来严重的负面影响。另一方面，人民币的升值也会导致进口增加，从而可能出现贸易逆差，影响国内企业的竞争力。

2）人民币小幅升值，不利于引进外资，并会加速资本外流。人民币汇率升值将导致国内对外资吸引力下降，减少外商对中国的直接投资，加速资本外流。

3）人民币小幅升值，会影响货币政策的有效性和金融市场的稳定。每个国家的外汇汇率在通常情况下是基本稳定的，一旦遇到升值压力，就会迫使中央银行在外汇市场上大量买进外汇，从而使以外汇占款形式投放的基础货币相应增加，造成资金使用效率低下，影响货币政策的有效性，财政赤字增加，同时影响货币政策的稳定。另外，人民币的升值，会影响金融市场的稳定，尤其对于金融市场发展相对滞后的国家，发生大量短期资本通过各种渠道流入资本市场的逐利行为，容易引发货币和金融危机，会给经济持续健康发展产生不利影响。

4）人民币小幅升值，对股票市场会有影响。从理论上讲，外汇汇率的变动与股票价格有着密切的联系。一般来说，如果一国的货币是实行升值的基本方针，股票价格便会上涨，一旦其货币贬值，股票价格则随之下跌。所以，汇率的变动会给股票市场带来影响。

在未来几年，人民币升值的压力会越来越大，人民币继续升值是一个必然趋势。我国政府应该坚定不移地保持汇率基本稳定，并采取一些积极措施调节人民币的供求，释放升值压力。同时要加快推进汇率制度改革，并且制定和实施具有可操作性的应对措施。

（资料来源：邱剑，2012.中国人民币汇率变动的影响与政策研究[J]. 经济研究导刊（30）：70-71.有改动）

第二节 国际收支

一、国际收支的概念

国际收支的概念产生于 17 世纪初，经历了从狭义向广义的演变过程。在很长一段时期，国际收支被简单地解释为一个国家的外贸收支。第一次世界大战后，随着国际经济交易内容的不断增多，国际收支的含义也有所扩大，逐步形成狭义的国际收支概念。

狭义的国际收支反映一个国家（或地区）对外经济交往活动和交往的结果，即一国在一定时期内的外汇收支，包括贸易收支和非贸易收支。

第二次世界大战后，无偿援助、补偿贸易、资本输出/入等在国际经济中的重要性大大提高，国际收支不再以支付为基础，而是以交易为基础，国际收支的概念随之进一步扩大，由此形成目前国际普遍采用的广义的国际收支概念。

广义的国际收支是指一国居民在一定时期（通常是 1 年、1 季度或 1 个月）内与外国居民之间的全部经济交易的系统记录。它反映以下几点：①一国与其他国家之间商品、劳务和收益的交易；②一国货币性黄金、特别提款权及对其他国家债权、债务的所有权和其他变化；③凡不需要偿还的单方转移的项目和相对应的科目，由于会计上必须用来平衡的尚未抵销的交易，以及不易互相抵销的交易。

国际收支状况取决于经常项目和资本项目。经常项目的赤字可以由资本项目的盈余来抵销；反之，亦然。如果抵销后还有盈余或赤字，则会有黄金与外汇储备在国际流动，当国际收支有盈余时，一国会有黄金或外汇流入；当国际收支有赤字时，一国会有黄金或外汇流出。在国际收支中，收入大于支出为顺差，反之为逆差。

二、国际收支平衡表的编制原理

国际收支平衡表是以货币为计价单位，为满足某种经济分析需要编制出来，系统记录一个国家在一定时期内国际收支的统计报表。

国际收支平衡表是按照现代会计学的复式簿记原理编制的，即以借、贷为符号，每个项目都有借方和贷方栏，借方记录资产的增加和负债的减少，贷方记录资产的减少和负债的增加。每笔交易都会产生一定金额的一项借方记录和一项贷方记录，即“有借必有贷，借贷必相等”。对此，记账法则是指凡引起本国外汇收入的项目，亦称正号项目（plus items），记入贷方，记为“+”（通常省略）；凡引起本国外汇支出的项目，亦称负号项目（minus items），记入借方，记为“-”。

国际收支平衡表的借方总额和贷方总额总是相等的，但对某个项目或某个账户来说，借贷差额称为局部差额，不一定为零，经常是不平衡的。借方金额大于贷方金额，称为赤字或逆差；贷方金额大于借方金额，称为盈余或顺差。

三、国际收支平衡表的内容

尽管各国国际收支平衡表形式不一，但基本内容是相同的。我国国际收支平衡表基本遵循国际货币基金组织规定的国际收支平衡表的标准，具体如表 7-1 所示。

表 7-1　中国国际收支平衡表（节选）　　单位：亿美元

项目	2017Q3	2017Q4	2018Q1	2018Q2
1．经常项目	459	712	-341	53
贷方	7 038	7 606	6 474	7 337
借方	-6 579	-6 894	-6 815	-7 284
1.A 货物和服务	543	817	-219	299
贷方	6 212	6 798	5 854	6 667
借方	-5 669	-5 981	-6 073	-6 368

续表

项目	2017Q3	2017Q4	2018Q1	2018Q2
1.A.a 货物	1 203	1 415	518	1 036
贷方	5 683	6 212	5 289	6 077
借方	−4 480	−4 797	−4 771	−5 041
1.A.b 服务	−660	−597	−735	−737
贷方	529	587	566	590
借方	−1 189	−1 184	−1 301	−1 327
1.A.b.1 加工服务	46	47	41	41
贷方	46	47	41	41
借方	−0	−0	−0	−0
1.A.b.2 维护和维修服务	10	10	14	12
贷方	16	16	18	19
借方	−6	−6	−4	−7
1.A.b.3 运输	−148	−149	−146	−175
贷方	99	101	97	101
借方	−247	−250	−243	−276
1.A.b.4 旅行	−543	−506	−631	−571
贷方	94	105	97	112
借方	−637	−611	−728	−683
1.A.b.5 建设	9	16	11	14
贷方	32	38	36	33
借方	−23	−22	−25	−19
1.A.b.6 保险和养老金服务	−20	−21	−15	−12
贷方	11	12	9	18
借方	−31	−33	−24	−30
1.A.b.7 金融服务	3	8	4	2
贷方	8	12	8	8
借方	−5	−4	−4	−6
1.A.b.8 知识产权使用费	−57	−61	−77	−88
贷方	13	13	13	15
借方	−70	−74	−90	−103
1.A.b.9 电信、计算机和信息服务	12	19	16	19
贷方	61	72	70	77
借方	−49	−53	−54	−58
1.A.b.10 其他商业服务	39	49	58	36
贷方	143	163	170	159
借方	−104	−114	−112	−123
1.A.b.11 个人、文化和娱乐服务	−5	−6	−5	−6

续表

项目	2017Q3	2017Q4	2018Q1	2018Q2
贷方	2	2	2	2
借方	-7	-8	-7	-8
1.A.b.12 别处未提及的政府服务	-4	-3	-4	-9
贷方	4	5	5	4
借方	-8	-8	-9	-13
1.B 初次收入	-58	-85	-96	-206
贷方	759	734	547	600
借方	-817	-819	-643	-806
1.B.1 雇员报酬	34	31	29	20
贷方	50	50	55	45
借方	-16	-19	-26	-25
1.B.2 投资收益	-92	-116	-135	-229
贷方	707	683	482	552
借方	-799	-799	-617	-781

国际收支平衡表的主要内容包括以下几个方面。

（一）经常项目

经常项目是指本国与外国经常发生的，反映一国与他国之间实际资源的转移，并与该国国民收入账户具有密切联系的，在整个国际收支总额中占有重要份额的项目。经常项目通常包括4个主要项目。

1. 商品项目

商品项目也称贸易收支或有形贸易收支，是经常项目中最重要的项目，用于记录一国的商品进口和出口。其中，借方记录进口总额，贷方记录出口总额，商品进出口的差额称为贸易差额。根据国际货币基金组织规定，商品的进出口均以海关统计为准，而且都按商品的离岸价格（free on board，FOB）计算。

2. 劳务项目

劳务项目也称劳务账户，是记录一个国家劳务的输出和输入的项目，借方记录劳务的输入，贷方记录劳务的输出。它包括运输、旅行、通信、保险、银行、建筑、专利转让等若干具体项目。

3. 收益项目或收益账户

收益项目或收益账户记录了生产要素在国际流动引起的要素报酬收支。国际生产要素流动包括劳工的输出入和资本的输出入，因此该项目下设“雇员报酬”和“投资收益”两个明细项目。本国季节工人和边境工人受雇在国外工作（在国外居住期限为1年以下或不居住）所赚取的工资、薪金或其他报酬，记录在雇员报酬的贷方；而本国雇用外国季节工人和边境工人，则记录在借方。同样，因本国居民购买和持有国外资产而获取的利润、利息、股利等收入，列入投资收益的贷方；非居民购买和持有本国资产而产生的利润、利息、股利等支出，列入投资收益的借方。

4. 转移收支

转移收支又称无偿转移或单向转移，是指资金在国际移动以后不产生债权债务关系的收支。贷方反映外国对本国的无偿转移，借方反映本国对外国的无偿转移。转移收支包括政府无偿转移和私人转移。政府转移主要包括政府间的无偿经济、军事援助、战争赔款、捐款等；私人转移主要有侨民汇款、年金、赠与等。

（二）资本项目

资本项目是指资本的输出与输入，反映金融资产在一国与他国之间的转移，即国际资本流动。资本账户的贷方记录资本流入即负债的增加或债权的减少，借方记录资本流出即债权的增加或负债减少。它一般可分为长期资本和短期资本。长期资本是指 1 年期以上的资本流动，短期资本是指 1 年期以下的资本流动。国际货币基金组织根据资本的类型将其划分为以下几类。

1. 直接投资

直接投资的主要特征是投资者对非居民企业经营管理拥有有效的发言权。它可以用来建立分支企业、购买外国企业一定比例以上的股票。

2. 证券投资

证券投资指本国居民对外国债券、不包括在直接投资内的股票及外国居民对本国债券与股票的购买和售卖。

3. 储备

储备是指一国货币当局所持有的、可用于满足国际收支平衡需要的对外资产，包括货币性黄金、特别提款权、普通提款权和对非居民拥有的债权（外汇资产）。

4. 其他资本

其他资本是指凡不包括在直接投资、证券投资和储备等项目之内的一切资本交易。

（三）平衡项目

平衡项目是反映经常项目和资本项目收支差额的对应项目。根据复式簿记原则，所有项目的借方总额和贷方总额都是相等的。但实际上一国的国际收支不可能完全处于平衡状态，经常项目的差额和资本项目的差额不可能完全相抵，而是需要通过增减国家储备和运用会计方法求得平衡。

平衡项目主要包括错误与遗漏和官方储备两大项目。

1. 错误与遗漏

由于各种国际交易的统计资料来源不一，加之人为因素，国际收支平衡表不可避免地会出现净的借方差额或贷方差额。基于会计的需要，设置错误与遗漏项目，以抵销上述统计中的偏差。

2. 官方储备

官方储备是指一国货币当局所持有的储备资产和对外债权，包括货币性黄金、外汇、普通提款权和特别提款权等。

知识拓展

特别提款权亦称“纸黄金”，是有关国家官方国际储备的组成部分，是国际货币基金组织创设的一种记账单位。特别提款权既不是真正的货币，也不能兑换黄金，而是国际货币基金组织分配给成员国的一种使用资金的权利，作为它们原有提款权（即普通提款权）的补充。特别提款权同美元和黄金并列为本国储备资产。特别提款权有以下 3 个特点。

1）特别提款权是一种有名无实的储备资产。虽然它被称为“纸黄金”，但并不像黄金那样有价值，也不像美元、英镑那样以一国的政治和经济实力为后盾，而是一种以数字表示的记账单位。

2）特别提款权是一种人为的资产，它不是通过贸易盈余、投资或贷款人为得来的，而是由国际货币基金组织按份额比例分配给成员国的。它不同于普通提款权，普通提款权是由成员国先缴纳一定比例的基金后，在发生资金困难时按比例提取；而特别提款权并没有事先缴纳共同基金，接收者也不必付出代价或抵押，也不需要偿还。对分配到特别提款权的成员国来说，它是一种额外的资金来源。

3）特别提款权的用途有限。特别提款权只能用于以下 3 项：成员国可以动用特别提款权向国际货币基金组织指定的成员国换取外汇，以弥补国际收支赤字；偿还国际货币基金组织的贷款和支付应付给基金组织的利息费用；经过协议换回其他国家持有的本国货币，但它不能用于贸易和非贸易支付，即不能作为国际流通手段和支付手段。

特别提款权汇率比较稳定，波动风险小，因此在国际交往中，以特别提款权作为计价单位和货币定位标准的趋势不断扩大。但是，因为特别提款权发行数量有限，且不能直接作为国际流通手段和支付手段，所以，短期内还不能成为主要的国际储备手段。

（资料来源：http://www.zdcj.net/jiaoyizhinan-8897.html.有改动）

第三节 国际货币体系

一、国际货币体系的概念与内容

（一）国际货币体系的概念

国际货币体系也称国际货币制度，是指为了满足国际贸易和国际支付的需要，各国政府对货币在国际范围内发挥职能作用所做的政策规定和制度安排。

（二）国际货币体系的内容

国际货币体系一般包括以下 3 个方面的内容。

1）国际储备资产的确定，即在国际交往中使用什么样的货币，一国政府应持有何种外汇储备以维持国际支付原则和满足国际收支的需要。

2）汇率制度的确定，即各国间货币制度的安排，一国货币与其他货币之间的汇率应如何决定和维持，是使用固定汇率还是使用浮动汇率。

3）国际收支的调节方式，即各国国际收支不平衡应如何进行调节。

国际货币体系根据世界经济的不同发展阶段，大体上经历了国际金本位制度、布雷顿森林体系、牙买加体系。

二、国际金本位制度

国际金本位制度是以黄金作为国际储备货币或国际本位货币的国际货币制度。国际金本位制度大约形成于 1880 年。

（一）国际金本位制度的特征

1）黄金在国际交往中充当世界货币。各国中央银行持有的国际储备资产大部分为黄金，黄金是国际货币制度的基础。金币可以自由铸造、自由流通、自由兑换及自由输出入。此外，英镑也是国际贸易中广泛使用的货币，持有英镑的人可随时向英格兰银行兑换黄金。

2）两国之间的汇率为两国货币的含金量之比，即铸币平价。由于各国的货币都规定了含金量，国际金融市场的实际汇率随着外汇供求变动围绕铸币平价上下波动，波动的上下限是黄金输送点。

3）具有自动调节国际收支的机制。当外汇收支出现逆差，黄金外流时，中央银行的黄金储备明显减少，导致货币供给紧缩，进而使物价下降，这会提高本国商品出口的竞争能力并抑制进口，同时使利率上扬，引起资本流入；反之，如果外汇收支顺差引起黄金流入，国内货币供给增加，收入和价格水平提高，则出口减少、进口增加，利率下降，资本外流。

（二）国际金本位制度的缺陷

国际金本位制度为保持长期的汇率相对稳定，为推动国际贸易发展提供了有利条件。但是，这个制度本身也有不可避免的缺陷。

1. 直接受世界黄金产量波动的影响

在国际金本位制度下，黄金产量的变化与物价的变化密切相关。当黄金产量超过物质增长时，物价上升；反之，物价下降。

2. 自动调节机制的发挥受到多种因素的限制

各国政府的干预、商品供求关系的影响及资本输出入等都影响黄金的自由流通，大大削弱了国际金本位制度下的自动调节机制的作用。

第一次世界大战爆发后，各参战国均实行黄金禁运和纸币停止兑换黄金政策，即国际金本位制停止实行。战后各国相继恢复国际金本位制度，但与战前相比，黄金的地位被大大削弱，一些国家实行金块本位制或金汇兑本位制，汇率的自动调节机制进一步受到限制，美国和法国等国都曾明确表示切断黄金流入流出与国内货币供应和物价波动的关系。1929～1933 年爆发世界性经济危机，各国纷纷向英国兑换黄金，由于国际收支陷入困境，英国被迫于 1931 年终止实行国际金本位制度。接着美国在银行大量倒闭和黄金外流情况下也不得不停止兑换黄金，放弃国际金本位制度。至此，国际金本位制度彻底崩溃。

三、布雷顿森林体系

为重建第二次世界大战后的经济秩序，推动国际经济合作和促进解决全球经济问题，1944 年 7 月，44 个国家的代表在美国新罕布什尔州布雷顿森林召开了国际金融会议，并通过了《国际货币基金协定》，建立了以美元为中心的国际货币制度，称为布雷顿森林体系，并根据会议协议条款产生了维持布雷顿森林体系的机构——国际货币基金组织。

布雷顿森林体系的主要内容有以下几个方面。

1）美元与黄金挂钩，确定 35 美元 1 盎司（1 盎司≈0.028 3 千克）黄金的黄金官价，各成员国的政府或中央银行可以随时用美元兑换黄金。

2）其他成员国的货币与美元挂钩，与美元建立固定的比价关系。

3）各国不得随意变动本国货币与美元的比价，一般只能在法定汇率上下 1%的范围浮动，各国政府或中央银行有义务干预汇率市场，以维持汇率的稳定。布雷顿森林货币体系维持了 34 年，最终因美元危机而彻底崩溃。

四、牙买加体系

1976 年，国际货币基金组织国际货币制度临时委员会在牙买加首都金斯敦召开会议，并达成《牙买加协议》。1976 年 4 月，国际货币基金组织理事会通过了《国际货币基金协定》的第二次修正案，从而形成国际货币关系的新格局。

《牙买加协议》的内容主要包括以下内容：①浮动汇率合法化；②黄金非货币化；③提高特别提款权的国际储备地位；④扩大对发展中国家的资金融通；⑤增加成员国的基金份额。

牙买加体系下的国际货币制度实际上是以美元为中心的多元化国际储备和浮动汇率的体系。在这个体系中，黄金的国际货币地位趋于消失，美元在诸多储备货币中仍居主导地位，但它的地位不断被削弱，而德国马克、日元的地位则不断提高。

此外，特别提款权和欧洲货币单位在国际储备中的地位不断提高。在这个体系中，各国所采用的汇率制度可以自由安排，主要发达国家实行单独或联合浮动，多数发展中国家采取钉住浮动的汇率制度，把本国货币钉住美元、特别提款权和欧洲货币单位。国际收支不平衡可通过多种渠道进行调节，汇率机制和国际金融市场发挥着重要作用。

牙买加体系下的国际货币制度基本上克服了布雷顿森林货币体系时期基准货币国家与依附国家相互牵连的弊端，使以主要汇率为主的多种汇率安排能够比较灵活地适应世界形势多变的状况，建立了能够相互补充的多种国际收支调节机制，总体上能够适应当前的国际经济形势，但仍然存在许多不稳定因素。

本章小结

外汇的静态含义有广义和狭义之分。广义的外汇是指一切用外币表示的资产；狭义的外汇是指以外币表示的可用于国际之间结算的支付手段。

按可否自由兑换，外汇可分为自由外汇和记账外汇；按外汇来源和用途，外汇可分为贸易外汇和非贸易外汇。

汇率是指两种不同货币之间的折算比价，即以一种货币表示的另一种货币的相对价格。汇率有两种表达方式，即直接标价法和间接标价法。影响外汇汇率变动的基本因素：国际收支、通货膨胀、利率、经济发展、市场预期和货币管理。

国际收支反映一个国家（或地区）对外经济交往活动和交往的结果。国际收支平衡表分为以下三大项目：经常项目、资本项目和平衡项目。国际收支平衡表是按照复式簿记原理编制的，完整与科学地反映了一国国际收支的状况。

国际货币体系也称国际货币制度，是指为了适应国际贸易和国际支付的需要，各国政府对货币在国际范围内发挥职能作用所做的政策规定和制度安排。

国际货币体系包括国际金本位制度、布雷顿森林体系、牙买加体系。

业务技能自测

第八章 货币供求与均衡

职业能力目标

【知识目标】

1）了解货币需求和货币需求的分类。

2）掌握货币需求的影响因素、货币需求理论的核心思想、货币层次划分的依据和意义。

3）掌握货币供给量的计算方法，以及货币失衡的衡量标准和调节方法。

4）理解货币供给的过程及各类主体在货币供给中的作用。

【能力目标】

能够运用货币供求的理论解释相关经济现象。

学习要点

货币需求；货币需求理论；货币供给；货币均衡

案例导入

若我国的法定存款准备金率是20%，一位储户将1 000元存入中国工商银行，中国工商银行必须把200元留下交给中国人民银行，即它只能贷出800元。有人正好去中国工商银行借了800元，他到商场买一件衣服，把800元交给柜台，这家商场又把这800元存入中国农业银行。当中国农业银行收到这笔钱时，不能都贷出去，必须将其中的160元上交中国人民银行，即它只能贷出640元。这时正好有人去中国农业银行借钱以购买复读机，他到一家超市将购款640元交给超市柜台后，这家超市又把这640元存入中国建设银行。中国建设银行接到这笔钱后，还要把20%的法定存款准备金交到中国人民银行，即它只能贷出512元。如此下去，储户的1 000元存款通过银行系统的不断存贷过程，银行新增存款是5 000元，新增贷款是4 000元，货币总量增加了5 000元，法定存款准备金是1 000元。这是银行通过信用活动创造出来的。货币供给增加4 000元，货币总量是原始资金量的5倍。如果法定存款准备金率是10%，就是10倍，初始的1 000元就变成了1万元；如果是5%，就是20倍。现代社会流动的资金是在银行创造的，银行通过信用创造货币供给，称为信用货币。人们日常使用的钞票是印钞厂印出来的，但是作为社会的货币供给，是银行通过信用创造出来的。

（资料来源：栾振芳，2015. 经济学一本通[M]. 北京：北京联合出版公司.）

思考：货币是如何创造的？

第一节　货币需求

一、货币需求的含义

现代社会是一个高度货币化的经济社会，在这个社会中，各经济主体都需要持有一定的货币进行交易、支付费用、偿还债务、从事投资或保存价值，由此产生货币需求。关于货币需求，经济学家有不同的定义。一种定义认为，货币需求是指社会各部门在既定的收入或财富范围内能够且愿意以货币形式持有的数量。还有一种定义认为，货币需求是指在一定的时间内，在一定的经济条件下，整个社会需要用于执行交易媒介、支付手段和价值贮藏职能的货币数量。两种定义虽然说法不同，但含义是一致的。对于货币需求含义的理解，需要注意以下几点。

1）货币需求是一个存量的概念。它考察的是在某个时点和空间内（一般是指一个国家），社会各部门在其拥有的全部资产中愿意以货币形式持有的数量或份额。例如，考察2018年年底我国的货币需求，一般不会在一个时期内考察社会各部门所持有的货币数额。因此，货币需求是个存量概念，而非流量概念。

2）对于经济个体而言，货币是一种财富，从这个层面上看货币的需求是无限的。经济学中的需求，是愿望与能力的结合。它以收入或财富的存在为前提，是在具备获得货币的能力范围之内愿意持有的货币量。因此，构成货币需求同时要具备两个条件：一是必须有能力获得或持有货币；二是必须愿意以货币形式保有其财产，两者缺一不可。有能力而不愿意持有货币不会形成对货币的需求；有愿望却无能力获得货币也只是一种不现实的幻想。因此，人们对货币的需求，表现为基于货币同其他财富在形态上的差别，保持一种机会成本最小、所得收益最大的货币数量。

3）现实中的货币需求不仅包括对现金的需求，而且包括对存款货币的需求。因为货币需求是所有商品、劳务的流通及有关一切货币支付所提出的需求。满足这种需求的不仅有现金还有存款货币。如果把货币需求仅仅局限于现金，显然是片面的。

4）人们对货币的需求既包括执行流通手段和支付手段职能的货币需求，又包括执行价值贮藏手段职能的货币需求。两者的差别只在于持有货币的动机不同或货币发挥职能作用的不同，但都在货币需求的范畴之内。

二、货币需求的分类

1. 微观货币需求和宏观货币需求

微观货币需求是从单个经济单位出发，研究企业、家庭、个人等微观经济主体，在既定的收入水平、利率水平和其他经济条件下，把自己财富（或收入）中的一定比例以货币（包括库存现金和银行存款）形式持有。通过分析微观主体的持币动机、持币行为来考察货币需求变动的规律性。因此，人们对货币的需求，表现为基于货币同其他财富在形态上的差别，保持一种机会成本最小、所得收益最大的货币数量。简言之，微观货币需求是指从微观经济主体角度出发，在一定时点上，人们因生产或生活、投资需要而应该保留的货币数量。

宏观货币需求则从国民经济总体出发，探讨一国经济发展客观上所需的货币量。宏观货币需求是指一个国家从宏观和全社会的角度出发，把货币视为交易的媒介，研究为完成一定时期商品和劳务的交易量，需要多少货币来支撑，根据一定时期经济发展目标，确立合理的货币供给增长率。

2. 名义货币需求和实际货币需求

名义货币需求是从货币的购买力角度分析货币需求的一种方法，是指经济主体不考虑价格变动的货币需要量（一般用 M_d 表示），这种货币需求可以直接按照货币的面值来衡量和计算。在现实经济生活中，通货膨胀使货币的名义购买力与实际购买力之间存在差异，这就引起经济主体对货币数量的不同需求。

实际货币需求是指经济主体扣除物价上涨因素后对货币的需要量，即以某一不变价格为基础来计算的货币需求量。名义货币需求与实际货币需求之间存在联系，将名义货币需求用一个充分反映价格变动的指数（如 GDP 平减指数 P）进行平减后，即可得到实际货币需求，实际货币需求通常可记为 M_d / P。

在短期分析中，即价格不变的条件下，名义货币需求量有实际意义。在价格不变时，可以不考虑货币购买力的变化安排货币需求量。一旦价格发生变动，名义货币需求量代表的购买力也就发生了变动。如果想要保持经济个体的既有生产和消费规模，名义货币需求量就必须发生变动；反之，如果名义货币需求量不变，生产和消费规模就必然发生变动。因此，在价格水平经常变动且幅度较大的情况下，区分名义货币需求和实际货币需求就变得非常必要。

知识拓展

货币需求分析的微观角度，就是从微观主体的持币动机、持币行为考察货币需求变动的规律性。将机会成本变量引入货币需求模型或函数，是从微观角度考察货币需求问题的典型表现。其目的在于说明利率和价格变动这类因素对货币持有主体可能造成的潜在收益或损失，以及这种潜在收益或损失对微观主体货币需求行为的影响。

货币需求的宏观分析，是货币当局决策者为实现一定时期的经济发展目标，确定合理的货币供给增长率，从总体上考察货币需求的方法。判断总体货币需求的变动是决定货币供给的关键。从宏观角度估算货币需求，需要利用货币需求的宏观模型。宏观模型的特点是不考察各种机会成本变量对货币需求的影响，而主要关心市场供给、收入这类指标的变化。

对货币需求的微观分析，其着力点在于建立可以更充分反映客观实际的模型，并据以剖析货币需求变化的原因；对货币需求的宏观分析则在于根据可以解释货币需求的变量（其中包括国民经济总量指标和一些重要的机会成本变量）来估算总体货币需求作为货币供给决策的依据，这两者是不能偏废的。

微观主体的货币需求，其总和是总体的货币需求，通过估算微观主体货币需求来估算总体货币需求即可，但事实上这是行不通的。假如这样估算，就必须有以下内容：①区分微观主体的各种类型，如企业、事业、个人，个人还要分为工人、农民等；②每一种类型又要区分为多个组，然后进行抽样调查、分析计量、逐层汇总。姑且不说所需要的人力、物力能否承担得起，也不说计算出来的结果可能失去时效性，就是难以避免的误差累积也无法令人相信计量出来的结果具有实用价值。也就是说，无论微观角度的货币需求分析有多大进展、有如何重要的意义，都不能排斥宏观角度分析的作用及其独立地位。

（资料来源：王松奇，2012. 金融学[M]. 3 版. 北京：中国金融出版社. 有改动）

三、货币需求的影响因素

不同国家的经济制度、金融发展水平、文化和社会背景，以及所处经济发展阶段的不同，影响货币需求的因素也会有所差别。总结起来，影响货币需求的主要因素如下。

1. 收入

在市场经济中，各微观经济主体的收入最初都是以货币形式获得的，其支出也都以货币支付。一般来说，收入提高，说明社会财富增多，支出也会相应扩大，需要更多的货币量来满足商品交易。收入与货币需求是同方向变动关系。近年来，随着人们收入水平的不断上升，以及经济货币程度的提高，货币在经济生活中的作用领域不断扩大，使我国的货币需求不断增加。

2. 价格

从本质上看，货币需求是在一定价格水平上人们从事经济活动所需要的货币量。在商品和劳务量既定的条件下，价格越高，用于商品和劳务交易的货币需求也必然越多。因此，价格和货币需求，尤其是交易性货币需求之间，是同方向变动关系。在现实生活中，由商品价值或供求关系引起的正常物价变动对货币需求的影响是相对稳定的，而由通货膨胀造成的非正常物价变动对货币需求的影响则极不稳定。

3. 利率

利率的高低决定了人们持币机会成本的大小，即利率越高持币成本越大，人们就越不愿持有货币而增加购买生息资产，以获得高额利息收益，货币需求会减少。利率越低，持币成本越小，人们就越愿意手持货币而减少购买生息资产，货币需求会增加。利率的变动与货币需求量的变动是反方向的。例如，某年全国零售物价指数上升 18.5%，而当时 1 年定期的储蓄利率仅为 7.2%，实际利率为负的状况导致人们大量提取存款，抢购商品，货币需求急剧上升。当政府采取物价指数保值的储蓄办法之后，实际利率上升挤兑抢购的状况很快得到扭转，储蓄余额又开始上升，货币需求回落。

4. 货币流通速度

货币流通速度是指一定时期内货币的转手次数。一定时期的货币总需求就是货币的总流量，而货币总流量是货币平均存量与速度的乘积。在用来交易的商品与劳务总量不变的情况下，货币速度的加快会减少现实的货币需求量；反之，货币速度的降低则必然增加现实的货币需求量。因此，货币流通速度与货币总需求是反向变动关系。

5. 金融资产选择

各种金融资产与货币需求之间有替代性。各种金融资产的收益率、安全性、流动性，以及公众的资产多样化选择，对货币需求量都有作用。

6. 信用的发达程度

在信用制度健全、信用比较发达的经济中，货币需求量较少。这是因为在这样的经济中，相当一部分交易可通过债权债务的相互抵销来了结和清算。另外，经济主体比较容易获得贷款和现金，于是就减少了作为流通手段的货币的需要量，人们的货币需求量也就因此减少。因此，信用发达程度与货币需求呈负相关。

7. 人们的预期和偏好

预期和偏好均属于心理因素和主观意愿，具有一定程度的不确定性和复杂性。预期包括对市场利率的预期、对物价变动的预期和对投资利润率的预期。如果人们预期物价上涨，就会减少对货币的需求；预期投资利润率上升，也会减少对货币的需求。根据凯恩斯的理论，人们预期利率上升，会增加货币需求，因为利率上升意味着债券价格下降。为了在未来低价买进债券，就必须保有较多的货币。心理偏好因人而异，有的人偏好货币，有的人偏好其他金融资产，前者是增加社会货币需求的因素，后者则是减少社会货币需求的因素。

第二节 货币需求理论

货币需求理论是对决定货币需求的因素进行研究的学说，它是货币政策选择的出发点。我国在古代就有货币需求思想的萌芽，根据全国平均人数铸造货币量以满足流通需要的思路曾是我国长期控制铸币发行数量的主要原则。

西方的现代货币需求理论源于货币数量论。19 世纪末 20 世纪初以前，货币数量论的思想在货币需求理论中占主导地位。早在 17 世纪，英国哲学家和古典经济学家约翰·洛克就提出了商品价格决定于货币数量的学说，后来的大卫·休谟、大卫·李嘉图等古典政治经济学家对货币数量学说进行了阐释和发展。

20 世纪初，美国经济学家欧文·费雪以通货和支票存款的流通为基础，提出了著名的费雪方程式，将货币数量论推到了一个前所未有的高度。与此同时，以阿尔弗雷德·马歇尔为代表的剑桥学派提出了剑桥方程式，开创了货币需求理论研究的全新局面，以后的货币需求理论主要沿着剑桥学派所开设的方向不断拓展前进。

西方经济学家从以下两个角度探讨货币需求。

1）从宏观的社会角度出发。仅仅把货币视为交易的媒介，从而探讨为完成一定的交易量需要多少货币来支撑的问题。马克思的货币必要量公式和费雪的交易方程式都属于这种类型。

2）从微观的个人角度出发。把货币视为一种资产，即货币和股票、债券及各种实物资产一样，是人们持有财富的一种形式。从这一角度出发，货币需求应该理解为当某人拥有一定财富的总额时，他可以选择多种形式来持有该笔财富，而他愿意以货币形式来持有的那部分财富就构成了他对货币的需求。因此，货币需求实际上是一种资产的选择，或者财富的分配行为，它受到财富总额、各种资产的相对收益和风险的影响。自剑桥学派提出现金余额说以来，经济学家主要从这一角度探讨货币需求。

一、传统的货币数量论

货币数量论是一种古老的经济理论。早期的货币数量论并不将货币需求作为直接的研究对象，而是研究名义国民收入及物价是如何被决定的。但是因为它建立了名义国民收入同货币量之间的关系，从而从一个侧面说明在一定名义国民收入条件下需要的货币量，所以其也被看作一种货币需求理论。

1. 费雪方程式

美国经济学家费雪在《货币的购买力》中，对古典的货币数量论进行了概括，并提出了著名的交易方程式，即

$$MV = PT \tag{8-1}$$

式中，M 为在一定时期内流通的货币平均量；V 为货币的平均流通速度，即在一定时期内交易的一方支付给另一方货币的次数；P 为所有交易商品或劳务的平均价格；T 为该时期内商品或劳务的总交易量。因此，PT 为该时期内商品或劳务交易的总价值。

式（8-1）的含义是在交易中发生的货币支付总额（货币存量乘以其流通速度，即 MV）等于被交易商品或劳务的总价值（平均价格乘以总交易量，即 PT）。假定在某一年中，平均货币余额为 1 000 亿元，而平均每元又流通 8 次，那么在这一年中发生的货币支付总额就是 8 000 亿元。显然，这 8 000 亿元也就是这一年内利用货币进行交易的商品和劳务的总价值。也就是说，如果某一年的交易总价值达 8 000 亿元，并且都利用货币进行，而平均货币余额只有 1 000 亿元，那一定意味着每元平均周转了 8 次。

费雪等经济学家对式（8-1）中的某些变量做了特殊的假定，从而得出货币数量论的观点。

1）费雪认为，V 是由制度因素决定的。具体地说，它取决于人们的支付习惯、信用的发达程度、运输与通信条件，以及其他与流通中的货币量无关的社会因素。这些因素是随时间的推移而缓慢变化的，因此在短期内可以将货币的流通速度视为一个常数。

2）费雪认为，通过工资和物价的灵活变动，经济会保持在充分就业的水平上，因

此 T 在短期内也保持不变。V 和 T 都保持不变，M 的变化就将完全体现在 P 的变化上。例如，当 M 增加 1 倍时，P 也上涨 1 倍。流通中的货币数量对物价具有决定性作用，而全社会一定时期物价水平下的总交易量与所需要的名义货币量之间也存在一个比例关系，即 $1/V$。

2. 剑桥方程式

以马歇尔和庇古为代表的剑桥学派，在研究货币需求问题时，重视微观主体的行为。他们认为，处于经济体系中的个人对货币的需求，实质上是选择以怎样的方式保持自己资产的问题。决定人们持有货币量的，有个人的财富水平、名义收入、利率变动，以及持有货币可能拥有的便利等诸多因素。但是，在其他因素不变的情况下，名义货币需求与名义收入水平之间保持着一种较稳定的比例关系。对整个经济体系来说也是如此，因此有以下公式

$$M = KPY \tag{8-2}$$

式中，K 为以货币形式拥有的财富占名义总收入的比例，为名义货币需求；P 为价格水平；Y 为实际总收入。

式（8-2）就是有名的剑桥方程式。剑桥方程式试图回答个人意愿持有货币的数量。这一理论认为货币需求与人们的财富或名义收入之间保持一定的比率。

3. 费雪方程式和剑桥方程式的差异

比较费雪方程式和剑桥方程式，前者为 $M = PT/V$，后者为 $M = KPY$。假如把费雪方程式中的 T 等同于剑桥方程式中的 Y，即用交易商品量等同于收入量，再把 V 视作既代表交易货币的流通次数，又代表与收入水平对应的流通速度，就容易产生这样的看法，即费雪方程式和剑桥方程式是两个意义大体相同的模型。实际上，两个方程式存在明显的差异，主要有以下几点。

1）对货币需求分析的侧重点不同。费雪方程式强调的是货币的交易手段功能，剑桥方程式侧重货币作为一种资产的功能。

2）费雪方程式把货币需求和支出流量联系在一起，重视货币支出的数量和速度；而剑桥方程式则从用货币形式拥有资产存量的角度考虑货币需求，重视存量占收入的比例。也有人将费雪方程式称为现金交易说，将剑桥方程式称为现金余额说。

3）两个方程式强调的货币需求决定因素有所不同。费雪方程式通过货币数量的变动来解释价格；反之，在交易商品量给定和价格水平给定时，也能在既定的货币流通速度下得出一定的货币需求结论。而剑桥方程式则是从微观进行分析的产物，考虑的是人们对拥有货币存在满足程度的问题，拥有货币要付出代价，如不能带来收益，就是对拥有货币数量的制约。也就是说，微观主体要在比较中决定货币需求。显然，剑桥方程式中的货币需求决定因素多于费雪方程式，特别是在利率的作用已成为不容忽视因素之一

的情况下。

二、凯恩斯的货币需求理论

凯恩斯对货币需求的研究是从对经济主体的需求动机角度出发的。凯恩斯认为，人们对货币的需求出于以下 3 种动机。

1. 交易动机

货币的交易性需求是指企业或个人为了应付日常的交易而愿意持有一部分货币，这是由货币的交易媒介职能而产生的一种需求。由于收入的获得和支出的发生之间总会有一定的时间间隔，在这段间隔内，企业或个人固然可以把收入转换为货币以外的资产形式加以保存，但是为了支付方便，仍必须持有一定量的货币，这部分货币需求就构成货币的交易性需求。凯恩斯认为，虽然货币的交易性需求受诸多因素的影响，但它还是取决于收入。

2. 预防动机

货币的预防性需求是指企业或个人为了应付突然发生事件的支出，或者捕捉一些突然出现的有利时机而愿意持有一部分货币的需求。未来是充满不确定性的，人们不可能把一切支出都计算好，并据此来决定持有的货币量，而总要在日常的支出计划之外，留出一部分机动的货币来应付生病、原材料涨价之类的突发事件，或者抓住一些意料之外的购买机会（如商品降价等），这部分货币需求就构成货币的预防性需求。根据凯恩斯的观点，货币的预防性需求也是同收入成正比的。这一点不难理解，一个依靠工资只能勉强糊口的人，又怎么可能为预防某种意外而在手中持有大量货币呢？

3. 投机动机

凯恩斯关于货币的交易性需求的分析，其货币需求理论的创新之处在于他引入了对货币的投机性需求的分析，从而强调利率在货币需求中的影响。所谓货币的投机性需求，是指人们为了在未来某一适当的时机进行投机活动而愿意持有一部分货币的需求。决定这部分货币需求的因素是什么呢？为分析方便起见，凯恩斯假定人们可以以两种形式持有其财富，即货币和生息资产，后者可以用长期政府债券来做代表。因此，影响财富在这两者之间进行分配的因素也就是影响货币投机性需求的因素。

那么究竟有哪些因素会影响人们在货币和生息资产之间的选择呢？凯恩斯认为，这主要取决于这两种资产分别能给人们带来的预期报酬。他假定，货币的预期报酬率为零。在凯恩斯生活的时代，支票存款是不支付利息的，所以他做出这个假定是很自然的。与货币不同的是，债券等生息资产可能有两种报酬，即利息收入和资本利得。利息收入显然取决于利率；资本利得则是指债券的卖出价和买入价之间的差额，它也是和利率相关的，债务的价格是和利率呈反向变动的。凯恩斯假定，每个人心中都会有一个合理利率。若当前利率低于这个合理利率，人们就会预期它将上升；反之，若当前利率高于这个合理利率，人们就会预期它将下降。因此，预期资本利得就取决于当前利率与合理利率的偏离程度。

货币的投机性需求与利率呈反向变化。首先，当利率较高时，持有生息资产的利息收入的人较多；其次，当利率高于合理利率时，在未来时期内下降的可能性也较大，持有生息资产获得资本利得的可能性也较大。这两个方面因素加起来，就使利率越高，生息资产越有吸引力，货币的投机性需求越小；反之，当利率水平很低时，从生息资产上获利的利息收入还不足以补偿可能的资本损失，所以人们就宁愿持有货币。

在货币需求的 3 种动机中，由交易动机和预防动机而产生的货币需求均与商品和劳务交易有关，故称为交易性货币需求 L_1；而由投机动机而产生的货币需求主要用于金融市场的投机，故称为投机性货币需求 L_2。对于交易性需求，凯恩斯认为它与待交易的商品和劳务有关，若用国民收入 Y 表示，则货币的交易性需求是国民收入的函数。其计算公式为

$$L_1 = L_1(Y) \quad \frac{\mathrm{d}L_1}{\mathrm{d}Y} > 0$$

投机性货币需求主要与货币市场利率 i 有关，而且利率越低，投机性货币需求越多，因此，投机性货币需求是利率的递减函数，表示为

$$L_2 = L_2(i) \quad \frac{\mathrm{d}L_2}{\mathrm{d}i} < 0$$

而货币总需求 L 等于货币的交易性货币需求 L_1 与投机性货币需求 L_2 之和。用公式表示为

$$L = L_1(Y) + L_2(i)$$

知识拓展

“流动性陷阱”是凯恩斯分析货币需求发生不规则变动的一种状态。凯恩斯认为，一般情况下，由流动偏好决定的货币需求在数量上主要受收入和利率的影响。其中，交易性货币需求是收入的递增函数，投机性货币需求是利率的递减函数，货币需求是有限的。但是当利率降到一定低点之后，由于利息率太低，人们不再愿意持有几乎无收益的生息资产，而宁愿以持有货币的形式来持有全部财富。这时，货币需求便不再是有限的，而是无限大了。不论中央银行增加多少货币供给量，都将被货币需求吸收。也就是说，利率在一定低点以下对货币需求是不起任何作用的，这就像存在一个大陷阱。中央银行的货币供给都落入其中，在这种情况下，中央银行试图通过增加货币供给量来降低利率的意图就会落空。

（资料来源：https://wenku.baidu.com/view/5fd9a0e4524de518964b7d0f.html.有改动）

三、弗里德曼的货币需求理论

弗里德曼继承了凯恩斯等将货币视为一种资产的观点，从而把货币需求当作财富所有者的资产选择行为来加以考察。不同的是，他不像凯恩斯用债券来代表所有货币之外的金融资产，而是将债券、股票，以及各种实物资产都列为可替代货币的资产，从而大幅扩大资产选择的范围，并从中得出与凯恩斯主义者截然不同的结论。

货币既然是一种资产，人们以货币这种资产形式持有财富的愿望就会受以下因素的影响。

1. 财富总量

财富总量相当于消费者理论中的预算约束。因为在实际生活中，财富很难估计，所以必须用收入来表示。但是弗里德曼认为，现期收入会受到经济波动的影响，必须用恒久性收入作为财富的代表。恒久性收入是指消费者在较长一段时期内所能获得的平均收入。

2. 人力财富与非人力财富的比重

人力财富主要是指个人的谋生能力。由于人力财富向非人力财富的转化往往受很多条件的约束，人力财富的流动性较差，不像债券、股票那样可以随时出售。人力财富在财富总额中占较大比例的所有者将试图通过持有较多的货币来提高其资产的流动性。因此，人力财富对非人力财富的比率（或者非人力财富占总财富的比率）是影响货币需求的重要因素。

3. 持有货币的预期报酬率

持有货币的预期报酬率包括两个部分：一是银行为存款支付的少量利息；二是银行为支票存款提供的各种服务，如自动为存款人支付水电费等。

4. 其他资产的预期报酬率

其他资产的预期报酬率，即持有货币的机会成本，首先是任何当期支付的所得或所出，如债券的利息、股票的股息，以及实物资产的保管费用；其次是这些资产项目价格的变动，如债券和股票的资本利得、实物资产在通货膨胀时期的价格上涨。

5. 其他因素

其他因素包括财富所有者的特殊偏好等，它们在短期内可以被视为是不变的。

通过以上分析，弗里德曼得出货币需求函数，其计算公式为

$$\frac{M_{\mathrm{d}}}{P}=f\left(Y,W,r_{\mathrm{m}},r_{\mathrm{b}},r_{\mathrm{e}},\frac{1}{P}\times\frac{\mathrm{d}P}{\mathrm{d}t},u\right)$$

式中，Y为实际恒久性收入；W为非人力财富占总财富的比率；r_m为货币的预期收益率；r_b为固定收益的证券（债券）的预期收益率；r_e为非固定收益的证券（股票）的预期收益率；$\frac{1}{P}\times\frac{dP}{dt}$为预期物价变动率，即实物资产的预期收益率；$u$为其他的影响货币需求的因素。

知识拓展

1）货币需求理论中所考察的货币，是从金到摆脱金；从纸币到一切可称为货币的金融资产；从不能带来收益的货币到可以带来收益的货币。

2）宏观总量作为考察的出发点是费雪及前人一贯的思路，始于剑桥学派的思路则是把微观行为主体的持币动机作为考察货币需求的出发点。

3）仅从宏观角度考察这一问题，那么纳入视野的就只是作为购买手段和支付手段的货币。考察角度转向微观，所需求的就不只是执行流通职能的货币，还有执行保存价值职能的货币。

4）从$f(Y)$发展为$f(Y, i)$，并不断纳入更多的自变量。

（资料来源：https://wenku.baidu.com/view/2389b2d926fff705cc170ab6.html.有改动）

第三节　货币供给

一、货币供给和货币供给量

（一）货币供给

货币供给是指货币供给主体向货币需求主体供给货币的经济行为。在现代经济社会中，能够向货币需求主体提供信用货币（现金货币和存款货币）的主体有中央银行、商业银行及特定的存款金融机构。全社会的货币供给量都是通过这些金融机构的信贷活动而形成的。例如，中央银行根据社会需要发行现金货币，商业银行向企业发放贷款，同时增加企业的存款货币等，流通中的货币增加，货币供给量扩大；反之，当现金货币回笼到中央银行，或商业银行收回贷款，企业存款货币减少，货币供给量收缩。现金货币供给与存款货币供给相互区别又相互联系，总体来说是由中央银行和商业银行共同完成的。它以中央银行供给基础货币为起点，以商业银行运用基础货币为中间环节，以非银行部门转移、结算货币为终点，形成一个复杂的货币供给系统。

外生变量和内生变量是典型的计量经济学语言。外生变量又称为政策性变量，是指在经济体制中易受外部因素影响、由非经济因素所决定的变量，它能够由政策决策人控制并用于实现其政策目标。而内生变量又称为非政策性变量，是指经济体制内部由纯粹的经济因素决定的变量，不为政策所左右。货币供给既有内生性又有外生性，货币供给量既是内生变量又是外生变量。

货币供给首先具有外生性，中央银行能够按照自身的意图运用政策性工具对社会的货币供给量进行扩张和收缩，货币供给量在很大程度上被这些政策左右。然而，货币供给量的变动又受制于客观经济过程，除了受到中央银行政策工具的影响外，还受经济社会中其他经济主体的货币收付行为的制约。目前，我国中国人民银行对货币供给具有强大的控制力，承担着不可推卸的调控责任。随着我国改革开放的推进和市场化程度的提高，货币供给的内生性不断增强，中国人民银行对货币供给的调控需要适时调整，并不断增强调控能力。

（二）货币供给量

货币供给量是指一国各经济主体（包括个人、企事业单位和政府部门等）持有的、由银行系统供给的货币总量，如流通中货币（M_0）、狭义货币（M_1）、广义货币（M_2）指的都是货币供给量的范畴。人们一般根据货币流动性，将供给量划分为不同的层次加以测量、分析和调控。

1. 美国现行货币供给层次

美国现行货币供给层次如下。

M_1= 处于国库、联邦储备系统和存款机构之外的通货+非银行发行的旅行支票+商业银行的活期存款（不包括存款机构、美国政府、外国银行和官方机构在商业银行的存款）+其他各种与商业银行活期存款性质相近的存款（如 NOWs、ATS 等）

M_2 = M_1+存款机构发行的隔夜回购协议和美国银行在世界上的分支机构向美国居民发行的隔夜欧洲美元+货币市场存款账户+储蓄和小额定期存款+货币市场互助基金金额等

M_3 = M_2+大额定期存款+长于隔夜的限期回购协议和欧洲美元等

L= M_3+非银行公众持有的储蓄券+短期国库券+商业票据和银行承兑票据等

2. 日本现行的货币供给统计口径

日本现行的货币供给统计口径如下。

M_1=现金+活期存款。现金是指银行券发行额和辅币之和减去金融机构库存现金后的余额；活期存款包括企业活期存款、活期储蓄存款、通知即付存款、特别存款和纳税准备金存款。

M_2+可转让定期存单=M_1+准货币+可转让存单。准货币是指活期存款以外的一切公私存款。

M_3+可转让定期存单=M_2+可转让定期存单+邮政、农协、渔协、信用组合和劳动金库的存款及货币信托和贷放信托存款。

广义流动=M_3+可转让定期存单+回购协议债券、金融债券、国家债券、投资信托和外国债券。

3. 我国货币供给量划分层次

M 是指流通中货币，即在银行体系之外流通的货币。M_0 最为活跃，与消费变动密切相关。

M_1 即狭义货币，实际上是指流通中的货币量加上商业银行的活期存款。这类货币具有很强的流动性，随时可以用以支付。

M_2 即广义货币，是指在 M_1 的基础上加上商业银行的定期存款和储蓄存款。一般来说，因为定期存款和储蓄存款不能随时支付，所以它的流动性稍差。

它们三者之间的关系可以用下列公式表示：

$$M_0=\text{流通中货币}$$

$$M_1=M_0+\text{商业银行的活期存款}$$

$$M_2=M_1+(\text{商业银行的定期存款}+\text{储蓄存款})$$

通常，中央银行会根据后两个货币供给量的指标，判断社会中流通的货币量是否合适，进而调整货币政策，如调整利率、法定存款准备金率等，以达到经济平稳、物价稳定。在日常生活中，M_1 数值高则证明居民手头宽裕、富足，M_1 是经济周期波动的现行指标，反映居民和企业资金松紧变化，流动性仅次于 M_0。M_2 反映的是社会总需求的变化和未来通货膨胀的压力状况，流动性偏弱。

宏观经济的运行状况一般可以通过 M_1 和 M_2 的增长率变化来揭示。将 M_2 和 M_1 的增长率进行对比，具有很强的分析意义。长期来看，如果 M_1 的增长率高于 M_2 的增长率，则说明经济扩张速度较快，活期存款之外的其他类型资产收益较高。在这种情况下，会有更多的人将定期存款和储蓄存款提出进行投资或购买股票，大量的资金表现为可随时支付的形式，使商品和劳务市场受到价格上涨的压力。影响 M_1 数值的因素很多，如股票市场活跃，会影响到 M_1 的数值变化，人们将定期存款和部分资产变现投放到股票市场，则会促使 M_1 加速上扬；反之，如果 M_2 的增长率较 M_1 的增长率高，则说明实体经济中有利可图的投资机会减少，可以随时购买商品和劳务的活期存款大量转变为较高利息的定期存款，货币构成中流动性较强的部分转变为流动性较弱的部分，这无疑将影响投资，继而影响经济的增长。

各国中央银行在确定货币供给的统计口径时，都会以流动性（即作为流通手段和支付手段的方便程度）作为标准。流动性较高，即周转比较便利；流动性较低，即周转不方便。显然，这个标准对于考察市场均衡、实施宏观调控有重要意义。

便于对宏观经济运行的监测和货币政策的操作，是中央银行划分货币层次的重要要求。例如，货币当局在讨论控制货币供给指标时，既要明确控制哪一层次的货币及该层次的货币与其他层次的界限，又要回答实际可能控制到何等程度。否则，就谈不上货币政策的制定。

二、基础货币

基础货币又称强力货币或高能货币，是指处于流通界为社会公众所持有的现金及银行体系准备金（包括法定存款准备金和超额存款准备金）的总和。基础货币作为整个银行体系内存款扩张、货币创造的基础，其数额对货币供给总量具有决定性的影响。基础货币用 B 表示，其计算公式为

$$B=C+R$$

式中，C 为公众持有的现金；R 为银行体系的准备金。

基础货币来自中央银行，中央银行负债则构成基础货币的漏损，具体如表 8-1 所示。

表 8-1　基础货币来源和去向构成

基础货币的来源	基础货币的去向（漏损）
金融机构贷款及再贴现	财政存款
专项贷款	金融机构存款
金银、外汇占款	卖出回购证券
有价证券及投资	货币发行
买入返售证券	中央银行债券

基础货币的增减变化，通常取决于以下 4 个因素。

1. 中央银行对商业银行等金融机构债权的变动

中央银行对商业银行等金融机构债权的变动是影响基础货币的主要因素。一般来说，中央银行的这一债权增加，意味着中央银行对商业银行再贴现或再贷款资产增加，同时说明通过商业银行注入流通的基础货币增加，这必然引起商业银行超额存款准备金增加，使货币供给量得以多倍扩张。相反，如果中央银行对金融机构的债权减少，就会使货币供给量大幅收缩。通常认为，在市场经济条件下，中央银行对这部分债权有较强的控制力。

2. 国外净资产数额

国外净资产由外汇、黄金占款和中央银行在国际金融机构的净资产构成。其中，外汇、黄金是中央银行用基础货币收购的。一般情况下，若中央银行不把稳定汇率作为政策目标，就对通过该项资产业务投放的基础货币有较大的主动权；否则，中央银行就会为维持汇率的稳定而被动进入外汇市场以平抑汇率，这样外汇市场的供求状况对中央银

行的外汇占款有很大影响，通过该渠道投放的基础货币具有相当的被动性。

3. 对政府债权净额

中央银行对政府债权净额增加通常由两条渠道构成：一是直接认购政府债券；二是贷款给财政以弥补财政赤字。无论哪条渠道都意味着中央银行通过财政部门把基础货币注入了流通领域。

4. 其他项目

其他项目主要是指固定资产的增减变化及中央银行在资金清算过程中应收应付款的增减变化。它们都会对基础货币量产生影响。

三、货币乘数

假定中央银行向 A 商业银行发放贷款 10 亿元，这在货币当局资产负债表中体现如图 8-1 所示。

资产		负债	
金融机构再贷款	10 亿元	存款准备金	10 亿元

图 8-1　货币当局的资产负债表体现

A 商业银行的资产负债表体现如图 8-2 所示。

资产		负债	
存款准备金	10 亿元	借款	10 亿元

图 8-2　A 商业银行的资产负债表体现

我们通常认为，中央银行放松了银根 10 亿元，或者说中央银行向社会（实际上为商业银行）投放基础货币 10 亿元。中央银行向社会注入的每一个单位的基础货币，经由商业银行的存贷款业务，最终会形成多于一个单位的货币供给增量。与一个单位基础货币投放相对应的货币供给增量，就称为货币乘数。

我们这样定义货币乘数：由于商业银行有信用创造的功能，基础货币从中央银行投放出来后，进入商业银行的部分就会被成倍放大，形成数倍于基础货币的货币供给量 M_s。这个倍数就是货币乘数，得到如下公式：

$$M_s = B \times m$$

式中，m 为货币乘数。

1. 法定存款准备金率

定期存款与活期存款的法定存款准备金率均由中央银行直接决定。通常，法定存款准备金率越高，货币乘数越小；反之，货币乘数越大。法定存款准备金率是中央银行的一个重要的货币政策工具，通常中央银行会根据宏观经济需要调整法定存款准备金率。在经济过热时，调高法定存款准备金率以减少货币供给量，抑制经济过快增长；在经济衰退时，降低法定存款准备金率，以增加市场的货币供给量刺激经济增长。

2. 超额存款准备金率

商业银行保有的超过法定存款准备金的准备金与存款总额之比，称为超额存款准备金率。显然，超额存款准备金的存在相应降低了银行创造派生存款的能力。因此，超额存款准备金率与货币乘数之间呈反方向变动关系，即超额存款准备金率越高，货币乘数越小；反之，货币乘数越大。超额存款准备金率取决于商业银行自身的经营决策。商业银行愿意持有多少超额存款准备金，主要取决于以下几个因素。

1）持有超额存款准备金的机会成本大小，即生息资本收益率的高低。

2）借入准备金的成本大小，主要是中央银行再贴现率的高低。如果再贴现率高，意味着借入准备金成本高，商业银行就会保留较多超额存款准备金，以备不时之需；反之，就没有必要保留较多的超额存款准备金。

3）经营风险和资产的流动性。如果经营风险较大，而现有资产的流动性又较差，商业银行就有必要保留一定的超额存款准备金，以应付各种风险。

3. 现金比率

现金比率是指流通中的现金与商业银行活期存款的比率，其大小主要取决于社会公众的资产偏好。现金比率的高低与货币需求的大小呈正相关。因此，凡影响货币需求的因素，都可以影响现金比率。例如，银行存款利息率下降，生息资产收益减少，人们就会减少在银行的存款，这样就提高了现金比率；现金比率与货币乘数呈负相关，现金比率越高，说明流入日常流通的量越多，直接减少了银行的可贷资金量，制约了存款派生能力，货币乘数就越小。一般来讲，影响现金比率的因素如下。

1）公众可支配的收入水平的高低。可支配收入越高，需要持有现金越多；反之，需要持有的现金越少。

2）公众对通货膨胀的预期心理。预期通货膨胀率高，现金比率就高；反之，现金比率就低。

3）社会支付习惯、支付方式出现变化，银行业信用工具的发达程度、社会及政治的稳定性、利率水平等都影响现金比率的变化。

4. 定期存款与活期存款间的比率

由于定期存款的派生能力低于活期存款，各国中央银行都针对商业银行存款的不同种类规定不同的法定准备金率，通常，定期存款的法定存款准备金率比活期存款的低。

这样在法定存款准备金率不变的情况下，定期存款与活期存款间的比率改变也会引起实际平均法定存款准备金率改变，最终影响货币乘数。一般来说，在其他因素不变的情况下，定期存款对活期存款比率上升，货币乘数就会变大；反之，货币乘数就会变小。

综上，货币乘数是由法定存款准备金率、超额存款准备金率、现金比率及定期存款与活期存款间的比率等因素决定的。也就是说，货币乘数受到银行、财政、企业、个人行为的影响。而货币供给量的另一个决定因素是基础货币，是由中央银行直接地控制和供给的。

知识拓展

货币乘数和派生存款乘数都可用于阐明现代信用货币具有扩张性，但它们之间是有差别的。

1）两者分析的角度和说明的问题不同：货币乘数从中央银行的角度进行分析，关注基础货币与全社会货币供应量之间的倍数关系；而派生存款乘数从商业银行的角度进行分析，主要揭示银行体系是如何创造出存款货币的。

2）派生存款乘数主要通过商业银行体系的派生存款活动形成，对货币供应量起重要的作用，而货币乘数则通过基础货币来影响货币供应量。

在基础货币的基础上，商业银行在一定条件下通过派生存款活动，可以多倍地扩张（或收缩）存款总额，从而多倍地扩张（或收缩）货币供应量。

（资料来源：战玉锋，2011. 金融学理论与实务[M]. 北京：中国农业大学出版社：251.）

四、货币供给量的创造过程

在货币供给量的创造过程中，中央银行、商业银行和公众都发挥了重要作用。

（一）中央银行的作用

中央银行对货币供给量的影响主要体现在货币乘数和基础货币上。

1. 中央银行对货币乘数的影响

1）中央银行通过调整法定存款准备金率（r_d）和定期存款准备金率（r_t）影响货币乘数的分母。如果准备金率水平提高，货币乘数降低，就会冻结商业银行一部分资金上交中央银行，无法参与货币创造；如果准备金率水平下调，货币乘数增大，商业银行会获得一部分资金可以用于信贷放款，从而增加货币供给。

2）中央银行通过调整再贴现率可以为市场利率的形成进行定位，从而通过市场利率的变化影响商业银行流动性的机会成本，最终会影响商业银行的超额存款准备金率。具体的机制是，当再贴现率提高时，增加银行资金的机会成本，从而降低超额存款准备金率，减小货币乘数分母，增大货币乘数，从而增加了货币供给。

2. 中央银行对基础货币的影响

1）中央银行通过再贴现、再贷款的投放数量，影响基础货币的增减。当中央银行向商业银行注入流动性，增大贴现窗口放款时，这就直接增加了基础货币的投放，使这一部分新增的基础货币能够通过货币创造机制形成货币供给；相反，就会回收基础货币，减少货币供给。

2）中央银行通过公开市场业务、在债券市场上买卖国债、在同业市场上回购交易、发行特别国债、发行中央银行票据等方式吞吐基础货币，从而影响货币供给的增减。

3）中央银行通过黄金、外汇占款影响基础货币，中央银行购买黄金、外汇形成基础货币的投放，出售黄金、外汇形成基础货币的回笼。

（二）商业银行的作用

商业银行在货币供给量创造过程中的作用也体现在货币乘数和基础货币上。

1）商业银行的再贷款、再贴现行为会影响中央银行再贴现贷款的发放，即会影响中央银行基础货币的投放。因为如果没有商业银行的配合，中央银行利用这一政策工具调节货币供给量的目的最终会落空。例如，中央银行通过调低再贷款利率、再贴现利率来引导商业银行申请贷款和贴现，以增加基础货币的投放，刺激经济增长。但是，如果商业银行对此调整并无太大反应，不去申请贴现贷款，中央银行就无法利用此方法实现基础货币的投放，也就没有办法增加货币供给量，拉动经济增长。

2）商业银行自主决定超额存款准备金的留存量，即超额存款准备金率的决定权完全来自商业银行，而超额存款准备金率是影响货币乘数的重要因素。

（三）公众的作用

公众在货币供给量创造过程中主要影响的是现金漏损率和定期存款占活期存款的比例，这两个比例也是决定货币乘数的重要因素。

第四节　货币均衡

一、货币均衡与失衡

1. 货币均衡

货币均衡是指一国在一定时期内货币供给与货币需求基本相适应的货币流通状态。若以 M_d 表示货币需求量，M_s 表示货币供给量，货币均衡则可表示为 $M_d = M_s$。在理解货币均衡的概念时应注意以下两点。

1）货币均衡不能机械地理解为M_d与M_s绝对相等。这里的“=”并非数学概念是指货币供求基本相适应，而非绝对相等。事实上，绝对的相等是不可能的。只要货币供求的变动幅度控制在客观允许的一定弹性区间内，就可以认为是均衡的，理论界称之为货币容纳量弹性。货币容纳量弹性是指货币资产、金融资产、实物资产间的相互替代效应和货币流通速度的自动调节功能，使货币供应量可以在一定幅度内偏离货币需求量，而不至于引起货币贬值、物价上涨的性质。例如，当$M_s > M_d$时，首先会引起社会成员（个人和企业等）持币量的增加，消费倾向上升。但商品供给量有限，不可能使每个社会成员的消费愿望都得到满足，于是造成部分人持币待购或购买其他金融资产——股票、债券、存款等。前者会引起货币流通速度减慢，后者会使购买力分流，从而使名义货币供应量同实际货币需求量基本相适应。

2）货币均衡是一个动态的概念，是一个由均衡到失衡，再由失衡恢复到均衡的不断运动的过程。它不要求某一时点上货币供求完全相适应，它承认短期内货币供求间的不一致，但长期内货币供求之间是相互适应的。

2. 货币失衡

货币失衡是与货币均衡相对应的概念（又称货币非均衡），是指在货币流通过程中，货币供给偏离货币需求，从而使两者之间不相适应的货币流通状态。货币失衡可表示为$M_d \neq M_s$。货币失衡大致可划分为两种情况：一种是货币供给量小于货币需求量，即$M_s < M_d$，货币供给量不足；另一种是货币供给量大于货币需求量，即$M_s > M_d$。一般来说，在现代纸币制度下，货币供给量过多引起的货币失衡，必然诱发通货膨胀。但是，20世纪90年代后期，也出现过世界性通货紧缩的现象。

二、货币均衡与货币失衡的判别依据

现实生活中，往往依据价格和利率来判断货币供求是否均衡。在货币市场上，资金就是一种商品，这种商品的价格就是市场利率，受供求关系的影响。因此，当市场利率水平低于均衡利率时，表明货币供给多于货币需求；当市场利率水平高于均衡利率时，表明货币供给少于货币需求。

在一般商品市场上，物价水平（总指数）能较好地反映货币供求关系的变动情况。在信用货币流通条件下，流通中的货币数量与商品流通中货币的需求量不适应时，会引起币值的变化，而币值的变化又会通过物价水平变动反映出来。如果货币供应量超过商品流通的需要，单位信用货币代表的价值量就会下降，商品价格水平上涨；反之，如果货币供应量低于商品流通的需要，单位信用货币代表的价值量提高，商品价格水平下跌。因此，物价总指数变动较大，则说明货币供求不均衡；物价总指数变动较小或基本稳定，则说明货币供求均衡。运用物价总指数衡量货币供求是否均衡，既简单、直观又具有科学性。

但是，利率与物价只是判断均衡存在性的一个极其重要的方面，而不具有决定意义。

1）就利率而言，均衡利率并不能通过逻辑推导解答。尽管可以根据利率的历史水平、利率本身的动态是不断波动还是相对稳定，以及当时经济环境各方面的关系是相对协调还是相对紧张等进行判断。但如此做出的判断显然不具有客观权威性。因为均衡利率的形成受到许多因素的影响。

2）就价格而言，价格反映货币供需对比的时滞有时很长，而且在这一过程中，其他因素的变化往往会把它们之间的相互作用冲淡甚至抵消。另外，实际生活中也有不少因素会影响价格水平。除了价格水平的波动极其剧烈从而可以做出货币均衡遭到破坏的结论外，幅度不大的价格水平波动至多可以说明货币供需的对比发生了变化，但要做出较为准确的判断则不大可能。

总之，仅凭借单一的信号判断均衡是否存在，很容易陷入片面性。

三、货币供求与市场供求之间的关系

1）货币供求成为总需求的载体，但同等的总供给可能有偏大或偏小的货币需求。总需求的实现手段和载体是货币，而货币供给通过银行体系的资产业务，主要是贷款活动创造出来的。因此，银行贷款活动调节货币供给规模，货币供给规模又直接关系社会总需求的扩张水平。显然，如果货币供给是适当的，由它作为载体的总需求也是适当的。因为这样的货币供给和货币需求可以保证产出得以出清。然而可能出现另外两种情况：一种是企业与个人有过多的货币积累，不形成当期的需求而又没有提供相应的补充货币供给，这就会出现总需求的不足；另一种是扩大投资与提高消费的压力过大，或产生财政赤字，要求提供补充的货币供给予以弥补，或银行不得不扩大信贷直接投放过多的货币，结果造成总需求过旺的局面。

2）市场总供给决定货币需求，但同等的市场总供给可能有偏大或偏小的货币需求。从宏观角度来看，一个经济体系可以简单地分为两个方面：商品和服务运动方面及货币运动方面。商品和服务运动方面，即货币执行流通交换的职能，货币运动方面的任务就是保证商品、服务的实体方面运转正常。经济体系中到底需要多少货币，从根本上说，取决于有多少实际资源需要货币实现流转，并完成生产、交换、分配和消费相互联系的再生产流程。这是市场总供给决定货币需求的基本理论出发点。

宏观的货币需求是通过微观主体对货币的需求体现出来的。只有微观主体的货币需求才能直接引出货币供给；能否使货币供给为流通所吸纳，也取决于微观主体对货币的需求大小。如果企业有紧迫的投资需求，需要更多的货币，则往往超出收入获得的可能去争取追加货币；反之，投资的需求较小，则收入的货币就会变为不流通的货币储存。个人的消费需求是旺盛还是疲软，对货币的需求也会引发类似的现象。

无论是企业的货币需求还是个人的货币需求，在总体上都受制于总供给。总供给决定收入，而收入是货币需求函数具有决定作用的自变量。微观主体的货币需求有其独立性。对于任何一个微观主体来说，相对于自己的收入，对货币的需求可能偏大，也可能

偏小。因而，微观的货币需求是指可以实现的货币需求，其总和并不总是等于由市场总供给决定的货币需求量。

知识拓展

货币均衡与市场均衡有着紧密的联系，货币均衡有助于市场均衡的实现。但是，两者又有明显的区别，即货币均衡并不必然意味着市场均衡。

1）市场需求以货币为载体，但并非所有的货币供给都构成市场需求。满足交易而作为流通手段（包括流通手段的准备）的货币，即现实流通的货币形成市场需求；而作为保存价值的现实不流通的货币则不构成市场需求，或者说它是潜在的需求而不是当期的需求。这种差别可表示为

货币供给=现实流通的货币+现实不流通的货币

市场需求=现实流通的货币×货币流通速度

2）市场供给要求货币使之实现，或使之出清，因此提出对货币的需求。但这方面的货币需求也并不是对货币需求的全部。对积蓄财富所需的价值保存手段并不单纯取决于市场供给，或至少不单纯取决于当期的货币供给，大部分用于保存财富的货币是多年的积累。这种差别可表示为

对现实流通货币的需求=市场供给/货币流通速度

货币需求=对现实流通货币的需求+对现实不流通货币的需求

可以说，市场总供需的均衡关系是与处在现实流通状态的货币的供需关系一一对应的。但也应该注意的是，现实流通的货币与现实不流通的货币之间是可以且事实上也是在不断转化的。这就意味着，现实不流通的货币量对这个均衡有作用。所以，在思考市场均衡与货币均衡有紧密联系的命题时，必须明确两者之间的区别，并不断深入认识两者之间所存在的种种复杂关联。

（资料来源：https://wenku.baidu.com/view/ee5e8327ccbff121dd3683f9.html.有改动）

四、货币失衡的调节

（一）货币供求的几种状况

中央银行针对具体的货币供求状况进行调节。一般而言，货币供求状况可能有以下几种情况。

1）货币供求均衡，社会总供求也处于均衡状态。此时，社会物价稳定、生产发展顺利、资源得到有效利用，这是一种较为理想的状态。在这种情况下，中央银行应采取一种中立的货币政策。供应多少货币，完全由经济过程中的各种力量决定，中央银行不必从外部进行调节。

2）货币供给不足，客观的货币需求得不到满足，整个经济必然会处于萎缩或萧条状态，资源大量闲置，企业开工不足，社会经济的发展因需求不足而受阻。在这种情况下，中央银行就应采取扩张性的货币政策，增加货币供应，降低市场利率，刺激社会总

需求的增加，从而促进生产的恢复和发展，促使货币的供求并保持其均衡。

3）货币供给量过多，超过货币需求量，整个经济必然会处于过度膨胀的状态，生产发展很快，各种投资急剧增加，市场商品物资供应不足，物价上涨。这时中央银行应采取紧缩的政策，缩减货币供应量，提高市场利率，抑制社会总需求的增加，从而使物价趋于稳定，社会的货币供应与货币需求趋于均衡。

4）货币供给与货币需求构成不相适应，一些经济部门由于需求不足，商品积压，不能顺利实现其价值和使用价值，生产停滞。而另一些经济部门则需求过度，商品供不应求，价格上涨，生产发展速度缓慢。这表明整个经济结构失调、发展畸形。这时，中央银行的货币政策应有松有紧，松紧搭配，通过调整货币供给的构成和流向，改变供求结构不相适应的状况，促使供求结构趋于协调，以促进整个经济的协调发展。

（二）货币供求失衡的调节

1. 供给型调节

供给型调节是指中央银行根据客观的货币需求状况，在货币供应量大于货币需求量，或小于货币需求量，或供求结构不相适应时，对货币供给总量和构成进行调节，使其符合客观的货币需求量。现以货币供给量大于货币需求量导致货币失衡为例，说明具体的供给型调节措施主要包括以下几个方面。

1）从中央银行方面来看，一是在金融市场上通过公开市场业务卖出有价证券，直接回笼货币；二是提高法定存款准备金率收缩商业银行的贷款扩张能力；三是减少基础货币供给量，包括减少给商业银行的贷款指标、收回已贷出的款项等措施。

2）从商业银行方面来看，一是停止对客户发放新贷款；二是到期的贷款不再展期，坚决收回；三是提前收回部分贷款。

3）从财政方面来看，一是减少对有关部门的拨款；二是增发政府债券，直接减少社会各单位和个人手中持有的货币量。

4）从税收方面来看，一是增设税种；二是降低征税基数；三是提高税率；四是加强纳税管理。

2. 需求型调节

需求型调节是指中央银行在既定的货币供应量下，针对货币供求总量和结构失衡的情况，运用利率、信贷等措施，调节社会货币需求的总量和构成，使其与既定的货币供应量相适应，以保持货币供求的均衡。现以货币供给量大于货币需求量导致货币失衡为例，说明具体的需求型调节措施主要包括以下几个方面。

1）财政部门动用资金、国家物资部门动用物资后备、商业部门动用商品储备，以增加商品供应量。

2）银行运用黄金储备和外汇储备、外汇部门组织国内急需生产资料的进口，以扩大国内市场上的商品供应量。

3）国家物价管理部门可以提高商品价格，以增加货币需求量吸收过度的货币供给量。例如，提高零售商品价格就可以很快收到这种效应，因为商业部门的商品零售额吸收了居民可支配收入的极大部分。因此，任何时候提高商品零售价格都是增加货币需求量、吸收过剩购买力的强有力手段。

3. 混合型调节

混合型调节是指中央银行面对货币供求总量和结构失衡的状况，不是单纯地调节货币的供应量，或单纯地调节货币需求量，而是双管齐下，既进行供给型调节也进行需求型调节，以尽快达到货币供求均衡而又不会给经济带来太大波动的效果。

4. 逆向型调节

逆向型调节是指中央银行面对货币供给量大于货币需求量的失衡状况，不是采取收缩货币供应量的政策，而是适当增加货币供应量，调整货币供给结构，以增加货币需求，从而促使货币供求恢复均衡。其具体内涵是，货币供给量大于货币需求量，同时现实经济运行中存在尚未充分利用的生产要素，也存在某些供不应求的短缺产品时，社会经济运行对此需求量大但可供给能力相对有限，那么可以通过对这类产业追加投资和发放贷款，以促进供给的增加，消化过多的货币供给，实现货币供求由失衡到均衡的调整。

本章小结

货币需求量是指社会各部门在既定的收入或财富范围内能够且愿意以货币形式持有的数量。货币需求按照研究对象，可分为微观货币需求和宏观货币需求；按照是否考虑物价因素，可分为名义货币需求和实际货币需求。影响货币需求的因素有收入、价格、利率、货币流通速度、金融资产选择、信用发达程度、人们的预期和偏好。有代表性的货币需求理论包括传统的货币数量论、凯恩斯的货币需求理论和弗里德曼的货币需求理论。货币供给是指货币供给主体向货币需求主体供给货币的经济行为。货币供给量是指一国各经济主体持有的、由银行系统供给的货币总量。在货币供给量形成过程中，中央银行、商业银行和公众都发挥了重要作用。货币供给和需求的对比关系决定货币均衡状态。货币失衡可以通过供给型调节、需求型调节、混合型调节和逆向型调节来实现均衡。

业务技能自测

第九章 通货膨胀与通货紧缩

职业能力目标

【知识目标】

1）理解并掌握通货膨胀的原因、效应与治理。

2）理解并掌握通货紧缩的原因、效应与治理。

【能力目标】

能够运用通货膨胀和通货紧缩的基本理论分析和解释我国的经济现象。

学习要点

通货膨胀的基本原理；通货膨胀的成因及其治理；通货紧缩

案例导入

1919 年 1 月～1923 年 12 月，德国的物价指数由 262 上升为 126 160 000 000 000，上升了 4 815 亿倍，被称为“最经典的通货膨胀”。

当时，德国在战争中丧失了 10%的人口和将近 1/7 的土地，换来的是 1 320 亿德国马克的赔款。德国无法支付这笔款项，法国联合比利时进入德国经济命脉——鲁尔工业区，史称“鲁尔危机”。德国政府走投无路，断然采取了饮鸩止渴的办法，即大量增发纸币。

随着印钞机的全速开动，1921 年 1 月 31 日，世界金融史上前所未有的恶性通货膨胀，如同张开翅膀的“死神”，扑向了已经奄奄一息的德国经济。人们尚未来得及摆脱战败的沮丧，严峻的生计问题就如噩梦般紧逼上来。

那么，这次通货膨胀严重到什么程度呢？可以这样说，如果一个人在 1922 年年初持有 3 亿马克债券，仅仅两年后，这些债券的票面价值就无法买到一片口香糖了。据说，有两位教授曾将德国的通货膨胀数字绘成书本大小的直观柱状图，可是限于纸张尺寸，未能给出 1923 年的数据柱，结果不得不在脚注中加以说明：“如果将该年度的数据画出，其长度将达到 200 万英里①。”

而对所有的企业主来说，薪水必须按天发放。否则，到了月末，本来可以买面包的钱只能买到面包渣了。发工资前，大家通常要活动一下腿脚，做好起跑准备，钱一到手，立刻以百米冲刺的速度冲向市场与杂货店。那些动作稍微慢了的人，往往难以买到足够的生活必需品，还会付出更高的价格。

（资料来源：http://tieba.baidu.com/p/2645653351.有改动）

思考：形成通货膨胀的原因是什么？通货膨胀的危害有哪些？如何治理通货膨胀？

第一节　通货膨胀的基本原理

在宏观经济运行中，货币供求均衡、一般物价水平稳定并不经常出现，相反，货币供求失衡和一般物价水平波动是经常发生的。当货币供给大于货币需求、一般物价水平持续上升时，通货膨胀就会出现；反之，当货币供给小于货币需求、一般物价水平持续下降时，与通货膨胀相对的另一种经济现象——通货紧缩就会出现。

① 1 英里 ≈1.609 3 千米。

一、通货膨胀的含义和度量

（一）通货膨胀的含义

通货膨胀可以表述为货币供应过多超过流通中对货币的客观需求而引起的货币贬值，一般物价水平以不同形式（公开或变相）持续上涨的经济现象。这一定义包括以下3个要点。

1）通货膨胀是一般物价水平的上涨，即包括所有商品和劳务价格在内的物价水平的上涨，局部性的价格上涨不能视为通货膨胀。

2）通货膨胀是物价的持续上涨，季节性、暂时性或偶发性的价格上涨不能看作通货膨胀。

3）物价上涨的表现形式不同，在政府不采取物价管制的情况下，它是公开的物价上涨；而在政府对物价实施管制的情况下，则表现为供应短缺、黑市活跃、配给制等。

通货膨胀的直接原因是货币供应量持续大量地超过货币需求量。通货膨胀是一种货币现象，无论通货膨胀在何种情况下发生，都与货币供应量超过货币需求量相联系，其本质是货币贬值。

（二）通货膨胀的度量

1. 物价指数

物价指数是目前各国衡量通货膨胀水平的主要指标，但用何种物价指数来衡量通货膨胀各国并不统一。

1）消费者物价指数（consumer price index，CPI）。直接把消费者物价指数的上涨等同于通货膨胀率，能够反映消费者的直接价格负担，该项指数不包括国家消费、生产资料和进出口商品等。目前中国和很多国家用此项指标度量通货膨胀率。

2）批发物价指数。批发物价指数在西方国家应用得比较多。该指数与产品的出厂价格紧密相关，并且其代表的产品范围比较广，既包括生产资料，也包括消费资料（但不包括劳务）。

2. 生活费用指数

生活费用指数一般指家庭生活费用指数。生活费用不仅包括社会商品零售额，还包括一些大宗生活消费支出，如住房、汽车等消费，以及教育、养老和其他劳务费用支出。中国也编制生活费用指数，作为衡量通货膨胀率的重要参考指标。

3. 国民生产总值平减指数

在国民经济宏观统计中，国民生产总值平减指数比较重要，是指按照当年价格计算的国民生产总值对按照固定价格计算的国民生产总值的比率。它反映全部生产资料、消费品和劳务费用的价格变动程度。目前世界银行的年度报告以这一指标的增长率测定世界各国的通货膨胀率。

二、通货膨胀的分类

通货膨胀是纸币流通条件下一种反复出现的经济现象。就其性质而言，通货膨胀都是由过度供给造成的货币贬值、物价上涨的现象，在这一点上，是无差别的。然而，由于通货膨胀的起因不同、程度不同或表现形式不同，经济学界对通货膨胀的类型给予了高度关注。通货膨胀可按不同标准从不同角度进行分类。

（一）按照程度分类

按照程度，通货膨胀可以分为爬行式通货膨胀、温和式通货膨胀、奔腾式通货膨胀和恶性通货膨胀。

1）爬行式通货膨胀是指一般物价水平年平均上涨率为 1%～3%，而且不存在通货膨胀预期的情形。

2）温和式通货膨胀是指一般物价水平年平均上涨率在 3%以上，但尚未达到两位数的通货膨胀。一般地说，世界各国在正常情况下经历的通货膨胀属于上述两种情形。

3）奔腾式通货膨胀是指年度物价平均上涨率达到两位数但又不超过 100%的情形。这种通货膨胀会对一国经济活动和居民的生活水平产生不利影响，但不至于导致货币体系和正常经济生活的崩溃。

4）恶性通货膨胀又称超级通货膨胀，是指年度物价平均上涨率超过 100%甚至更高的情形。这时货币购买力急剧下降，完全丧失贮藏功能，部分地失去交易媒介功能。货币形同废纸，人们想尽办法把手中的货币花出去，或者宁愿以货易货。其结果必然是严重破坏正常的生产和流通秩序，造成社会动荡不安甚至货币信用制度的崩溃和国民经济的完全瘫痪。这种情况在第一次世界大战后的德国和奥地利、第二次世界大战后的匈牙利和中国等国曾发生过。

（二）按照表现形式分类

按照表现形式，通货膨胀可分为开放型通货膨胀和隐蔽型通货膨胀。

1）开放型通货膨胀，即在市场机制完善、价格具有充分弹性的市场经济中且政府不干预的条件下，物价水平随货币供应量变动而波动，呈现公开的、普遍的物价总水平上涨。

2）隐蔽型通货膨胀，又称压制型通货膨胀或短缺型通货膨胀，即国家实行严格的价格管制，物价不能随货币供应量变动及市场供求关系而自由波动，商品供给短缺不能由物价上涨来反映，只表现为人们普遍持币代购而使货币流通速度减慢，商品短缺，市场萧条，黑市猖獗，居民实际消费水平明显下降。

（三）按照能否被预期分类

按照能否被预期，通货膨胀可分为预期型通货膨胀和非预期型通货膨胀。这是当代通货膨胀理论与传统通货膨胀理论的分水岭。

1）预期型通货膨胀，是指在经济生活中，人们预计将要发生通货膨胀，为避免经济损失，在各种交易、合同、投资中将未来的通货膨胀预先计算进去。对通货膨胀的预期是因物价上涨而产生的，无论预期准确与否，这种心理恐慌都会导致市场恐慌，对物价上涨起推波助澜的作用，引起物价的进一步上涨，加剧通货膨胀的压力。预期型通货膨胀不是现实经济运行的结果，而是心理作用的结果。

2）非预期型通货膨胀，是指现实经济运行产生的通货膨胀的结果，没有心理预期的作用。只有非预期型通货膨胀才会影响就业、产量等，它对经济具有真实效应。

三、通货膨胀的经济效应

（一）通货膨胀的收入分配效应

居民收入有名义货币收入与实际货币收入之分，真正反映收入水平变化的是后者而非前者。在通货膨胀时期，如果名义工资增长率低于通货膨胀率，那么实际工资水平下降。在实际经济生活中，工资水平的调整总是滞后于物价的上涨，因此，依靠固定工资生活的人及固定利息收入的债权人、收取固定租金的出租人等名义货币收入相对固定的阶层在通货膨胀中利益受到损害，实际收入减少。

相反，在通货膨胀时期，固定利息的债务人会从中受益。工资调整和原材料成本价格上涨慢于产品价格上涨也会使企业利润增加，使企业主等阶层的实际收入增加。另外，如果由政府通过向中央银行借款的方式进行赤字财政融资，凭空增加流通中的货币量而引发通货膨胀，那么公众因货币贬值遭受的损失完全转化为政府的隐形收入，即所谓的通货膨胀税。

（二）通货膨胀的财富分配效应

现实生活中，一个经济单位的财富或者资产主要由两部分构成：实物资产和金融资产。财富净值等于资产价值与债务价值的差。由于实物资产、金融资产和债务在通货膨胀中受到的影响各不相同，资产结构不同的经济单位在通货膨胀中受到的影响也不同，或者受益财富增加，或者受损财富减少，这都是通货膨胀的财富分配效应。

在通货膨胀中，实物资产的货币价值虽然变动幅度可能不一致，但通常会与通货膨胀保持同向变动。股票、债券等金融资产则不同，其价值变化往往比较复杂，在通货膨胀的影响下变幻莫测，很多因素可能导致其价格大幅度波动，从而令其持有者一夜暴富或者瞬间一贫如洗。即使金融资产本身的价格变化不大，但受通货膨胀的影响，也会给金融资产持有者造成额外的收益或损失。银行存款、债券等的利息收入采用名义货币的方式结算，如果利息固定，物价的上涨就会带来隐性损失。通常情况下，发生通货膨胀时，净货币债权人的财富会减少，而净货币债务人的财富会相应增加，从而发生财富的再分配。

（三）通货膨胀的资源配置效应

通货膨胀时期，整个社会资源配置紊乱，运作效率降低，以致总产出减少，居民生活水平下降。

1）通货膨胀侵蚀了货币的余额（资产结构调整效应），因此人们总是尽可能地缩减手中的货币财产（存款与现金），同时力图保有那些能在通货膨胀中盈利的资产作为财富。这就需要更多的时间料理财务，从而导致本来应当用于生产、服务或享受闲暇的时间被占用。从整个社会角度看，这种精力的损耗也是资源的浪费，人们通常将这类通货膨胀的代价称为鞋底成本。

2）在劳动力市场和金融市场中，合同的短期化使资源的利用受到影响。由于通货膨胀的存在，为避开风险，公司、企业和个人总是尽量签订任何类型的短期合同。在证券市场上，短期货币资金占的比重越来越大，影响公司的财务与投资决策；在劳动力市场上，由于合同期越来越短，更多的时间和精力被耗费在合同谈判上，从而用于生产和服务的资源相对减少。

3）通货膨胀时期价格表现出不稳定性，不同产品因价格调整滞后而对通货膨胀率的反应也不尽相同，微观经济信号可能被扭曲。相对价格的变化会引起资源转移，在价格信号失真的情况下，资源配置容易发生决策失误，特别是在恶性高通货膨胀条件下，价格信号失真可能表现得更为剧烈。

总之，通货膨胀对资源配置的影响就是使资源配置的成本增加。当通货膨胀演变成恶性通货膨胀时，这种代价不可低估。

（四）通货膨胀的经济增长效应

对于通货膨胀的经济增长效应，经济学界有促进论、促退论和中性论 3 种观点。

1）促进论认为，通货膨胀可以促进经济增长，具有正的产出效应。其思路是资本主义经济长期处于有效需求不足、实际经济增长率低于潜在经济增长率的状态，这样，政府通过增加预算赤字、扩大财政支出、提高货币供应量实施的通货膨胀政策，可以刺激有效需求，促进经济增长。

2）促退论认为，通货膨胀会损害经济增长，具有负的产出效应。其思路是持续的通货膨胀会降低效率，从而阻碍经济增长。原因如下：首先，通货膨胀会降低贷款成本，诱发过度的借款需求，从而迫使金融机构加强信贷配额管理，削弱金融体系的运营效率；其次，长期的通货膨胀会增加生产性投资的风险和经营成本，使资金投向生产性部门的比重下降，不利于经济发展；最后，通货膨胀持续一定时间后，在公众舆论的压力下，政府可能采取全面管制的措施，从而削弱经济的活力。

3）中性论认为，通货膨胀对经济增长没有任何影响，两者之间没有因果关系。其思路是由于公众预期，在一定时期内他们会对物价上涨做出合理的行为调整，通货膨胀各种效应的作用将会相互抵消；从长期来看，产出和经济增长则是由一系列实际因素（如生产技术、产业结构等）决定的，货币只影响价格总水平。

一般情况下，通货膨胀在短期内能起到扩大就业、刺激经济增长的作用。但这种作用的前提条件是通货膨胀未被充分地预期或者没有被充分地认识到。这样，生产者可能将物价的总体上涨误解为自己产品的相对价格上涨，从而增加生产；工人可能将自己的名义工资的上涨误解为实际工资的上涨，从而一方面增加自己的劳动供给，另一方面增加自己的消费支出；政府则可以暂时以较高的物价来换取某些额外的就业机会。但这种“货币幻觉”显然不可能持久，当生产者发现所有商品的价格都上涨之后，他们便没有积极性去扩大生产；工人意识到通货膨胀使自己的实际工资不升反降时，他们便没有动力去提供更多的劳动和增加消费支出。因此，通货膨胀带来的经济增长很有可能是短暂的繁荣。

第二节 通货膨胀的成因及其治理

一、通货膨胀的成因

通货膨胀的成因比较复杂，对此经济学家从不同角度进行了分析，提出了需求拉上说、成本推进说、供求混合推动说、结构说等理论解释。依其成因，通货膨胀可分为需求拉上型通货膨胀、成本推进型通货膨胀、供求混合推动型通货膨胀、结构型通货膨胀等。

（一）需求拉上型通货膨胀

需求拉上说是出现较早的理论，主要从需求的角度来寻求通货膨胀的根源。其基本要点是假定在生产量或生产成本不变的情况下，由于需求的变动，总需求大于总供给，过多的需求拉动了价格水平上涨。通俗地讲，是过多的货币追求过少的商品。

从货币因素考虑，需求拉上型通货膨胀的成因如下：①经济体系中货币需求量增加，但货币供给量不变，从而导致货币存量相对过多，过多的货币追求过少的商品拉高了价格水平；②货币需求量不变，但货币供给量增加过快，或者说货币需求的增加速度滞后于货币供给的速度，从而导致货币供给过多，造成通货膨胀。

（二）成本推进型通货膨胀

成本推进型通货膨胀可以分为工资推进型通货膨胀和利润推进型通货膨胀。

1）工资推进型通货膨胀。这种通货膨胀是以存在强大的工会组织，从而存在不完全竞争的劳动力市场为假定前提的。在完全竞争的劳动力市场条件下，工资率取决于劳动力的供求，当工资由工会和雇主集体议定时，这种工资会高于完全竞争产生的工资。由于工资的增长率超过劳动生产率，企业就会因人力成本的增加而提高产品价格，以维持盈利水平。这就是由工资提高引发的物价上涨。工资的提高引起物价上涨，价格上涨又引起工资提高，形成工资—价格螺旋。

2）利润推进型通货膨胀。成本推进型通货膨胀的另一个成因是利润的推进，其前提条件是商品和服务的销售都处于不完全竞争市场。在完全竞争市场中，商品和服务价格由供求双方共同决定，没有一方能任意操纵价格。但在存在垄断的条件下，卖主就有可能操纵价格，使价格上涨的速度超过成本的增加速度，以赚取垄断利润。如果这种行为的影响大到一定程度，就会形成利润推进型通货膨胀。

无论是工资推进型通货膨胀还是利润推进型通货膨胀，都旨在解释不存在需求拉上的条件也能产生物价上涨，所以总需求给定是其假设前提。既然存在这样的前提，当物价上涨时，供需均衡的条件只能是实际产出的下降，相应的则必然是就业率的降低，因此这种均衡是非充分就业均衡。成本推进型通货膨胀旨在说明在整体经济尚未达到充分就业的情况下物价上涨的原因，这种理论也试图解释“滞胀”的原因。

（三）供求混合推动型通货膨胀

供求混合推动型通货膨胀的观点是将供需两方面的因素综合起来，认为通货膨胀是需求拉上和成本推进共同作用而引发的。这种观点认为，在现实经济生活中，通货膨胀究竟是需求拉上还是成本推进很难分清：既有来自需求方面的因素，又有来自供给方面的因素，即所谓的“拉中有推，推中有拉”。

（四）结构型通货膨胀

结构型通货膨胀的理论基点是从经济结构、部门结构来分析物价总水平持续上涨的机理，指出部门间发展的差异和不平衡是通货膨胀的根源。

1）部门差异型通货膨胀。该理论认为，随着产业结构的变化，一些部门日渐兴盛，另一些部门则停滞衰退。这样，经济部门可以分为两大类：扩展中的部门和停滞衰退的部门。前一类部门的劳动生产率增长较快，后一类部门的劳动生产率保持不变。前一类部门的劳动生产率提高，货币工资水平也相应上升。各部门工人要求在工资报酬方面一视同仁。后一类部门的工人不论本部门是否提高劳动生产率或是否盈利，都要求提高工资，否则以罢工威胁。为了避免罢工造成更大的损失，后一类部门的企业不得不提高工资。但后一类部门的劳动生产率没有提高，这样对全社会来说就形成了货币工资的增长率大于劳动生产率的增长率的情况，结果造成通货膨胀。也就是说，通货膨胀的根源在于部门间发展的不平衡。

2）斯堪的纳维亚结构型通货膨胀。斯堪的纳维亚结构型通货膨胀又称为输入型通货膨胀，由以挪威经济学家奥克鲁斯特为代表的北欧学派提出，因此又称为“北欧模型”。该理论以实行开放经济的小国为研究背景。开放经济小国有两个经济部门（开放经济部门和非开放经济部门），不同部门受世界通货膨胀的影响程度不同。在固定汇率制度下，世界市场的价格上涨首先传递到开放经济部门，然后通过一致性的货币工资增长率和利润加成定价机制传递到非开放经济部门，引发全面的物价上涨。

二、通货膨胀的治理

因为各国的经济制度不同，经济实力存在差异，不同时期的经济环境及诱发通货膨胀的原因等都不尽相同，所以要治理通货膨胀，必须因时因地采取不同的对策和措施。

（一）货币政策

无论何种原因引起的通货膨胀，均是以货币的超经济发行为实现条件的，所以，紧缩银根是治理通货膨胀的必然选择和首选政策。要控制通货膨胀，中央银行应采取紧缩性的货币政策，限制商业银行的信贷规模，以达到减少货币供应量的目的。紧缩性货币政策的主要内容有提高法定存款准备金率、提高再贴现率、在公开市场上出售有价证券等。值得注意的是，采用紧缩性货币政策切忌“一刀切”，务必使经济实现“软着陆”。

（二）财政政策

为了治理由总需求扩张而引起的通货膨胀，政府必须采取紧缩性的财政政策，以减轻财政赤字对货币发行的压力。紧缩性财政政策的主要内容如下。

1）提高税率。提高税率可以增加国家的税收收入，用以弥补财政赤字；同时，企业上缴税金增加后，利润相对减少，会遏制企业的投资欲望，以压缩总需求。

2）削减支出。在财政收入不变的情况下削减财政支出，既可以缓解赤字矛盾，又可以直接减少总需求。

（三）收入政策

收入政策以成本推进型通货膨胀为基础，即政府在通货膨胀期间强行限制货币收入水平和控制物价水平，以治理成本推进型通货膨胀。收入政策的内容主要如下。

1）强制性工资和物价管制。政府颁布法令，强行划定工资、物价的上涨幅度，甚至暂时将工资和物价冻结。

2）指导性收入政策，即制定工资—物价指导线。所谓的工资—物价指导线，即政府在一定年度内允许货币总收入增长的目标数值线，并据此采取控制每个经济部门工资增长率的措施。

3）以税收为基础的收入调节。政府以税收作为奖励或惩罚的手段来限制工资、物价的上涨。

4）收入指数化政策。所谓收入指数化政策，是将工资、利息、债券收益和其他收入与物价指数挂钩，使其能够随物价的变化进行相应调整的政策。

（四）供给政策

从长期来看，发展生产，增加商品和劳务的有效供给是克服通货膨胀的根本性政策。供给政策的主要内容包括增加商品和劳务的供给量，以适应消费者的购买需求，缩小供需缺口；改善商品和劳务的供应结构，以满足不同消费者的多样化需求，解决供需结构不平衡的问题。

三、改革开放以来的通货膨胀及其治理

（一）改革开放以来的通货膨胀

我国从1978年开始实行改革开放政策，至今已有40余年了。随着经济规模的提升，货币供给量不断扩张，而且货币供给量受多种因素的影响。因此，改革开放进程中出现货币失衡，在某种程度是很难避免的。在40余年的改革开放进程中，中国至少出现了4次通货膨胀。

第一次通货膨胀出现在1980年。1980年零售物价指数同比上涨6%。

第二次通货膨胀出现在1985年。1985年零售物价指数同比上涨8.8%，主要原因是经济过热、需求过旺。

第三次通货膨胀出现在1988～1989年。1988～1989年零售物价指数同比分别上涨18.5%、17.8%。

第四次通货膨胀出现在1993～1995年。1993～1995年零售物价指数同比分别上涨13.2%、21.7%和14.8%。

4次通货膨胀都是由计划经济向市场经济转轨过程中的各种矛盾造成的。根本的原因是，旧体制下积累的货币、物价、投资和消费的矛盾在体制转轨时期爆发了。其特点为由隐蔽型、压抑型通货膨胀转变为公开的通货膨胀；伴随经济的快速发展，通货膨胀有经常化、周期化迹象；一些重大改革措施的出台，对物价水平的提高产生了很大的影响。

（二）改革开放以来通货膨胀的成因

20世纪八九十年代，中国处于经济转轨时期，也就是从计划经济向市场经济转变时期，难以完全避免通货膨胀。其原因主要有以下几个方面。

1）中国经济必须保持一定的发展速度。在货币化的条件下，经济发展速度是由货币推动的。没有货币增长就没有经济增长。而且货币增长和经济增长之间的关系不是1∶1，即经济每增长1个单位可能需要增加更多的货币量。

2）价格改革引起总成本的提高，导致物价上涨和通货膨胀。

3）消费膨胀很难控制。

4）国有企业改革滞后所导致的消费膨胀。

5）产业结构不合理引起的消费膨胀。三次产业之间的不协调导致产业结构失衡。

6）劳动力因素所导致的通货膨胀。城镇待业人口需要安排就业。改革开放后，农村集聚了数量众多的剩余劳动力需要向城市转移。农业投入相对减少，使农产品供应相对萎缩，从供给方打开了农产品的供给缺口。加工制造业成本下降，促使很多农民涌入城市，加重了城市农产品供应负担。

7）国际化进程中斯堪的纳维亚结构型通货膨胀。在国外存在通货膨胀的情况下，进口产品价格上升，带动国内物价总水平的上涨。

此外，中国外贸进出口总额不断提高，导致贸易顺差不断扩大，外汇储备逐年增加。外汇和外资的流入对基础货币产生影响，即中国人民银行为了消化外汇和外资，必须增加基础货币的供给量。

（三）改革开放以来治理通货膨胀的经验

1）以改革为动力，以发展为中心，是治理转轨型通货膨胀的根本途径。

2）企业改革是经济体制改革的重点，尤其要花大力气做好国有企业的改革。

3）以实行中性货币政策为宜。中性货币政策是适当地放宽货币供应量，更重要的是要调整信贷结构，支持基础产业和瓶颈产业。

4）大力调整产业结构和产品结构。

5）加快市场体系的建设。

6）加快经济国际化进程。

第三节 通 货 紧 缩

一、通货紧缩的含义及其种类

（一）通货紧缩的含义

通货紧缩是指社会物价总水平（即商品和劳务价格）持续下降、货币不断升值的过程。这种物价持续下降不是由技术的进步和劳动生产率的提高引起的，不是存在于个别经济部门和部分产品，也不是存在相对较短的时间，而是在较长时间内，商品与劳务价格普遍、不断地下降。这并不是简单的物价下降，而是物价总水平连续下降的动态过程。

关于物价下降的幅度为多少时就可以判断通货紧缩已经出现的问题，目前尚存争论。目前普遍认可的看法是，只有物价水平长时间的负增长才能称为通货紧缩。而负增长到底是多少才可判断为通货紧缩，这样一个必要的主观判断标准，目前仍难达成共识。

（二）通货紧缩的种类

1. 按照成因分类

按照成因，通货紧缩可分为需求不足型通货紧缩和供给过剩型通货紧缩。

所谓需求不足，是指社会总需求不足引起的供大于求；所谓供给过剩，并非指相对过剩，而是指整个社会技术创新和生产效率的提高造成的产品绝对数量的过剩，是物质产品极其丰富的情况下才可能出现的情况。

2. 按照表现形式分类

按照表现形式，通货紧缩可分为绝对通货紧缩和相对通货紧缩。

这种划分标准源于对通货紧缩概念的界定。绝对通货紧缩是指物价水平出现绝对的负增长；相对通货紧缩是指物价虽然没有绝对的下降，但货币供应量相对于经济增长存在不足的情况。

二、通货紧缩的经济效应

通货紧缩对经济社会的影响不能一概而论，其既有负面影响，又有正面影响。

（一）通货紧缩对经济社会的负面影响

物价普遍持续下降对经济增长的负面影响表现在以下几个方面。

1）通货紧缩导致经济衰退加速。物价总水平的持续下降意味着货币购买力的不断提高，消费者会推迟购买，以等待将来更低价格的出现，从而在储蓄增加的同时个人消费相应减少。同时，因为需求受到抑制，商业活动相应萎缩，进而影响就业增长，形成工资下降的压力等，最终可能导致经济衰退或萧条。而且，通货紧缩还会使投资项目的吸引力下降，因为持续的物价下降意味着实际利率的上升，这使投资成本变得更加昂贵。加之通货紧缩下社会总供求的环境也会使投资前景变得暗淡，各类经济主体的投资减少必将使经济增长率下降，甚至导致经济衰退。

2）通货紧缩可能引发银行危机。其传导机制如下：首先，通货紧缩使实际利率上升，从而增加借款人的负担，借款人因经营困难不能按时还贷，会使银行不良资产比率上升。其次，通货紧缩会降低抵押或担保资产的价值，银行被迫要求借款人尽快偿还贷款，这将导致资产价格的进一步下跌和借款人净资产的进一步减少。最后，如果预期通货紧缩还将持续，那么在任何名义利率下借款人都会愿意借款；而如果预期资产和商品价格会下降，那么银行在任何名义利率下都会惜贷，从而造成信贷供给和需求的极度不平衡。

3）通货紧缩会引起负财富效应。通货紧缩在使货币变得越来越贵的同时，也会导致商品和资产价格的持续下降，股票市场的下跌，会产生负面的财富效应，从而降低资产的抵押或担保价值，加速企业的破产。

（二）通货紧缩对经济社会的正面效应

在经济不断增长的同时伴随着轻度的通货紧缩，意味着人们持有货币的购买力不断增强，全体社会成员都能在不同程度上受益。但是通货紧缩对经济的这种积极效应能否发挥，取决于通货紧缩的背景、环境、条件和形成机制等。

下列情况中的通货紧缩是有利于经济稳健发展的：①在自由竞争的市场环境下，追求利润最大化的企业为占据和扩大市场份额所进行的“价格战”。通货紧缩一方面使平均价格趋于降低；另一方面成为促进企业不断提高经营管理水平、降低成本和提高劳动生产率的动力。②技术进步、设备更新。资本有机构成提高导致的劳动生产率提高和单位产品成本下降，构成了商品价格持续下降的原因。③在全球化的开放经济条件下，通货紧缩会在国家之间传递，虽然会在短期内对本国经济的发展造成一些不利影响，但长期能促使本国企业加快技术进步、降低成本，从而提高本国商品的国际竞争力。

三、通货紧缩的成因及其治理

（一）通货紧缩的成因

1. 货币政策因素

如果货币政策操作失误，造成货币供应量不能满足货币需求量，过多的商品会追逐数量有限的货币，必然会导致物价水平下降。这与货币供给量过多时的情况正好相反。

2. 有效需求不足

过度需求会造成需求拉动型通货膨胀，反之，有效需求不足则会造成通货紧缩。对于一个开放的经济来说，社会总需求包括 4 种：消费需求、投资需求、政府支出需求、出口需求。如果上述 4 种需求大幅度减少就有可能形成通货紧缩。

3. 劳动生产率的提高

在一个竞争性的市场中，企业一般采用成本加成法制定价格。在其他条件不变的情况下，劳动生产率的提高会使产品的生产成本下降，表现在产品价格上有两种情况：第一，同样的产品，其价格不断下降；第二，在价格不变的情况下，产品的性能和质量不断提高。这是工业革命以后主要西方国家的物价水平呈现不断下降趋势的原因。

4. 生产能力过剩

生产能力过剩有两种表现形式：一是绝对过剩；二是相对过剩。前者是指与主观愿望上的社会需求量相比，已有的生产能力显得过剩，这种情况并不常发生。在大多数情况下，生产能力过剩是相对的，即相对于有购买力的需求来说，或者说相对于企业要获得的利润率来说，生产能力过剩。

生产能力无论是绝对过剩，还是相对过剩，其必然结果都是市场出现供大于求的情况。只要这个市场是竞争性的市场，产品的价格就会下降。当一个经济体中的大多数经济部门出现了生产能力过剩时，在竞争条件下，一般物价水平的下降是不可避免的。

通货紧缩的成因是复杂的，单一原因造成通货紧缩的可能性不大，往往是多方面因素综合作用的结果。

（二）通货紧缩的治理

通货紧缩对于一国经济会产生多方面的影响，很多人认为通货紧缩并不像通货膨胀那样会对一国经济产生大的危害，事实上通货紧缩的危害绝不亚于通货膨胀，因此发生通货紧缩时，必须积极寻找有效的治理措施。

通货紧缩成因的多样性决定了通货紧缩治理措施的多样性。一般来说，治理通货紧缩有以下 3 种措施。

1. 采取扩张性的需求管理政策

扩张性的需求管理政策包括两个方面：一是扩张性的财政政策；二是扩张性的货币政策。扩张性的财政政策意味着增加政府支出，以弥补私人部门投资的不足。扩张性的货币政策是指中央银行通过货币供给量的增加刺激有效需求的增加。在通货紧缩时期，财政政策的作用更为直接，其效果也更为显著。

2. 调整生产结构

无论是扩张性的财政政策，还是扩张性的货币政策，其作用都是有限的，因为作为需求管理的宏观经济政策工具，它们的着眼点都是短期的。对于因生产能力过剩等长期因素造成的通货紧缩，短期性的需求管理政策难以从根本上解决问题，这个时候必然要进行生产结构的调整，以推进产业结构和产业组织结构的调整。

调整产业结构，主要是推进产业结构的升级，培育新的经济增长点，同时形成新的消费热点。调整产业组织结构也是在中长期内治理通货紧缩的有效手段。在生产能力过剩时，很多产业会出现恶性市场竞争，调整产业组织结构会使一些企业退出市场，或者在产业内部出现较大范围的兼并与重组，在调整后的产业组织结构中，恶性市场竞争会被有效制止，因恶性市场竞争带来的物价总水平大幅度下降的情况可能被终结。

3. 建立健全金融制度

通货紧缩的根源在于实体经济，如生产能力过剩、技术进步造成的劳动生产率提高等。但现代经济社会的货币化程度不断加深，占据现代经济核心地位的金融部门，如果其运行出现问题，就可能在出现通货紧缩的萌芽时不仅不能有效地遏止其发展势头，甚至会加速其发展。美国 20 世纪 30 年代的通货紧缩和经济大危机就是一个例证。一般来说，如果金融制度运行出现问题，出现全社会的信用危机甚至信用崩溃，那么通货紧缩就会伴随全面的经济衰退。防患于未然，金融部门要建立健全金融风险的防范制度，以避免大规模的系统性风险的出现。

知识拓展

一般来说，旨在治理和防范通货紧缩的金融制度建设有以下几个方面的内容。

1）建立银行内部风险防范机制。这主要是为了减少银行的不良资产。银行不良资产对于银行赖以生存与发展的流动性来说是一个巨大的威胁，在具备一定的外部条件时，不良资产往往是引发全面的银行信用危机和金融危机的导火线。为此，银行在开展资产业务时要做好贷款的管理工作。

2）建立存款保险制度。在市场经济条件下，银行破产是正常的，但对其可能造成的连锁反应必须有一套有效的防范措施，否则个别银行的破产可能就会引发全社会的信用危机，因此，建立存款保险制度是必要的。美国的存款保险制度正是在总结了 20 世纪 30 年代经济大危机的经验教训基础上建立起来的。在出现海南发展银行和广东国际信托投资公司等金融机构清盘事件后，中国人的金融风险意识也开始提高。当前，中国亟待建立存款保险制度，以有效控制中小金融机构存在的风险。

3）信贷供给结构和信贷需求结构的吻合。社会对信贷的需求是多种多样的，客观上要求金融制度安排应该具备满足多样化的合理信贷需求的信用供给结构。如果信贷供求出现结构矛盾，则一部分信贷需求将得不到有效的供给，客观上抑制了投资的增长。在当前中国的金融制度下，尽管从总量上看信贷供给出现过剩，但是很多中小企业，尤其是民营中小企业的合理的信贷需求得不到满足。

（资料来源：https://www.51test.net/show/1371031.html.有改动）

四、改革开放以来的通货紧缩及其治理

（一）改革开放以来的通货紧缩回顾

改革开放以来，中国出现过两次通货紧缩或通货紧缩趋势。

第一次通货紧缩出现在 1990 年。1988～1989 年出现通货膨胀后，中国政府采取了从紧的货币政策和财政政策，这导致货币供给量和 GDP 增速大幅度下降。通货紧缩导致市场疲软、产品积压、失业增加，鉴于此，中国政府采取了重新启动经济的若干措施，

但效果并不是很理想：对工业企业的贷款促进了工业生产，但商品销售不出去，造成库存增加；后来又给商业企业贷款，但有效需求没有增加，实际消费也没有增加。

第二次通货紧缩或通货紧缩趋势出现在 1997～2002 年，长达 5 年的时间。其主要表现如下：商品零售价格指数和居民消费价格指数下降很大；货币供应量增长速度明显下降，结果是货币供应量严重不足，难以满足流通中实际需要的货币量；有效需求不足；失业率提高。

（二）改革开放以来通货紧缩的成因

改革开放以来，中国出现通货紧缩的原因是很复杂的，不能简单地说是货币供给量的减少或是有效需求的萎缩，而是由多种因素共同作用的结果。1997～2002 年通货紧缩或通货紧缩趋势发生的原因有以下几个方面。

1）有效需求不足，消费结构失衡。这是我国发生通货紧缩的主要原因。

2）生产能力相对过剩。这是我国发生通货紧缩的重要原因。当时，我国多数企业的产品生产处于模仿阶段，重复建设问题突出，缺乏有效的技术创新，供过于求的现象日趋严重。

3）深层次的体制原因。在向市场经济转轨的过程中，计划经济体制与市场经济体制的矛盾、摩擦乃至激烈的冲突，是我国发生通货紧缩的深层次的体制原因。

4）货币供应量增速下降。货币供应量的增长速度变慢，难以满足市场商品流通的正常需要，是我国发生通货紧缩的直接原因。

5）国际通货紧缩的影响。20 世纪 90 年代中后期发生了世界性的通货紧缩，导致美国、日本、欧洲一些国家经济不景气。

（三）改革开放以来通货紧缩的治理

1997 年以后，中国政府采取了多种措施治理通货紧缩，主要表现在以下几个方面。

1）实行积极的财政政策。主要通过发行国债进行基础设施建设，如修建高速公路、铁路、发电站等。积极的财政政策对中国经济的重新启动起了很大的作用。

2）实行比较宽松的货币政策。从 1996 年开始到 2002 年连续 8 次降低存贷款利率，同时，法定存款准备金率从 13%下降到 6%，而且取消备付率的限制。

3）调整产业结构。当时中国经济出现的一些问题，很多是结构性问题，产业发展不平衡，因此，调整产业结构、寻找新的经济增长点是解决通货紧缩的有效措施。对于结构性问题，在增加货币发行量时，就要实行总量控制、结构调整、有保有压的方针，在控制总贷款规模的同时，增加对中小企业和民营企业的贷款等。

4）启动最终消费。中国的最终消费包括两个部分：第一部分是城市居民消费。当时城市中有数量庞大的低收入者和下岗失业人员，他们的消费能力低，因此采取有效措施解决就业和再就业问题，是解决城市消费不足的重要途径。第二部分是农村居民消费。中国农村居民的消费在相当长一段时间中没有启动起来，所以必须重视农村消费，重视

“三农”问题，即农村、农民和农业问题。只有农村发展了，农民发展了，农业发展了，农村整体消费水平才能有效提升。中国政府采取了多种措施解决“三农”问题，如对种粮农民直接补贴政策、免征农业税、取消烟叶外的农业特产税和实行粮食收购保护价制度等，促进农民增产增收，农村消费逐渐启动。

本章小结

通货膨胀可以表述为由于货币供应过多超过流通中对货币的客观需求量而引起的货币贬值，一般物价水平以不同形式（公开或变相）持续上涨的经济现象。度量通货膨胀的程度通常使用物价指数、生活费用指数、国民生产总值平减指数等指标。通货膨胀按不同标准，可分为多种类型。通货膨胀对经济的影响主要表现为收入分配效应、财富分配效应、资源配置效应和经济增长效应。

通货膨胀的成因比较复杂，对此经济学家从不同角度进行了分析，提出了需求拉上说、成本推进说、供求混合推进说、结构说等不同的理论解释。治理通货膨胀已成为世界各国的一项重大经济目标，但不同时期的经济环境及诱发通货膨胀的原因等都不尽相同，所以要治理通货膨胀，必须因时因地采取不同的政策和措施，主要包括货币政策、财政政策、收入政策、供给政策。

通货紧缩是指社会价格总水平（即商品和劳务价格）持续下降、货币不断升值的过程。通货紧缩按照成因可分为需求不足型通货紧缩和供给过剩型通货紧缩；按照表现形式可分为相对通货紧缩和绝对通货紧缩。通货紧缩对经济社会的影响不能一概而论，既有负面影响也有正面影响。

通货紧缩的成因主要包括货币政策因素、有效需求不足、劳动生产率的提高、生产能力过剩。治理通货紧缩的措施主要有采取扩张性的需求管理政策、调整生产结构、建立健全金融制度。

业务技能自测

第十章
货币政策

职业能力目标

【知识目标】

1）掌握货币政策的最终目标及诸目标之间的关系，以及我国现行的货币政策目标。

2）掌握货币政策中间目标和货币政策传导机制、可作为中间目标的金融变量及我国现行的中间目标。

3）掌握我国现行的货币政策工具。

【能力目标】

1）能够运用货币政策的基础理论解释我国货币政策的运用情况。

2）能够运用货币政策的基础理论初步判断中国人民银行的货币政策趋势。

学习要点

货币政策的目标；货币政策中间目标与传导机制；货币政策工具；货币政策效果

案例导入

作为中国宏观经济政策“风向标”，每年年末召开的中央经济工作会议备受各方关注。2017年年底召开的中央经济工作会议，定调2018年我国实行的货币政策。

会议决定，稳健的货币政策要保持中性，要管住货币供给总闸门，保持货币信贷和社会融资规模合理增长，保持人民币汇率在合理均衡水平上的基本稳定；结构性政策要发挥更大作用，强化实体经济吸引力和竞争力，优化存量资源配置，强化创新驱动，发挥好消费的基础性作用，促进有效投资特别是民间投资合理增长。

（资料来源：http://money.163.com/keywords/6/2/672a676553d15c55/1.html.有改动）

思考：货币政策对我国宏观经济有何影响?

第一节 货币政策的目标

一、货币政策的含义和构成要素

制定和实施货币政策，是一国中央银行最主要的职责。现代市场经济发展离不开国家的宏观调控，而货币政策在国家的宏观调控政策体系中居于十分重要的地位。货币政策的基本任务就是通过调节货币供应量，满足货币需求，从而实现社会总供求的均衡。

货币政策有广义和狭义之分。广义的货币政策包括政府、中央银行和其他有关部门所有有关货币方面的规定和所采取的影响货币数量的一切措施。例如，发展中国家的货币政策包括促进本国金融深化改革的各类措施，如扶植金融机构发展、完善金融市场、协调金融业的效率与竞争等。狭义的货币政策则主要是研究货币的发行与调控，货币量与产出、收入、价格、国际收支等宏观经济变量的互相联系与互相影响，并围绕这些经济联系与影响制定一系列的政策措施。

人们通常所说的货币政策是指狭义的货币政策，即中央银行为实现其特定的经济目标而采用的各种控制和调节货币供应量或信用量的方针和措施的总称。货币政策有四大构成要素：货币政策工具、货币政策操作指标、货币政策中介指标和货币政策最终目标。这四者之间的关系是中央银行要根据本国的实际经济情况，确定最理想的货币政策目标，选择合适的货币政策工具，作用于操作指标，从而影响中介指标，通过对这些经济变量的影响作用达到一定的效果，具体如图10-1所示。这四大构成要素密切相关，共同构成一个国家货币政策的有机整体。

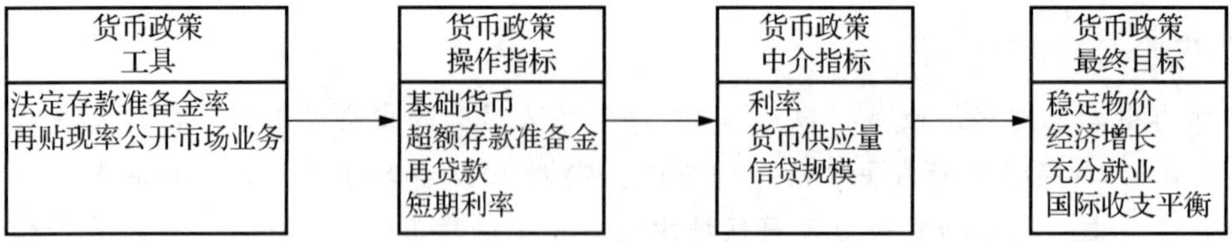

图 10-1　货币政策的四大构成要素

二、货币政策的基本特征

1. 货币政策是宏观经济政策

货币政策涉及的是整个国民经济运行中的货币供应量、信用量、利率、汇率等宏观经济变量问题，而不是银行或厂商等经济单位金融行为中的微观经济变量问题。

2. 货币政策是调节社会总需求的政策

在市场经济条件下，社会总需求是指有货币支付能力的总需求。货币政策正是通过货币的供给来调节社会总需求中的投资需求、消费需求和净出口需求，并间接地影响社会总供给的变动，从而促进社会总需求与社会总供给的平衡。

3. 货币政策主要是间接调控政策

货币政策一般不采用或较少采用直接的行政手段来调控经济，而主要运用经济手段、法律手段调整经济人的经济行为，进而调控宏观经济。

4. 货币政策是长期连续的经济政策

货币政策目标最终一般表述为稳定物价、经济增长、充分就业、国际收支平衡。这些都是长期性的政策目标，短期内是难以实现的。尽管各种具体的货币政策措施是短期的，但都需要连续操作才能逼近或达到以上长期目标。

三、货币政策的类型

1. 扩张性货币政策

扩张性货币政策是指中央银行通过增加货币供应量，使利率下降，从而增加投资，扩大社会总需求，刺激经济增长。扩张性货币政策适用于有效需求不足，社会总需求小于社会总供给的情况。

2. 紧缩性货币政策

紧缩性货币政策是指中央银行通过减少货币供应量，使利率升高，从而抑制投资，压缩社会总需求，抑制经济过快增长。紧缩性货币政策适用于社会总需求严重膨胀，社会总需求大于社会总供给的情况。

3. 中性货币政策

中性货币政策是指在社会总需求与社会总供给基本平衡的状态下采取的一种货币政策，目的在于保持原有的货币供应量与需求量的大体平衡。

四、货币政策的最终目标

货币政策的最终目标是中央银行所期望达到的最终实施结果，是中央银行组织和调节货币流通的出发点和归宿点，它必须服务于国家宏观经济政策的总体目标，这也就决定了货币政策最终目标与宏观经济政策目标之间是一致的。

货币政策的最终目标，就是中央银行通过实施各种控制货币和信用的手段所要达到的宏观经济目标。其主要目标有 4 个：物价稳定、充分就业、经济增长、国际收支平衡。目前世界上许多国家把物价稳定作为货币政策的首选目标。

（一）物价稳定

所谓物价稳定，是指物价总水平在某一时期内的波动保持在一个较小的幅度内。货币政策实现的物价稳定可以理解为以下 4 个方面。

1）物价稳定的目标，是指稳定物价总水平，而不是指部分商品的物价水平。最能衡量物价总水平的通货膨胀率指标是国民生产总值平减指数，因为该指数的取得需要的周期较长，无法及时反映物价变动状况，影响货币政策的实施，所以现在许多国家用消费者物价指数来反映物价波动情况。

2）物价稳定并不是物价绝对不变。在市场经济条件下，各种商品和要素的价格是由市场供求关系决定的。如果商品供不应求，价格就会上升，需求过热导致持续的供应不足，会引起物价持续上升，货币政策的运用可以进行引导，如增加供给、减少需求，实现价格的回落和平稳。相反，如果商品供过于求，价格就会下降，如果物价持续下跌到零增长或负增长，就会导致经济低迷，影响投资者的投资信心，所以可以通过货币政策的调控，使物价恢复较低的增长幅度。

3）物价总水平在一定的幅度内波动，有利于增强企业的成本意识和风险意识，有利于经济社会的发展。

4）物价总水平的波动幅度在同一国家不同时期会有不同，一般根据经济社会对物价上涨的承受能力而定。

（二）充分就业

所谓充分就业，是指凡在一定年龄范围内、有劳动能力要求就业而无业的人，找到了适当的工作的情况。充分就业并不是人人都有工作，而是指将失业率维持在一个较低的、合理的水平上。

货币政策所追求的充分就业，是指将失业率降到一个社会能够接受的水平。实现充分就业时的失业率称为自然失业率。除去自愿失业外，充分就业仍然有一定数量的失业人员，因为在经济发展过程中，劳动力的需求和供给存在摩擦性、结构性、技术性和季节性等失业状态，劳动力流动畅通受到影响。将充分就业作为货币政策目标之一，是因为失业问题已成为困扰各国经济发展和社会安定的重要问题，要发展经济、实现社会稳定，必须降低失业率。

（三）经济增长

所谓经济增长，是指一国在一定时期内所生产的商品和劳务总量的增长，用以不变价格计算的 GDP 和人均 GDP 的增加来衡量。理解经济增长必须区分短期的经济增长与长期的经济增长，并分析保持经济长期持续增长的内在因素和动力，这不仅要考察经济增长的数量，还要考察经济增长的质量。

货币政策所追求的经济增长，是指经济在一个较长的时期内始终处于稳定持续增长的状态中，不出现大起大落的情况。这种增长既能满足社会发展的要求，又是人口增长、各种资源潜力和技术进步所能达到的。

（四）国际收支平衡

国际收支平衡是指一个国家在一定时期内对外经济交往中全部货币收入和全部货币支出相抵后基本平衡的情况。国际收支状况反映了一国对外经济关系的综合能力。

一国的国际收支，无论是顺差还是逆差，如果数额过大、持续时间过长，都会对经济的正常运行和发展产生不利影响。因此，改善国际收支状况，实现国际收支平衡，是许多国家货币政策的目标之一。货币政策所要达到的国际收支平衡，是指一国国际收支大体持平或逆差或顺差减小，避免逆差或顺差的进一步扩大。

五、货币政策最终目标的相互关系

（一）物价稳定与充分就业

如果要降低通货膨胀率，就要压缩生产规模，必须承受较高的失业率。物价稳定和充分就业之间的矛盾关系给政策制定者一个启示：要实现充分就业，必然要忍受一定的通货膨胀率；要维持物价稳定，又必须承受一定的失业率。货币政策最终目标之间需要设置社会临界点组合，即失业率和通货膨胀率的社会可以接受程度组合。

（二）物价稳定与经济增长

从长期来看，物价稳定与经济增长之间具有一致性。稳定的物价，可以减少市场的不确定性，充分发挥市场的职能，维持经济的长期增长；而经济的持续增长又有利于生产充足的商品，保持物价的稳定。从短期来看，物价稳定与经济增长之间也存在矛盾：稳定物价需要抑制社会总需求，而促进经济增长需要扩大社会总需求；要加快经济增长，就必须配合扩张性的货币政策，以刺激投资和消费，而投资和消费的增加，又有可能引发物价上涨；要稳定物价，必须实施紧缩性的货币政策，而这种政策又可能损害经济增长速度；最坏的状况是通货膨胀与经济增长停滞并存，出现“滞胀”状态。所以，既要保持经济持续增长，又要防止通货膨胀，保持物价稳定，也是货币政策最终目标的难解之题。

（三）物价稳定与国际收支平衡

物价稳定与国际收支平衡是货币政策的内部目的与外部目的。由于影响国内经济因素与影响国际经济关系的因素更复杂，中央银行同时实现其内部目标和外部目标将更为困难。当本国出现通货膨胀时，有利于外国商品的进口，同时为了平抑国内物价，增加国内供给，就必须增加进口，减少出口，这会导致外汇储备减少，造成国际收支逆差。为了消除国际收支逆差，需减少进口，扩大出口，减少国内商品供给，这又可能给国内市场造成压力，导致物价上涨。

（四）经济增长与国际收支平衡

在一般情况下，一国经济增长，将有利于提高本国商品在世界市场上的竞争力，有利于提高自身的出口能力。如果一国经济增长的同时国外物价上涨，就会促进出口的增长，有利于平衡国际收支。

经济增长引起收入增加，使人们对商品的需求及购买能力增强。进口一般是国内国民收入的递增函数，会导致进口增加和国际收支逆差。

（五）经济增长与充分就业

经济增长和充分就业存在正相关关系。如果经济增长，生产规模扩大，就业岗位增加，就业人数提高，就能实现充分就业。但是当经济增长方式出现变化时，两者之间的正相关关系被打破，在资本和知识密集型模式下，二者之间可能会存在一定的矛盾。经济增长的同时就业人数增加可能并不明显。

货币政策最终目标之间存在着不一致性和冲突性，因此，各个国家选择的货币政策最终目标是不一样的。即使在同一国家，在不同的经济社会发展阶段，货币政策最终目标的侧重点也有所不同。

知识拓展

货币政策四大主要目标，并不是说每个国家的中央银行所确立的货币政策最终目标都有这4个，而是说各国的货币政策最终目标一般在这4个目标中选择，一国的货币政策最终目标总是这4个目标的部分或全部的某种组合。

从各国的货币政策最终目标变化看，总体趋势是单一目标的选择。20世纪90年代以后，一些国家把"通货膨胀目标制"作为货币政策唯一目标。"通货膨胀目标制"的核心是以未来一段时间内数量确定的通货膨胀率作为货币政策目标或目标区，来实施货币政策工具的操作。

我国货币政策目标的变化包括下面几个阶段。1979年以前，我国货币政策目标是"一切为国民经济计划发展服务"。1979年之后，我国货币政策执行双重目标：经济发展和稳定货币，但经济发展放在首位。1986年1月，《中华人民共和国银行管理暂行条例》第三条规定："中央银行、专业银行和其他金融机构，都应当认真贯彻执行国家的金融方针政策；其金融业务活动，都应以发展经济、稳定货币，提高社会经济效益为目标。"20世纪90年代，我国货币政策仍为双重目标：保持货币稳定、促进经济发展，但中国人民银行的首要任务是保持货币稳定，其次才是促进经济增长。2003年12月，《中华人民共和国中国人民银行法（修正）》（以下简称《中国人民银行法（2003年修正）》）第三条提出："货币政策目标是保持货币币值的稳定，并以此促进经济增长。"2004年以后，我国货币政策一直以此作为总体目标。

（资料来源：http://www.doc88.com/p-2631092060552.html.有改动）

第二节　货币政策中间目标与传导机制

货币政策中间目标的选择是实现货币政策最终目标的前提条件。因为最终目标的资料统计需要较长时间的收集整理，所以中央银行无法随时掌握整体经济数据，为了能及时了解政策工具的效果，中央银行在实施货币政策时需要设置有效的货币政策中间目标。

一、货币政策中间目标

（一）货币政策中间目标的含义

货币政策中间目标是指为实现货币政策最终目标而选定的中间性或传导性金融变量，通过对这些指标的控制和调节最终实现政策目标。

货币政策最终目标由于宏观性较强，中央银行不能用货币政策工具直接达成。中央银行通过观测和控制它所能控制的一些具体的指标来影响实际的经济活动，才能间接地达到其最终目标。这些能被中央银行所直接控制和观测的指标，就是货币政策中间目标。

货币政策中间目标位于货币政策工具和最终目标之间，其包括操作目标（也称近期指标，离政策工具近）和中介目标（也称远期指标，离政策工具远）。

（二）货币政策中间目标的选择原则

货币政策中间目标的选择，是货币政策运行过程中的重要环节，它直接关系货币政策的执行效果。货币政策中间目标选择要符合以下 4 个原则。

1）可控性。可控性就是中央银行通过运用货币政策工具，可以直接和间接地控制和影响中间目标的变动状况和趋势。当货币政策工具的参数改变后，这种指标的数值随之发生变化。

2）可测性。可测性就是指货币政策中间目标能及时显现其数量变动，并通过迅速收集相关数据反映货币政策工具参数变化后中间目标的变化趋势。透过这些资料和信息能够准确观察、分析和监测货币政策作用的效果和实施进度。

3）相关性。相关性就是选定的货币政策的中间目标与最终目标之间有稳定、较高的统计相关度。当这种指标的数值发生变化时，最终目标的实现程度也随之发生变化。

4）抗干扰性。抗干扰性就是选定的货币政策中间目标在中央银行运用货币政策调节过程中，受其他非货币政策因素的干扰度较低。

（三）可选择的货币政策中间目标

货币政策中间目标一般有以下 4 个。

1. 利率

利率作为货币政策中间目标，具有极好的可测性、较强的可控性和较好的相关性。首先，利率的数据和信息容易获取，也易于分析。利率既能够反映货币和信用的供求变动，又能反映经济中的投资和消费的变动。利率水平趋高表明银根紧缩，利率水平趋低则表明银根松弛。其次，利率能够为中央银行所控制。中央银行可通过调整再贴现率或在公开市场买卖有价证券等措施影响利率水平和利率结构。最后，利率与收入水平、物价水平、国际储备水平等反映货币政策目标的宏观经济指标密切相关。利率变动后，这些指标均受到不同程度的影响。

但是，利率作为中间目标，也存在很大的缺陷。利率经常变动，影响利率变动的因素也很多，有些因素是按同一方向影响利率变动的，有些因素之间则是相互抵消的。这样，当市场利率发生某种变化时，中央银行难以准确判断其成因，所采取的调节措施就不一定完全奏效。在存在通货膨胀的条件下，决定借款主体行为的根本因素是实际资本损益，而不是名义利率变动带给他们的那些表面上的影响。但是，中央银行能够观察和控制的是名义利率，而不是实际利率，这也会影响中央银行对经济形势的判断。

2. 货币供应量

从相关性、可测性和可控性等方面看，中央银行把货币供应量作为货币政策中间目标较为理想。首先，货币供应量指标容易观测，数据容易获得，直接来源于中央银行的有关报表。各国中央银行普遍将货币供应量划分为不同的层次，并定期公布各个层次的货币供应量监控指标。其次，货币供应量可以为中央银行所控制。中央银行通过对货币发行的控制和对商业银行再贴现和再贷款的控制，掌握基础货币的扩张和收缩，使货币供应量受到控制和调节。最后，货币供应量与反映货币政策目标的宏观经济变量相关性较高。经济繁荣时，信贷需求增加，货币供应量增加；经济衰退时，信贷需求减少，货币供应量收缩。

但作为货币政策中间目标，货币供应量也存在一些不足。首先，货币供应量与物价水平之间的对应关系是非线性的，其变动方向和数量关系不是很稳定。其次，不同层次货币的流动性、功能强度存在很大差异，货币供应结构的变动客观上对经济活动的总量和结构会产生不同的影响。最后，中央银行在短期内控制货币供应量比较困难。

3. 基础货币

基础货币由流通中的现金和商业银行在中央银行的法定存款准备金构成。基础货币与稳定货币币值之间具有较高的相关性，并且基础货币具有较好的可测性和可控性，所以基础货币是一个良好的货币政策中间目标。首先，基础货币受中央银行直接控制。现金发行是由中央银行垄断控制的，商业银行的法定存款准备金则可由中央银行通过再贴现、再贷款、买卖证券等方式进行调节。其次，基础货币变化能够影响货币政策目标的实现。基础货币是货币供应量扩张和收缩的基础。基础货币发生变化，通过乘数的作用，货币供应量就会成倍地变化，而货币供应量的变化会引起物价水平、投资规模和经济增长水平的变化。

但是，选择基础货币作为货币政策中间目标，也应注意一些问题。通过基础货币，货币政策中间目标就能调控货币供应量的前提条件是货币乘数必须稳定。而货币乘数常常受现金漏损、超额存款准备金等因素的影响而变动，这就使基础货币与货币供应量之间的关系并非完全一致。

4. 超额存款准备金

超额存款准备金是商业银行全部准备金中扣除了应交中央银行法定存款准备金后剩余的准备金。这一货币政策中间目标，主动权在商业银行，中央银行对其监控和调节较为有限，因此，这一货币政策中间目标能发挥的作用也是有限的。尽管超额存款准备金可以由中央银行通过调整法定存款准备金率、再贴现率和公开市场业务而调节和控制，但超额存款准备金的数量主要取决于商业银行业务经营的原则。

二、货币政策传导机制

中央银行运用一定的货币政策工具，监测和评价货币政策中间目标的变化，实现货币政策最终目标。这一货币政策的实施和作用过程，需要通过经济内在机制内的各种经济变量的传导，影响整个社会经济生活和宏观经济变量。货币政策传导机制是一个非常复杂的过程，一些经济变量之间的稳定关系直接影响货币政策的实施效果。

（一）货币政策传导机制的含义与途径

1. 货币政策传导机制的含义

货币政策传导机制是指运用货币政策工具到实现货币政策目标的作用过程，即如何通过货币政策的实施，使各种经济变量影响整个社会经济活动。货币政策传导机制具有间接调控性，调控主客体有较规范的法律意识和经营行为，各项政策措施遵循市场经济的内在规律间接地发挥作用。货币政策的传导过程如图 10-2 所示。

图 10-2 货币政策的传导过程

2. 货币政策传导机制的途径

中央银行货币政策的传导有以下两条基本途径。

1）商业银行，通过信贷渠道传导。货币政策工具实施后可改变商业银行向中央银行的融资成本，改变商业银行的准备金头寸，然后商业银行通过调整信贷规模、利率、贷款期限等，影响企业和居民等的消费、储蓄和投资活动，实现货币政策最终目标。但是有一些经济学家认为，信贷市场主要力量来自于信贷需求，如果信贷需求者有较强的内部融资能力，或信贷需求者有更方便的外部融资渠道，或信贷需求者对经济发展的预期与政策制定者不一致，货币政策的传导机制就会出现偏差。对于金融市场欠发达的国家和地区而言，采用商业银行信贷渠道来运行货币政策传导机制较为有效。

2）金融市场，通过利率变动传导。货币政策工具实施后，如进行公开市场业务后，金融市场的货币供给和货币需求发生改变，引起各种金融资产的收益和价格的变化，这种变化在一定程度上影响企业、居民等经济主体的行为，并影响货币政策最终目标的实现。中央银行在公开市场上的操作，会影响直接货币市场利率，在通货膨胀预期不变的情况下，短期利率变化必然会影响长期利率，面对企业的投资决策和消费者的储蓄行为真正产生影响的是长期利率。所以，通过市场利率来实现货币政策目标，主要取决于对未来通货膨胀的预期。如果一个国家的对外开放度较高，汇率及国际市场的影响将会使货币政策的传导变得更为复杂。

知识拓展

通过金融市场运行货币政策传导机制必须具备以下几个方面的经济环境条件。

1）建立未来通货膨胀稳定的目标预期，有利于中央银行货币政策的传导。

2）较为完善的金融市场。在市场经济条件下，从货币政策工具的启动到最终对企业和居民行为的影响都是借助形形色色的金融市场来完成的，一个完善的金融市场是建立有效货币政策传导机制的重要条件。

3）企业与商业银行行为市场化程度高。只有企业与商业银行真正以市场作为资源配置的有效手段，才能对中央银行的货币政策调控反应灵敏、准确，货币政策传导效果才会显现成效。

（资料来源：https://wenku.baidu.com/view/c9a5fbd449649b6648d74721.html.有改动）

（二）开放经济下的货币政策传导机制

在开放经济条件下，净出口，即一国出口总额与进口总额之差，是社会总需求的一个重要组成部分。货币政策可以通过影响国际资本流动，改变汇率，并在一定的贸易条件下影响净出口。在实行固定汇率制度的国家，中央银行可以直接调整汇率；在实行浮动汇率制度的国家，中央银行必须通过公开市场业务来影响汇率。当一国实行紧缩性的货币政策时，会减少货币供应量，利率随之上升，外国资本流入，使外汇市场本币升值。本币升值不利于本国商品的出口，却有利于进口，一国的净出口会减少。当一国实行扩张性的货币政策时，会增加货币供应量，本国市场利率下跌，导致资金外流，外汇需求增加，本币出现贬值。在其他条件不变的情况下，本币贬值有利于本国商品的出口，不利于进口，一国的净出口会增加。

在金融全球化的趋势下，国际资本的流动对本国货币政策的运用效果具有抵消作用。当本国需要提高利率以限制对本国商品和劳务的总需求时，外国资本的流入会抑制市场利率的上升。与此相反，当中央银行降低利率时，外国资本的流出会阻碍市场利率的下降。在开放经济条件下，各国间货币政策的国际协调机制将会越来越重要。

第三节　货币政策工具

货币政策最终目标需要中央银行采取有效的措施和手段去实现，这些措施和手段又称为货币政策工具。中央银行通过操作货币政策工具，改变基础货币的供应，控制货币供应量，或者影响利率，进而影响投资和消费；或者影响商业银行的行为，进而影响其创造存款货币的能力；或者影响社会公众的预期心理，改变他们的经济行为。

货币政策工具是中央银行为了实现货币政策最终目标而采取的措施和手段。为了实现货币政策最终目标，中央银行不仅要设置用于观测和跟踪的中间目标，还需要强有力的货币政策工具。中央银行的货币政策工具可分为一般性货币政策工具、选择性货币政策工具、直接信用控制、间接信用指导等。

一、一般性货币政策工具

一般性货币政策工具是对经济体系有普遍影响的政策工具，包括存款准备金政策、再贴现政策和公开市场业务，俗称“三大法宝”。

这三大工具能对货币供给总量或信用总量进行调节，是影响国民经济的最为重要的工具，它的实施对象普遍，影响广泛，效果显著。

1. 存款准备金政策

存款准备金政策是指中央银行在法定权限内，通过规定和调整商业银行交存中央银行的法定存款准备金率，来控制商业银行的信用创造能力，从而调节市场货币供应量和利率的金融政策。存款准备金政策的具体内容还包括规定存款准备金制度适用对象、规定存款准备金计提范围、规定可作为存款准备资产的项目、规定存款准备金计提的方法等。

存款准备金政策是影响货币供应量的强有力的政策工具。根据货币供给的基本模型，货币供应量的改变取决于货币乘数与基础货币的调整，而调整存款准备金率不但会影响基础货币，还会影响货币乘数。以中央银行实行扩张性的货币政策为例，当法定存款准备金率降低时，货币乘数变大，商业银行的应缴法定存款准备金额减少，超额存款准备金则相应增加。法定存款准备金与超额存款准备金两个项目的一减一增，无疑使基础货币的构成发生变化，增强了商业银行创造信用与派生存款的能力，从而使货币供应量增加（即银根放松），利率水平降低，社会投资和支出都相应扩大。同样的道理，提高存款准备金率会使信贷规模和货币供应总量得以紧缩。存款准备金政策最大的优点是中央银行具有完全的自主权，它是三大货币政策工具中最容易实施的一种，而且中央银行利用存款准备金率这个货币政策工具可以有效调节货币供应量。但是这种政策也有缺陷，最主要的缺陷是这种手段的作用过于猛烈，存款准备金率即使微小的变动也会使货币供应量发生重大变化，可能给国民经济带来剧烈的震荡。

知识拓展

中国人民银行自2015年6月28日起有针对性地对金融机构实施定向降低法定存款准备金率，以进一步支持实体经济发展，促进结构调整。

1）对“三农”贷款占比达到定向降低法定存款准备金率标准的城市商业银行、非县域农村商业银行降低法定存款准备金率0.5个百分点。

2）对“三农”或小微企业贷款达到定向降低法定存款准备金率标准的国有大型商业银行、股份制商业银行、外资银行降低存款准备金率0.5个百分点。

3）对财务公司降低存款准备金率 3 个百分点，进一步鼓励其发挥好提高企业资金运用效率的作用。

自 2015 年 9 月 6 日起，下调金融机构人民币存款准备金率 0.5 个百分点，以保持银行体系流动性合理充裕，引导货币信贷平稳适度增长。同时，为进一步增强金融机构支持“三农”和小微企业的能力，额外降低县城农村商业银行、农村合作银行、农村信用社和村镇银行等农村金融机构存款准备金率 0.5 个百分点。额外下调金融租赁公司和汽车金融公司存款准备金率 3 个百分点，鼓励其发挥好扩大消费的作用。

（资料来源：党凯，2015. 双降对房地产行业影响研究[J]. 商，(40)：270，276.有改动）

2. 再贴现政策

所谓再贴现政策，就是中央银行通过制定或调整再贴现率，来干预和影响市场利率及货币资金的供求，从而调节货币供应量的一种金融政策。通常，再贴现政策包括两个方面的内容：一是再贴现率的确定与调整；二是规定何种票据具有向中央银行申请再贴现的资格。前者主要着眼于短期，即中央银行根据市场的资金供求状况，随时调低或调高再贴现率，以影响商业银行借入资金的成本，刺激或抑制资金需求，从而调节货币供应量。后者着眼于长期，对要再贴现的票据种类和申请机构加以规定，区别对待，可起到抑制或扶持的作用，从而影响商业银行及全社会的资金投向。

再贴现政策的作用主要体现在以下 3 个方面。

1）有较强的告示效应。再贴现率的上升在一定程度上反映了中央银行的政策紧缩意向；反之，则意味着有扩张意向。若再贴现率提高，则意味着中央银行判断市场过热，这对短期市场利率有导向作用。

2）通过影响商业银行的资金成本和超额存款准备金来影响商业银行的融资决策。再贴现率提高时，商业银行等存款机构从中央银行借款的成本上升，因此将促使其减少从中央银行借款，这使商业银行的准备金缩减，其对客户的贷款和投资规模就会相应收缩，从而减少了货币供应量，市场利率也相应上升，社会对货币的需求也相应减少；反之，亦然。

3）防止金融恐慌。再贴现是中央银行作为最后贷款人而发挥作用的主要形式。在商业银行发生支付危机时，通过再贴现可以将票据马上换成资金，以解决面临的流动性问题。再贴现政策也存在某些局限性：一是中央银行在使用这一政策工具时，处于较为被动的地位。商业银行是否到中央银行申请再贴现，或再贴现的数额，取决于商业银行而非中央银行。二是再贴现政策的效果有一定的局限性。在经济繁荣或经济萧条时期，再贴现率无论高低，都无法限制或阻止商业银行向中央银行再贴现或借款的趋势，因此它的调控效果并不是很好。三是再贴现政策不宜频繁使用。再贴现率的频繁调整，会导致市场利率的经常性波动，这会使企业或商业银行无所适从。

3. 公开市场业务

公开市场业务也称公开市场操作，是指中央银行在金融市场上公开买卖有价证券，以此来调节货币供应量的政策行为。当中央银行认为应增加市场货币供应量时，其就在金融市场上买进有价证券（主要是政府债券），而将货币投放出去；反之，则在金融市场上卖出有价证券，将货币回笼。

公开市场业务作用于经济的途径有两个。一是通过影响利率来影响经济。中央银行在公开市场上买进有价证券，形成多头市场，证券价格上升；随之，货币供应量扩大，利率下降，刺激投资增加，对经济产生扩张性影响。相反，则货币供应量缩小，利率上升，抑制投资，对经济产生收缩性影响。二是通过影响商业银行存款准备金来影响经济。中央银行若买进商业银行的证券，则直接增加商业银行在中央银行的超额存款准备金，商业银行运用这些超额存款准备金可使货币供应量按乘数扩张，刺激经济增长；相反，货币供应量按乘数收缩，抑制经济增长。中央银行若买进了一般公众的证券，则增加公众在商业银行的存款，商业银行按所增存款计提法定存款准备金后运用剩余部分，货币供应量再按乘数扩张；反之，亦然。两种情况都会导致基础货币增加，从而扩大货币供应量，不过前者作用更大。

同前两种货币政策工具相比，公开市场业务具有明显的优越性。

1）中央银行主动性强。公开市场业务的目的是调控货币供应量而非营利，所以为了达到操作目的，中央银行可以不计较证券交易的价格，即可以用高于市场的价格买进，用低于市场的价格卖出，不像再贴现政策那样被动。

2）政策操作灵活。中央银行可根据金融市场的变化，进行经常性、连续性的操作，而且买卖数量可多可少；如发现操作方向有误，可立即进行反向操作；如发现购买力度不够，可随时加大买卖的数量。

3）政策效果温和。公开市场业务以交易行为出现，不是强制性的，加上中央银行的操作灵活，所以对经济社会和金融机构的影响比较温和，不像调整法定存款准备金率那样震动很大。

正是由于公开市场业务具有这些优点，所以它已经成为大多数国家中央银行首先选择并经常使用的货币政策工具。需要注意的是，公开市场业务要有效地发挥其作用，必须具备一定的条件：一是中央银行必须具有强大的、足以干预和控制整个金融市场的资金实力；二是中央银行对公开市场业务的操作应具有弹性操纵权，可根据客观经济需要和货币政策最终目标的要求自行决定买卖证券的种类和数量；三是金融市场必须证券种类齐全且达到一定的规模，同时具有相当的独立性。

知识拓展

公开市场业务是指中央银行通过在公开市场上融入或融出短期资金，调节银行体系流动性水平，进而影响货币供应量及利率水平的过程，主要操作品种包括债券正回购和逆回购、买卖政府债券、发行中央银行票据等。与其他流动性管理工具相比，公开市场业务要有以下几个方面的特点：一是中央银行主动操作；二是采用以公开招标为主的市场化交易方式，操作信息公开透明；三是通常以相对稳定的频率（每日或每周等）定期开展操作，属于流动性调节的常规手段；四是中央银行可以根据流动性变化及时调整操作的品种、方向和力度，具有高度的灵活性和主动性。目前，西方发达国家中央银行均将公开市场业务作为日常流动性管理的主要工具之一。

在不同的流动性环境下，中央银行开展公开市场业务的节奏和力度不同，向市场传递的信息也不尽相同。当银行体系流动性存在长期、趋势性供求矛盾时，公开市场业务可与其他工具相配合，对较长期限的流动性进行有效调节。例如，2003～2013 年，中国人民银行通过发行中央银行票据和开展正回购操作，与法定存款准备金率等其他工具相配合，有效对冲外汇大量流入带来的过剩流动性。

相对于持续性的投放和回收流动性，公开市场业务高度灵活的特点决定这一工具在双向微调流动性方面更具优势。中央银行通过合理安排公开市场业务的品种、期限、规模等要素，可对短期流动性波动进行“削峰填谷”式的微调操作，实现对流动性的精细化管理，促进流动性和货币市场平稳运行。例如，当税收集中上缴国库或节日现金大量投放等季节性因素导致资金供求出现短期缺口、市场利率面临上行压力时，可开展公开市场逆回购操作投放流动性，并安排逆回购到期时间与后续财政支出或节后现金回笼的节奏相匹配，从而达到保持流动性总量相对稳定、促进市场资金供求均衡的目的。再如，法定存款准备金率下调等因素会使流动性供给一次性大幅增加，而银行体系扩张贷款进而增加对流动性的需求则是平缓和渐进的，这需要一个过程。在市场短期资金供给明显大于需求的情况下，中央银行可先通过公开市场正回购业务从银行体系适当回笼流动性，随着流动性的消耗再逐渐补充回去，使法定存款准备金率下调一次性释放的大量资金分散到一段时间内均匀释放，避免流动性大量淤积于银行体系，增大金融市场的潜在风险。

（资料来源：https://max.book118.com/html/2017/0428/103041157.shtm.有改动）

二、选择性货币政策工具

选择性货币政策工具是指中央银行对信用进行结构性的控制，即在不影响货币供应总量的情况下，通过对不同信用形式的管制，鼓励或抑制某一部门的发展，从而达到结构调整的目标。这类工具主要有以下几种。

1. 消费者信用控制

消费者信用控制，即中央银行对消费者分期购买不动产以外的各种耐用消费品的贷款规定首次付款的比例、偿还期及耐用消费品的种类，对无担保的消费者信用贷款还要提取一定的准备金。调控方式是，在需求过旺及通货膨胀时，中央银行可以对消费信用采取一些必要的管理措施，如提高各种耐用消费品贷款的首付比例，缩短贷款最长期限，使社会用于购买耐用消费品的支出减少，缓解通货膨胀压力。相反，在经济衰退时期撤销或者放宽对消费信用的限制条件，以提高消费者对耐用消费品的购买力，促使经济复苏。美国在第二次世界大战通货膨胀时期、战后时期和朝鲜战争时期都曾实行过消费者信用控制政策，其他国家如法国、加拿大、荷兰、比利时等纷纷效仿。

2. 证券市场信用控制

证券市场信用控制是指中央银行对有关证券交易的贷款、交易保证金比率等进行规定，以控制和调节市场行为。

3. 不动产信用控制

不动产信用控制是中央银行对商业银行等金融机构对房地产等不动产贷款的限制措施。

4. 优惠利率

所谓优惠利率，是指中央银行对国家重点发展的某些经济部门、行业或产品实行较低的利率，以使其获得更多的信贷支持，促进其快速发展，实现产业结构和产品结构的调整。

三、直接信用控制

直接信用控制是指中央银行以行政命令或其他方式，直接对金融机构尤其是商业银行的信用活动进行的控制。

1. 利率限额

利率限额通过规定贷款利率的下限和存款利率的上限，防止金融机构为谋求高利而进行风险存贷或过度竞争，是最常见的直接信用控制工具。

2. 信用配额

信用配额是指中央银行根据市场资金供求及经济需要，分别对各商业银行的信用规模加以分配，限制其最高数量（贷款最高限额）的直接信用控制工具。

3. 直接干预

直接干预即中央银行直接对商业银行的信贷业务、放款范围等加以干预，这种干预见效快，对经济的影响立竿见影，但可控性较差。

4. 流动性比率

流动性比率是指商业银行持有的流动性资产在其全部资产中占的比重。

四、间接信用指导

1. 道义劝告

道义劝告也称窗口指导，是指中央银行利用自己的地位和声望，经常以发出书面通告或口头通知，甚至用金融机构负责人面谈等形式向商业银行等金融机构通报行情，委婉劝其遵守金融法律法规，自动采取相应措施，配合中央银行货币政策的实施。

2. 金融宣传

金融宣传是指中央银行利用各种机会向金融界及全国各界说明其金融政策的内容及意义，求得各方面的理解与支持，从而使金融活动按照中央银行预期的方向发展。

《中国人民银行法（2003 年修正）》规定，中国人民银行为执行货币政策，可以运用下列货币政策工具：①要求银行业金融机构按照规定的比例交存存款准备金；②确定中央银行基准利率；③为在中国人民银行开立账户的银行业金融机构办理再贴现；④向商业银行提供贷款；⑤在公开市场上买卖国债、其他政府债券和金融债券及外汇；⑥国务院确定的其他货币政策工具。这些政策工具的最终确定，一是借鉴了发达国家的经验，二是肯定了 10 多年货币政策工具探索和改革的成果。目前，中国人民银行可以根据宏观经济形势，灵活地、有选择地运用法律所确定的这些政策工具。

案例分析

综合中国人民银行公告和中国政府网的信息，2014 年 4 月，中国人民银行通过抵押补充贷款（pledged supplementary lending，PSL）工具为国家开发银行支持棚户区改造提供了 1 万亿元的资金额度，资金利率为 4.5%，利率较当时市场利率约高 1 个百分点。2014 年，中央银行共提供了抵押补充贷款资金 3 831 亿元，2015 年前 5 个月提供抵押补充贷款资金 2 628 亿元，截至 5 月底，抵押补充贷款余额为 6 459 亿元，为适时发挥价格杠杆的作用，以及适应存贷款基准利率的调整，并分别于 2014 年 9 月、11 月，2015 年 3 月、5 月 4 次将抵押补充贷款利率从 4.5%下调至 3.1%。

2015 年 6 月 2 日，PSL 正式在中央银行的货币政策工具栏目中亮相，令中央银行可操作工具从传统的 4 种增加至 7 种。截至 2018 年，中央银行列入货币政策“七种武器”的工具包括公开市场业务、存款准备金、中央银行贷款、利率政策、常备借贷便利（standing lending facility，SLF）、中期借贷便利（medium-term lending facility，MLF）和抵押补充贷款。这 7 种工具所承担的作用各不相同，预示着中国货币政策转型期的框架已基本搭建完成。中央银行承诺对所有新创设工具操作情况每月披露一次，彰显新型的货币政策框架正在努力提高其透明性，这将有利于中国货币政策平稳渡过转型期。

（资料来源：http://finance.ifeng.com/a/20150603/13750800_0.shtml.有改动）

思考：目前，我国中央银行的货币政策工具有哪些？常备借贷便利、中期借贷便利和抵押补充贷款3种新型工具属于何种类型的政策工具？中央银行为什么创设这种新型政策工具？

分析：中央银行货币政策的7种工具在中国经济的不同发展阶段，也承担着不同的重任。

1）公开市场业务。在多数发达国家，公开市场业务是中央银行吞吐基础货币、调节市场流动性的主要货币政策工具。中国人民银行的公开市场业务主要包括回购交易、现券交易和发行中央银行票据。根据货币调控的需要，2013年，中国人民银行在公开市场创设短期流动性调节工具（short-term liquidity operations，SLO），在银行体系流动性出现临时性波动时相机使用。

2）存款准备金。存款准备金的初始作用是保证存款的支付和清算，之后才逐渐演变为货币政策工具。银行通过调整法定存款准备金率，影响金融机构的信贷资金供应能力，从而间接调控货币数量。在中国顺差高企时期，中国人民银行频繁提高法定存款准备金率，以回收过多的流动性货币。

3）中央银行贷款。中央银行贷款指中央银行对金融机构的贷款，简称再贷款，是中央银行调控基础货币的渠道之一。中国人民银行通过适时调整再贷款的总量及利率，吞吐基础货币，促进实现货币信贷总量调控目标，合理引导资金流向和信贷投向。

4）利率政策。利率政策是货币政策的价格工具，通过调整法定利率来引导相应的经济、金融活动。利率市场化一直是中国人民银行近年来推动的主要金融改革举措。

5）常备借贷便利。2013年年初，中国人民银行创设常备借贷便利，该工具是正常的流动性供给渠道，主要功能是满足金融机构期限较长的大额流动性货币需求。对象主要为政策性银行和全国性商业银行，期限为1～3个月。利率水平根据货币政策调控、引导市场利率的需要等综合确定。常备借贷便利以抵押方式发放，合格抵押品包括高信用评级的债券类资产及优质信贷资产等。

6）中期借贷便利。2014年9月，中国人民银行创设中期借贷便利，是中国人民银行提供中期基础货币的货币政策工具，采取质押方式发放，金融机构提供国债、中央银行票据、政策性金融债、高等级信用债等优质债券作为合格质押品。

7）抵押补充贷款。2014年4月，中国人民银行创设抵押补充贷款，为开发性金融支持提供长期稳定、成本适当的资金来源。抵押补充贷款的主要功能是支持国民经济重点领域、薄弱环节和社会事业发展而对金融机构提供的期限较长的大额融资。抵押补充贷款采取质押方式发放，合格抵押品包括高等级债券资产和优质信贷资产。

随着我国国际收支趋于平稳，多年来依靠外汇占款创造基础货币的传统货币政策模式面临着巨大挑战，从常备借贷便利到抵押补充贷款，中国人民银行近两年来不断创新工具。外汇占款没有了，必须有创造基础货币的新型工具。常备借贷便利、中期借贷便利和抵押补充贷款尽管实质上都属于再贷款，但所起的作用不同。

值得注意的是，尽管同样表现为中央银行负债方的基础货币，但外汇占款创造、新型创新工具创造所对应的货币流通路径完全不同，其间所面临的复杂经济环境、银行中介角色的程度、中央银行货币政策调整的力度，可谓不尽相同。

说到底，外汇占款形成货币投放的时期，更容易产生通货膨胀；而新型创新工具必须有信用扩张政策保驾护航，其天然具有货币乘数下降的特点。基于这种情况的不同，专业人士建议，长期的、稳定的、可预期的货币宽松环境，可能是中国人民银行必须选择的政策。

外汇占款是指中国人民银行购入美元而投放的基础货币，从路径上说，因企业在银行间市场结汇（把美元卖给商业银行）的行为早已产生，故尽管名义上是中国人民银行投放基础货币，但其早已是居民企业账户的存款。所以，在外汇占款创造基础货币的典型时期（2004~2013 年），加上中国经济处在上升期，信用创造能力也相当强劲，导致 M_2 的增速始终超出中央银行设定的目标。

自 2014 年以来，外汇占款日趋萎缩，尽管新型创新工具也能创造出相当多的基础货币，但由于信用创造功能衰退，货币乘数明显下降，M_2 的增速始终达不到中国人民银行的目标。

中国人民银行有关人士表示，外汇占款形成的基础货币，其实钱都在居民企业的银行账户中；而中央银行创新工具创造的基础货币，只是停留在银行的超额存款准备金中，必须通过信用投放才能扩张为 M_2。可以说，以前外汇占款形成的基础货币相当于从居民到中央银行，已经在居民的账户；而现在，如果没有信用扩张，基础货币只会堆积在中央银行，很难形成 M_2。这是中国货币政策转型期最大的特点。

第四节　货币政策效果

一、货币政策的有效性

（一）货币政策有效性的含义

货币政策有效性是指中央银行通过操作货币政策工具，通过良好的传导机制，较好地实现中央银行预期最终政策目标。现在绝大多数国家的中央银行相信：货币政策对实际经济是有影响的。中央银行通过控制货币供应量来实现货币政策最终目标，但因为存在制度和技术等方面的制约，货币政策往往难以真正有效实现最终目标，所以货币政策的有效性大打折扣。许多经济学家通过大量的实证分析，试图寻找货币政策中间目标与各种实际经济变量之间的相关关系，但实证结果发现这些关系并不稳定。在这种情况下，货币政策的有效性就取决于对这些相关关系的认识和把握。在承认货币政策中间目标与实际经济变量紧密相关的基础上，对货币政策调控效应的评价，就转移到对货币政策传导机制的评价上来。

货币政策传导机制是否有效，主要看中央银行基础货币的创造及其结构是否合理；货币政策工具和货币政策中间目标的选择是否恰当；货币政策工具作用于货币政策中间目标进而作用于实际经济变量的过程是否顺畅；另外，还包括货币政策传导机制是否规范，以及与外部经济环境是否适应等。

（二）影响货币政策有效性的因素

一般认为，影响货币政策有效性的因素主要有 3 个，分别是货币政策时滞、货币流通速度的变动和人们对货币政策的合理预期。

1. 货币政策时滞

货币政策时滞是指货币政策从研究、制定到实施后发挥实际效果全过程所经历的时间。如果货币政策时滞较短或者中央银行对货币政策时滞能准确预测，货币政策效果就容易确定，货币政策工具在实施和传导的选择中就容易把握方向和力度。如果货币政策时滞较长且不稳定，货币政策效果难以观察和预测，那么，货币政策工具在实施和传导过程中就可能变得无所适从。如果货币政策的取向和力度不能根据对货币政策生效程度的判断而随时确定和灵活调整，就难以达到理想的政策目标。货币政策时滞太长，其间的经济形势已发生很大变化，还可能导致最初采取的货币政策工具和选取的中间目标无效，使货币政策彻底失败。

为了准确地预测和把握货币政策时滞，人们通常将货币政策时滞进行分段。简单的分段法，是将货币政策时滞分为内部时滞和外部时滞两个部分。

1）内部时滞，是指从货币政策开始制定到实施货币政策工具为止这段时间。其中又细分为两个阶段：第一阶段为认识时滞，它是指当经济形势发生变化时，中央银行要获得反映这种变化的各种资料并进行分析和研究，以确定货币政策的意向所需要的时间。第二阶段为决策时滞，它是指货币政策意向确定后，中央银行要根据对经济形势变化规律及其后果等的分析，决定实施具体的货币政策工具所需要的时间。内部时滞取决于中央银行收集资料、判断形势、制定决策等项工作的效率，也取决于经济形势的复杂程度。

2）外部时滞，又称为效应时滞，是指从中央银行操作货币政策工具开始到对政策目标产生影响所经历的时间。决定和影响外部时滞的因素要比内部时滞复杂得多。货币政策要首先作用于商业银行等金融机构、金融市场，然后进一步作用于企业、个人、家庭等经济主体，通过经济主体投资、消费活动的变化使货币政策最终目标得以实现。在货币政策工具与货币政策最终目标之间，须经过由利率、货币供应量、基础货币、超额存款准备金等作为中间目标的复杂的传导过程。传导过程中的任何一个环节、一个指标发生预料不到的变化，都将影响对时滞的准确预测和把握。

货币政策时滞客观存在，其中认识时滞和决策时滞可以通过各种措施缩短，但不可能完全消失；外部时滞涉及更复杂的因素，一般来说也是难以控制的。货币政策时滞可能使政策决策时的意图与实际效果脱节，从而不可避免地产生货币政策的局限性。货币政策时滞如图 10-3 所示。

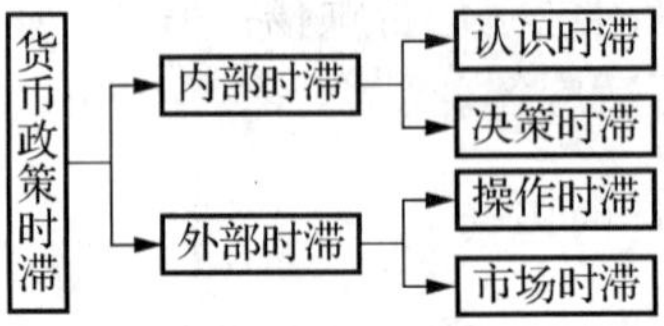

图 10-3　货币政策时滞

2. 货币流通速度的变动

货币流动速度的变动是货币政策有效性的一种主要限制因素。货币主义学派认为，货币流通速度对货币政策效应的重要性表现在：货币流通速度中的一个相当小的变动，都有可能使货币政策效果受到严重影响，甚至有可能使本来正确的货币政策走向反面。

3. 人们对货币政策的合理预期

人们对货币政策的合理预期对货币政策效果的影响很大。合理预期是人们对未来的经济变量的变动能够做出合乎理性的预期。

人们对货币政策的合理预期对货币政策效果的影响表现为当中央银行货币政策推出后，各经济主体立刻会根据所获取的各种信息来预测政策的后果，并很快做出对策。货币政策的作用可能被这种对策抵消。这就是说，只有当人们不能准确判断未来货币政策的结果，每个企业和个人也没有采取积极行动，没有进行货币政策反方向的操作时，货币政策才会发生比较大的作用。但事实上，经济生活中的主体都是“理性人”，他们都会在效用最大化和利润最大化原则的驱使下，对任何一条有用的信息做出理性的反应，中央银行的货币政策信息也不例外。人们对货币政策的合理预期是一定存在的，货币政策的作用就难免被抵消。

当然，人们对货币政策的合理预期对货币政策效果的这种影响不能过分夸大，因为公众预期的普遍形成要有一个过程，不可能没有时滞。而且这种预期不一定始终完全正确，即使人们有了完全正确的预期，也要采取一定的对策。这些对策发生作用也有一个过程。如果再考虑到中央银行同样会对经济主体的行为做出正确预期这一因素，那么我们就可以说，只有未被中央银行预期到的行为才会抵消货币政策的作用。所有这些决定了人们对货币政策的合理预期对货币政策效果的影响是有限的。

二、货币政策与财政政策的协调配合

宏观调控目标的实现，往往是各种政策措施共同作用的结果。在宏观调控过程中，为了避免政策效果的相互抵消，增强调控力度，某种政策的制定和实施往往是与其他政策配合进行的。中央银行的货币政策若想获得理想效果，则必须与政府其他部门特别是财政部进行充分的合作和协调。因此，衡量和评价货币政策的效果，还要看货币政策与其他政策协调与配合的情况。下面着重从货币政策与财政政策的协调与配合上展开说明。

宏观经济协调稳定发展的基本判断标准就是社会总需求与社会总供给的平衡。而货币政策和财政政策是直接影响社会总需求的两个主要政策。其原因是，社会总需求是货币购买力的总和，是由货币供给形成的，而货币政策和财政政策都与货币供应量的变化有密切关系。货币政策主要通过信贷活动和货币发行的变化影响货币供应量，财政政策主要通过财政收入和支出的变化影响货币供应量。这样，中央银行和商业银行的信用活动和货币创造、财政部门的各种收支活动等就在共同影响货币供应量、影响社会总需求的过程中紧密地联系在一起，以调节信用和货币创造为主的货币政策和以调节财政收支为主的财政政策也就必然地联系在一起。这就要求两种政策始终要保持相同的目标，在政策工具、调节范围、调节力度等方面必须相互衔接、密切配合。

货币政策和财政政策在使用的政策工具及作用对象上、在制定和推行政策的方式上存在诸多不同。例如，货币政策工具主要是存款准备金率、再贴现率和公开市场业务等，作用对象主要是商业银行和金融市场，政策的推行主要通过中央银行的资产负债业务活动；而财政政策工具主要是征税范围、税率、预算收支、公债、补贴等，作用对象主要是纳税人、财政性支出单位，政策的推行主要通过立法和行政程序。因此，两种政策发挥作用的特点和效果是不相同的。例如，在一般情况下，要求扩张经济时，财政政策比货币政策来得更直接和更迅速，因为扩张财政支出、降低税率执行起来很容易，对投资的作用也很直接；而要求紧缩经济时，货币政策则能比较及时和灵活地操作，见效较快，财政政策在执行压缩开支、提高税率等措施时阻力较大，见效较慢。国家在运用这两种政策时必须根据某一时期经济运行的特点和要求，寻求两种政策的最佳组合。

货币政策和财政政策的组合形式有 4 种：①“双松”，即同时执行宽松的货币政策和财政政策。在出现社会总需求严重不足、经济严重衰退、社会存在大量闲置资源的情况下，可选择这种组合。②“双紧”，即同时执行紧缩的货币政策和财政政策。在出现社会总需求过旺、存在严重通货膨胀时，可选择这种组合。③“松货币紧财政”，即执行宽松的货币政策和紧缩的财政政策。在社会总供求大体平衡，但政府与公众间的投资动力不同，政府投资过热，财政赤字规模较大，而民间投资不足，经济处于萎缩状态时，可采取这种组合。④“紧货币松财政”，即采取紧缩的货币政策和宽松的财政政策。这种组合在经济较为繁荣但投资支出不足时较为有效。

本 章 小 结

货币政策是由中央银行通过调节一系列政策工具影响货币供应规模和利率，促进特定经济目标实现的方针和措施的总称。

货币政策最终目标是中央银行通过实施各种控制货币和信用的手段所要达到的宏观经济目标。其主要有 4 个：物价稳定、充分就业、经济增长、国际收支平衡。目前世界上许多国家将物价稳定作为货币政策的首选目标。

货币政策中间目标是指为实现货币政策最终目标而选定的中间性或传导性金融变量，通过对这些指标的控制和调节实现货币政策最终目标。

中间目标位于货币政策工具和最终目标之间，其包括操作目标（也称为近期指标）和中介目标（也称为远期指标）。

货币政策传导机制是指运用货币政策工具到实现货币政策目标的作用过程，即如何通过实施货币政策，使各种经济变量影响整个社会经济活动。

中央银行的货币政策工具包括一般性货币政策工具、选择性货币政策工具、直接信用控制、间接信用指导。

货币政策有效性是指中央银行通过操作货币政策工具，通过良好的传导机制，较好地实现中央银行预期的最终政策目标。

业务技能自测

第十一章
金融风险、金融监管与金融创新

职业能力目标

【知识目标】

1）理解金融风险的基本原理。

2）理解金融监管的基本内容。

3）理解金融创新及其理论，以及金融监管与金融创新的关系。

【能力目标】

1）具有金融风险意识，能够合理规避金融风险。

2）能够正确应对金融监管，具有金融创新精神。

学习要点

金融风险；金融监管；金融创新

案例导入

经济学家张斌回忆他在美国的一段往事:“20世纪90年代后期，有一次我的一张信用卡过期了，因为新卡已经寄来，我就把原来本应该失效的老卡扔掉了。过了两天信用卡公司打来电话，向我核实是不是买了几千美元的物品，我才意识到有人捡到我原来那张老卡买了很多东西。令人惊讶的是，信用卡公司说，没关系，你写一个说明传真过来就可以了。我就把说明传真了过去，第二天对方就打电话来说没事了。我感到非常惊讶。这里有几个环节值得注意：第一，信用卡公司的风险控制很差，过期的卡并没有及时在系统中变为无效；第二，一笔几千美元的交易，数目也不小了，写一个说明就作为坏账处理掉了。”

张斌说:“20世纪90年代后期，美国信用卡公司的风险控制为什么会如此不严格？就是因为利润太高了，信用卡的利息是17%左右。美国人很习惯用信用卡，这个月先花钱，下个月再交17%的利息，中国人不会这么做，但美国人会，也就是说他们对未来透支得很厉害，所以信用卡公司有很大的利润空间，也就不必太努力控制坏账。这个循环能继续下去，一个最基本的前提是未来都是美好的，所有人都能还得起债。如果他们还不起怎么办？所以美国次级贷款出现了问题，信用卡公司也就会跟着出现问题。现在大家开始反思格林斯潘的货币政策，对此我没有做足够的研究，很难判断。但是，90年代后期在华尔街工作的人有一种感觉，每次市场出现问题，格林斯潘就会降息，市场又涨上去了，这可能是不得已的选择，但是这也许是对未来的一种过度的透支，暂时把问题掩盖下去，最后问题暴露的时候，变得不可收拾。当然，这其中的平衡是很难把握的。”

（资料来源：https://wenku.baidu.com/view/2843f531b90d6c85ec3ac656.html.有改动）

思考：试述金融风险、金融监管与金融创新三者之间的关系。

第一节　金融风险

一、金融风险的概念

金融风险是指在金融活动中，由于金融市场中各种经济变量发生不确定的变化，市场主体蒙受损失或获利的可能性。金融风险既有可能带来损失，也有可能带来收益。

金融风险由金融风险因素、金融风险事件和金融风险结果构成。金融风险因素是指能够引起或增加金融风险事件发生的机会或影响损失严重程度的因素，是金融风险发生的必要条件，是金融风险产生和存在的前提。金融风险事件是经济及金融环境变量发生预料未及的变动从而导致金融风险结果的事件，它是金融风险存在的充分条件。金融风险结果是金融风险事件给金融市场主体带来的直接影响，这种影响一般表现为行为市场遭受非预期的经济损失或获得非预期的经济利益。可见，金融风险因素与金融风险事件共同作用才产生金融风险结果。

二、金融风险的特征

（一）金融风险的一般特征

金融风险具有不确定性、传递性、双重性、普遍性、客观性和可测性等一般特征。

1. 不确定性

金融风险的不确定性是指金融风险在何时、何地以何种形式出现，以及其危害程度、影响范围都是不确定的。这说明金融风险是一种无法预料的、不确定的组合结果。虽然金融风险具有不确定性，但是市场主体可以通过收集大量信息，并在此基础上进行分析和预测，降低不确定性，提高获利的可能性或降低损失的可能性。

2. 传递性

金融风险的传递性是指金融风险在金融市场主体之间具有传播和扩散的特点。当其中某一市场主体发生风险时，市场就会很快地将风险传递给与之有密切关系的其他市场主体，引起这些市场主体的连锁反应。

3. 双重性

金融风险的双重性就是指金融风险既可能给从事金融活动的市场主体带来收益，也可能给该主体带来损失。但人们关注更多的是金融风险带来的损失，当提及金融风险时，通常也是强调它的危害性。

4. 普遍性

金融风险的普遍性是指在整个金融领域内金融风险无时不有、无处不在。在每一个具体行业、每一种金融工具、每一个经营机构和每一次交易行为中，都可能潜伏着金融风险。金融市场风险普遍存在，它不可能被消除，市场主体只能积极防范和管理。

5. 客观性

金融风险的客观性是指金融风险的产生是一种不以人的意志为转移的客观存在。金融风险贯穿于金融实践的全过程。

6. 可测性

金融风险的可测性是指市场主体在金融风险面前并不是无能为力的，而是可以对其进行预测、管理的。金融风险既有不确定性，又有规律可循，这说明预测金融风险是有可能的。利用概率和统计方法就可以对金融风险可能性进行量化。计算机和网络的发展给管理金融风险提供了更为先进的技术支持。

（二）当代金融风险的特征

电子技术和通信技术在金融领域的广泛应用与发展，以及金融市场日新月异的发展，使与其相伴的金融风险也明显地烙上了时代的特征。

1. 高传染性

当代的金融风险具有高度的传染性。例如，1997 年 7 月始于泰国的金融危机迅速扩散到印度尼西亚、马来西亚、菲律宾等东南亚国家，其影响还波及欧洲和美洲。2008 年，美国发生的金融危机迅速波及全球。

2. 强破坏性

金融领域一旦发生危机，对国民经济的打击是致命的。例如，20 世纪 90 年代爆发的墨西哥货币危机就导致了该国经济的崩溃。这也是金融风险越来越受重视的原因。

三、金融风险的类型

金融风险可以根据不同的标准进行分类。

（一）根据成因分类

1. 信用风险

信用风险又称违约风险，是指金融市场主体不能履约所导致的风险。信用风险是金融机构面临的主要风险之一，也是金融机构实施风险管理的重点。我们通常所说的银行的不良信贷资产就是信用风险的一般表现。

2. 流动性风险

流动性风险是指经济实体因流动性的不确定变化而遭受损失的可能性。资产的流动性与收益性是此消彼长的，即保持资产的高流动性是以牺牲一定的收益为代价的，因此，银行需要在流动性和收益之间做出合理的选择，以实现最优化。

3. 利率风险

利率风险是指市场利率变动的不确定性而导致的金融风险。一国的利率会经常发生变动，所以，利率风险是一种较普遍的金融风险。

4. 汇率风险

汇率风险是指经济实体或个人在从事国际经济、贸易、金融等活动中，以外币计价的资产或负债因汇率的变动而引起的价值上升或下跌所造成损益的可能性。外汇风险又可分为交易风险和折算风险两种。

5. 国家风险

国家风险一般是指金融市场主体在涉外经济活动中，由于东道国国内政治环境或东道国与其他国家之间政治关系的改变而遭受损失的可能性。

6. 购买力风险

购买力风险又称通货膨胀风险，是指因一般物价水平的不确定变动而使金融市场主体遭受损失的可能性。

7. 市场风险

市场风险是指由于证券市场行情变化而引起的风险。政治局势、经济周期、上市公司业绩等都是影响证券市场行情变化的因素，它们往往可以使整个市场行情大起大落。

8. 经营风险

经营风险是指在经营管理过程中，因某些金融因素的不确定性，出现的经营管理失误而使经济主体遭受损失的可能性。

（二）根据能否被分散分类

1. 系统性风险

系统性风险是指由某种影响整个金融市场的因素所导致的风险。系统性风险是整个金融市场共同面临的风险，它是金融市场主体无法控制和回避的，也不可能通过多样化投资来分散，因此，系统性风险又称为不可分散风险。系统性风险具体包括市场风险、利率风险、汇率风险、购买力风险等。

2. 非系统性风险

非系统性风险是指由仅影响个别经济主体的因素所导致的风险。这类风险只与个别经济主体有关，而与整个市场没有必然关联。所以，非系统性风险是个别或部分经济主体所面临的风险，是可以分散甚至完全消除的风险。非系统性风险具体包括信用风险、流动性风险、经营风险等。

某个金融市场主体所面对的总风险由系统性风险和非系统性风险两个部分组成。其计算公式为

$$总风险=系统性风险+非系统性风险$$

四、金融风险的成因

（一）金融风险形成的一般原因

产生金融风险的原因是十分复杂的，我们可以从不同角度对其进行分析。从引发金融风险因素的来源看，有些是内生性的，如信用风险、流动性风险等；有些是外生性的、不可测的，如利率风险、汇率风险等。从制度角度分析，有些金融风险是发生在正常的市场环境下，即纯粹由不确定性引起的，如政治风险；有些风险是市场机制不完善、法律环境不健全、外部监管不力等因素引起的，如操作风险。从主客观角度看，有些金融风险主要是金融机构的主观失误引起的，如决策风险；有些风险则是客观存在的，如购买力风险。

（二）金融风险深化的原因

20 世纪 70 年代以来，金融危机的发生日趋频繁，波及的范围越来越广，造成的后果也越来越严重。东南亚金融危机、阿根廷金融动荡、国际金融危机等一个个触目惊心的风险实例令人们不禁思考造成金融风险的深层次原因。

1. 经济发展的虚拟化提高了金融风险发生的概率

经济发展的虚拟化是现代经济发展最引人注目的现象。虚拟资本是和现实资本相对而言的，在现实生活中发挥职能的资本是真正存在的资本，它表现为生产资本、商品资本、货币资本等。而虚拟资本往往以有价证券的形式出现，它并非真实的资本，而是虚假的、幻想的资本。

虚拟资本本身没有价值，也不能作为价值符号，更不能在生产中发挥作用，但在它的所有者看来，能带来收入的就是资本。实质上，虚拟资本只是未来预期收益的资本化。有些时候，虚拟资本的运动可能会反映现实资本的变化，但是在通常情况下，虚拟资本并不能准确反映现实资本的运动，而是远比现实资本的运动剧烈。

经济发展的虚拟化虽然给资本提供了自由融通的便利，但是它也会引发过度投机从而导致泡沫经济的膨胀。而泡沫经济一旦破灭，则往往造成巨额的财产损失，并有可能引起连锁反应，对生产和流通都造成严重的伤害。

2. 经济全球化为金融风险深化提供了外部条件

随着经济全球化的不断发展，金融风险也在日益增大。这是因为：第一，金融手段现代化，特别是国际信息网络化和电子化，极大地加快了全球资本流动的速度，一旦某个国家或地区发生金融危机，传递性会使金融危机很快地影响世界其他国家和地区。第二，随着金融国际化的发展，各国逐渐放松金融管制，所以国际资本流动速度加快，国际投机因素增加。第三，金融自由化和国际化削弱了各国金融监管当局对本国金融市场监管的有效性。例如，面对流动性强、资本额度大、掌握先进技术和金融分析工具的对冲基金的冲击，大多数国家的金融监管当局往往力不从心。第四，一些发展中国家为了迎合金融全球化的潮流，在自身监管能力薄弱及金融体系不稳定的情况下，过早地开放了本国的金融市场，国际投机资本的冲击使其金融市场发生危机，经济受到严重影响。而这些国家的金融危机又通过市场传播到世界其他国家，在世界范围内引起动荡，进一步加剧了金融风险。

3. 金融风险形成机制

金融风险的产生并不是偶然的。尽管金融风险往往有不可预测的特征，但风险是在必要条件和充分条件的共同作用下发生的，具有一定的必然性。金融风险因素是产生金融风险的必要条件，金融风险事件则是其产生的充分条件，金融风险在二者共同作用下形成。金融风险因素和金融风险事件又各包含若干个单元，如金融风险因素包括经济的不确定性、经济人理性、金融制度及其变迁和微观主体的预期等因素，金融风险事件包含金融资产价格的剧变、金融市场的供求异常变动、资金的反常流动、不可抗力事故等，在这些单元的交错作用下，金融风险有可能进一步加大，甚至可能最终导致金融危机。

五、金融风险的影响

虽然金融风险可能为市场参与者带来一些收益，但是它更可能造成十分严重的后果。金融风险不仅会影响金融市场主体的收益，使市场参与者遭受巨大损失，还将影响宏观经济的运行、发展，甚至因此造成国家的混乱、社会的动荡。

（一）金融风险对微观经济的影响

金融风险对微观经济的影响包括以下几个方面。

1）金融风险可能造成的直接后果是给市场主体带来直接的经济损失。市场主体买进股票后，股票价格却连连下跌；进行期货炒作，而期货价格变动与预期相反；买入外汇套利，结果汇率向相反方向变动。这些情况无疑都会给市场主体带来巨大的损失。

2）金融风险除了会给市场主体带来直接的损失外，还会造成潜在的损失。企业可能因为经营风险而影响正常的生产活动；购买力风险不仅导致投资者的实际收益率下降，甚至还会降低投资者货币金额的实际购买力；如果银行存在较大的信用风险，则存款人出于对存款安全的考虑会转移其存款，最后导致银行存款日益减少，业务萎缩。

3）金融风险通过影响投资者的资本成本而影响其投资收益。当预期风险越大时，相应的贴现率也越高，所以当现金流为确定值时，其净现值越小，投资者的净收益就越少。

4）金融风险降低了资金的使用效率。由于金融风险普遍存在，并可能造成严重损失，经济主体不得不持有一定的风险准备金以备不时之需。就个人投资者而言，一些投资者因为惧怕金融风险而不敢投资，造成社会上存在大量的闲置资金，增大了机会成本，降低了资金的使用效率。

5）金融风险还增加了经营成本和交易成本。为了规避金融风险，企业往往需要搜集、整理大量信息，以便预测风险，做好应对措施，这显然增加了企业的经营成本。金融风险还使一些金融资产的价值难以准确计量，影响交易的正常进行，这无疑增加了交易成本。

（二）金融风险对宏观经济的影响

金融风险对宏观经济的影响包括以下几个方面。

1）金融风险会造成产业结构发展不平衡，使整个社会的生产力水平下降。由于存在金融风险，大量资源流向风险较小的部门，造成资源配置的不均衡，一些在国民经济中具有重要作用的部门得不到应有的发展，成为国家经济发展的“瓶颈”。

2）金融风险可能引起金融市场秩序混乱，破坏社会正常的生产和生活秩序，甚至使社会陷入恐慌，极大地破坏国家经济。例如，一家银行的倒闭很可能引起银行业的信用危机，这不但导致大规模的挤兑，而且可能使整个金融体系面临崩溃。

3）金融风险不但加大了制定宏观经济政策的难度，而且影响了宏观经济政策实施的效果。因为金融风险使市场供求经常发生变动，所以政府往往难以及时、准确地制定相应的宏观经济政策。而各经济主体为了规避金融风险，会充分利用所有有用的信息，并据此对政府未来的政策及其可能产生的后果做出预测，进而采取相应的措施，这就使政府制定的宏观经济政策难以达到预期的效果。

4）金融风险还将影响一个国家的国际收支。汇率的变动直接关系一国的贸易收支；利率风险、购买力风险、国家风险则主要影响一国的劳务收入；利率风险和汇率风险还会引起国内资本与国际资本的流动。所以，金融风险直接关系一国贸易活动和金融活动的进行和发展。

知识拓展

长期以来，由于亚洲国家和地区经济的高速发展，大量的外资在亚洲国家寻求投资机会和高回报。1996 年年初，泰国和亚洲其他一些国家和地区出现出口下降、经常项目赤字扩大、房地产大量积存、库存商品增加、短期外债急剧上升等不良现象。因为经济实力相对较弱，泰国首当其冲。贷款商和投资者开始紧张，贷款银行害怕坏账、呆账，不愿再贷款，投资者则开始套汇，把证券变现，泰国货币（泰铢）开始大量抛压。到 1996 年 5 月 16 日，泰国中央银行已投向市场 200 亿美元买入泰铢，以维持泰铢钉住美元的汇率制度。这种汇率制度泰国已实行 14 年，泰国政府害怕一旦泰铢浮动会影响整个经济大局。

1997年7月1日，泰国财政部长林日光宣布，泰国政府将坚决捍卫泰铢，请企业和人民放心，但泰国上层内部有不同意见。7月2日，泰国政府突然宣布泰铢实行浮动汇率制，并同时提高泰铢利率，从10.5%上调到12.5%，提高2个百分点。其原因是泰国外汇储备此时为360亿美元，已无力抵挡抛压。1996年，泰国经常项目逆差高达147亿美元，1997年第一季度逆差达33亿美元，泰国不得不放弃泰铢钉住美元的汇率制度。消息一出，投资者惊慌失措，市场一片混乱。泰铢总美元汇率立即下跌到1美元兑29.5泰铢，跌幅高达18%；股市暴跌，跌幅达15%。泰国人从银行挤兑7亿多美元，买入黄金。澳大利亚政府乘机大量抛售黄金，并随之带动瑞士、比利时等国中央银行大量抛售黄金，以获取差价暴利。

1997年7月14日，泰国估计当年GDP增长速度将从7.1%下降到4.6%，外汇储备降到320亿美元。7月18日，泰国政府再次提高利率，从12.5%上调到14%。泰铢汇率稍作徘徊，仍继续下滑，到7月26日，泰铢总美元汇率已跌到1美元兑31.6泰铢。8月11日，泰国向在日本东京召开紧急会议的亚洲各国求援。中国、日本、新加坡等国家一起向泰国提供160亿美元的紧急援助，并帮助买入泰铢。泰国还向国际货币基金组织求救。但泰铢总美元汇率在稍作徘徊后，仍继续下滑。8月27日，1美元兑33.9泰铢，跌幅达到35.6%，泰国股市跌到523.7点，泰国政府挽救股市的措施遭遇失败。此后，泰国股市、汇市、房市、期市均深幅下挫，难以收拾。

由泰铢在1997年的大幅贬值开始的亚洲金融危机通过多米诺骨牌效应波及所有东南亚国家，如马来西亚、印度尼西亚、菲律宾等，随着泰国经济在8月急挫，这些国家的货币兑美元的比值也大幅度下跌，股市、汇市全面崩溃。一场震惊世界的东南亚金融危机爆发了。

没有人预测此次金融危机会扩散得如此迅速。到1998年年初，与1997年7月1日相比，新加坡、泰国、印度尼西亚、菲律宾和马来西亚五国货币兑美元贬值幅度分别为12.29%、56.24%、84.8%、43.37%和48.32%，股市指数跌幅分别为47.9%、40.7%、56.1%、48.5%和56.4%。中国香港、中国台湾和韩国也受到猛烈冲击。20年来，快速增长的亚洲经济直线下降，陷入严重的经济衰退。东南亚国家的GDP增长速度从1997年的平均4%降至1998年的-6.9%；“亚洲四小龙”的GDP增长速度也从1997年的平均6%下降为1998年的平均-1.4%。这场金融风暴波及之广，影响之深，实属罕见。这场金融风暴不仅在受害国发展成为整个经济危机，还演变为社会危机和政治危机，连日本这样的经济强国也难免于金融风暴之灾。

这次金融危机给东南亚各国造成了巨大的经济损失，工人失业、工厂倒闭、经济严重衰退，人民生活水平迅速下降。东南亚国家在这次金融风暴中，损失的财富可能已超过第二次世界大战的财产损失。同时这场危机还引发了韩国及俄罗斯等国家和地区的金融危机，其影响远远超过了亚洲的范围，给世界经济发展造成巨大损失。

（资料来源：http://www.doc88.com/p-3887363534155.html. 有改动）

第二节 金 融 监 管

一、金融监管的定义与要素

（一）金融监管的定义

金融监管是指一国的货币当局或该国政府依法设定的监管部门对金融机构实施的各种监督和管制的行为，包括对金融机构市场准入、业务范围、市场退出等方面的限制性规定，对金融机构内部组织结构、风险管理和控制等方面的合规性、达标性的要求，以及一系列相关的立法和执法体系与过程。

金融监管作为一个复合概念内含金融监督和金融管理双重属性。从金融监管的定义可以发现，金融监管有三大要素，即监管主体、监管对象和监管内容。

（二）金融监管的主体

金融监管的主体是指负责实施监管行为的监管部门。从世界各国的金融监管实践来看，金融市场的监管主体基本可以分为两类：一类是由政府授予权力的公共机构，即通常所说的金融监管当局，各国的中央银行就是典型的官方监管主体。另一类是非官方性质的民间机构或者私人机构。它们的权力不是来自于政府，而是来自于其成员及社会对机构的普遍认可。绝大多数的证券交易所或证券商自律组织属于这类监管主体。

我国的金融业监管经历了从集中统一监管到分业监管的变迁，相应地，金融监管部门也经历了从单一监管机构到多个监管机构的发展。最初，中国人民银行一家机构负责对整个金融业的监管，现在我国已逐渐形成中国人民银行、中国银保监会、中国证监会，即“一行两会”的监管格局。

（三）金融监管的对象

金融监管的对象是指从事金融业务的一切金融机构，以及参与市场交易的非金融机构和个人。金融机构本身就是金融市场的主体，自然是监管对象，而对于非金融机构和个人，只有在金融市场上进行交易时才是监管的对象。金融监管对象主要包括银行、证券公司、保险公司、信托投资公司、财务公司、信用合作社、基金管理公司、金融租赁公司，以及从事金融市场业务的会计师事务所、律师事务所、资产评估机构、投资咨询机构、信用评级机构等。

（四）金融监管的内容

金融监管内容一般包括市场准入监管、业务运营监管和市场退出监管 3 个方面。

1. 市场准入监管

所谓市场准入监管，是指金融监管当局对具备资格的机构进入金融市场、经营金融产品、提供金融服务的审查批准过程。市场准入监管是金融监管的第一道屏障，因为它直接关系一个国家金融业的结构、规模及风险监管和业务监管能否顺利进行等一系列问题。

金融机构的市场准入监管主要包含 3 个方面：首先，机构准入是指依据法定标准，批准金融机构法人或其分支机构的设立；其次，业务准入是指按照审慎性标准，批准金融机构的业务范围和开办新的业务品种；最后，高级管理人员准入是指对金融机构高级管理人员任职资格的核准或认可。

2. 业务运营监管

所谓业务运营监管，是指金融机构经批准开业后，金融监管当局对其运作过程进行的监管，目的是促使金融机构始终保持稳健经营的良好状态。业务运营监管一般包括以下 7 个方面的内容。

1）业务经营的合规性。该项监管的目的在于督促金融机构严格遵守金融法律法规及各项金融规章制度，维持良好的金融秩序和金融机构之间的适度竞争。

2）资本充足率。该项监管的目的是限制金融机构风险资产总量的过度扩张，减少金融风险，如《巴塞尔协议III》关于核心资本和附属资本与风险资产的比率的规定是银行资本充足率最重要、最基本的监管标准。

3）资产质量。资产质量是衡量一家金融机构经营状况的重要依据，同时它直接影响金融机构的资本充足率和盈利能力。因此，它是重要的监管内容之一，如各国金融监管当局在对商业银行的资产质量进行监管时，通常将贷款进行分类监管。

4）流动性。该项监管是指监管金融机构支付到期债务的能力。由于流动性不足容易直接引发金融危机，各国金融监管当局十分重视对金融机构流动性的监管。

5）业务范围。金融机构可以经营的业务一般是有限制的，金融监管当局根据业务范围的限制对金融机构进行监管，业务是分开的，商业银行不得从事信托投资和证券经营业务。

6）盈利能力。合理的盈利是增强金融机构抵御风险、扩大业务规模的基础，故盈利能力也是金融监管的基本内容之一。

7）内部控制。金融机构内部控制是金融机构对内部各职能部门及其工作人员从事的业务活动进行风险控制、制度管理和相互制约的方法、措施及程序的总称。该项监管旨在通过完善内部控制规范金融机构经营行为，有效防范风险，提高金融机构经营管理水平。

3. 市场退出监管

对金融机构的市场退出监管是指金融监管当局依法对金融机构退出金融业、破产倒闭或合（兼）并、变更等实施监督管理。其主要内容包括以下 3 个方面。

1）对金融机构破产倒闭的监管。如果金融机构在经营过程中出现严重亏损导致资不抵债，金融监管机构则按照有关程序有权取消其经营资格，对其实施关闭处理。

2）对金融机构实施变更、合（兼）并的监管。该项监管具体是指濒临破产倒闭的，或出现章程规定的解散事由需要解散或重新变更的，或因其他事由需要合（兼）并的所有金融机构都必须在金融监管机构的监督下依法进行变更或合（兼）并，以免引起金融动荡。

3）对违规金融机构终止经营的监管。对违反国家法律、法规，进行违法经营的金融机构，金融监管当局有权要求其停业整顿，并对其资产负债情况、业务开展情况、违规性质等进行审查、核准，并提出相应的处理措施。

二、金融监管的原则

金融监管应遵循以下几个原则。

1. 依法监管原则

依法监管原则是指金融监管必须有充分的法律依据和法律保障，金融监管当局必须依据相关的法律进行监管，做到依法监管、严格执法，保护市场参与者的合法权益。

2. 公开、公平、公正原则

公开原则是指要向市场参与者及时、完整、真实、准确地披露各种金融市场的信息。公平原则是指以社会公众为主体的市场参与者在参与金融活动过程中机会均等、平等竞争。公正原则是指金融监管当局在公开、公平原则的基础上，对一切被监管对象给予公正待遇，做到立法公正、执法公正、仲裁公正。公开是实现公平、公正的前提，公平是实现公开、公正的基础，公正是实现公开、公平的保障。

3. 系统性风险控制原则

系统性风险控制原则是指金融监管主体在进行监管时首先应从社会经济和政治全局出发，服从国家经济稳定发展的总体需要，因此，监管者主要是负责控制金融体系的系统风险，采取适当的措施防范和减少金融体系系统风险的产生和积累，以维护整个金融业的安全与稳定。

4. 审慎监管原则

审慎监管原则主要是通过对进入金融市场主体的资格认定和经营审核来降低控制金融市场的风险。其主要内容包括市场进入监管、资本充足率监管、流动性监管、资产组合监管、业务范围监管等。审慎监管原则旨在通过外部监管来强化市场主体的内部风险控制，避免由于个别金融机构的经营不善而产生的系统危机，保护存款人和投资者的利益不受损害。

5. 监管适度与适当竞争原则

监管适度与适当竞争原则是指金融监管要适当。监管过严，会导致金融系统失去活力和效率，抑制金融业的创新和发展；而监管过松，则又会导致金融系统不注意控制风险，易引发金融危机。所以，金融监管的力度要适当，既要严格监管，维护金融业的安全与稳定，又要保证金融系统的创新和适度竞争，增强一国金融业的竞争力。

6. 综合性和系统性监管原则

综合性和系统性监管原则是指金融监管当局在监管过程中应综合运用各种监管手段，实现有效监管。金融监管要实现现代化、系统化，日常监管与重点监管、事前督导与事后督察要同时运用。

7. 政府监管与自律管理相结合的原则

政府监管与自律管理相结合的原则是指在加强政府主管机构对金融市场监管的同时，也要加强从业者的自我约束、自我教育和自我管理。政府对金融市场的监管是一种外部监督，金融从业者的自我约束则属于金融机构的内部管理，单纯的外部监督并不一定能实现良好的监管效果，加强金融机构的自律管理可以减轻金融监管机构的负担，提高市场监管效率。政府监督与自我管理相结合的原则是世界各国共同奉行的原则。

三、金融监管的手段

金融市场监管的手段具体来说主要有 4 种，即法律手段、经济手段、行政手段和自律管理。

1. 法律手段

法律手段是指运用经济立法和司法来管理金融市场，即通过法律规范来约束金融市场参与主体的行为，以法律形式维护金融市场良好的运行秩序。法律手段的特点是约束力强，具有强制性，可以作为金融市场监管的基本手段。

2. 经济手段

经济手段是指政府以管理和调控金融市场为主要目的，采用利率、税收等工具间接调控金融市场运行和参与主体的行为，以实现金融市场的正常运行。经济手段的特点是比较灵活，但是整个调控过程速度较慢，存在时滞。经济手段具体包括财政政策、货币政策、汇率政策等。

3. 行政手段

行政手段是指政府依靠国家行政系统，通过命令、指令、规定和条例等对金融市场进行直接的干预和管理。行政手段具有强制性和直接性的特点。一般在市场发展的初期，因为法律不健全，经济手段效率低下，所以才需要较多地采用行政手段，而在市场成熟阶段就较少运用该手段。

4. 自律管理

自律管理即自我约束、自我管理，是指通过自愿方式以行业协会的形式组成管理机构，制定共同遵守的行为规则和管理规章，以约束会员的经营行为。自律监管是对政府监管的有效补充。

第三节　金 融 创 新

金融创新是国际经济形势变化在金融领域的具体体现。金融创新极大地推动了国际经济的发展与诸多领域的变革。对金融创新的产生背景、动因及其效应的分析，有助于增强对金融活动发展规律的认识，对于中国正在进行的金融改革具有重要的借鉴意义。

一、金融创新的含义

所谓金融创新，是指在金融领域内对各种金融要素实行新的组合。具体而言，金融创新是指金融机构为生存、发展和迎合客户的需要而创造的新的金融产品、新的金融交易方式，以及新的金融市场和新的金融机构的出现。

金融创新的概念包括 4 个方面的内容：金融创新的主体是金融机构；金融创新的目的是盈利和效率；金融创新的本质是金融要素的重新组合，即流动性、收益性、风险性的重新组合；金融创新的表现形式是金融机构、金融业务、金融工具、金融制度的创新。

西方国家的金融创新从 20 世纪 60 年代开始，70 年代全面展开，80 年代最为活跃。目前，金融创新已成为国际金融领域的显著特征。

二、金融创新理论

在金融创新形成浪潮时，西方经济学家对此进行了研究，提出了各种金融创新理论。

1. 技术推进论

技术推进论认为，新技术的出现及其在金融业的应用，是推动金融创新的主要原因。特别是电子计算机和电信设备在金融业的应用，是推动金融创新的重大因素。早期研究技术创新对经济发展贡献的代表人物是熊彼特、韩农和麦克道威尔。他们经过实证研究，提出新技术的采用是推动金融创新的主要原因。

2. 货币促成论

货币促成论的代表人物是货币学派的弗里德曼。该理论认为，金融创新的出现，主要是货币方面因素的变化引起的。20 世纪 70 年代的通货膨胀和汇率与利率反复无常的波动，是金融创新的重要成因。金融创新是作为抵制通货膨胀和利率波动的产物而出现的。例如，20 世纪 70 年代出现的可转让支付命令账户、浮动利率票据、浮动利率债券、外汇期货等，都是金融创新的产物。

3. 财富增长论

格林鲍姆和海沃德在研究美国金融业的发展历史时，提出了财富的增长是决定金融创新的主要因素的理论。财富增长论认为，科技的进步会引起财富的增加，随着财富的增加，人们要求避免风险的愿望增加，这就促使了金融业的发展，而金融资产的日益增加又导致了金融创新。

4. 约束诱导论

约束诱导论的代表人物是西尔柏。该理论认为，金融创新是金融业为了回避和摆脱来自内部和外部的各种制约。金融机构之所以发明各种新的金融工具、交易方式、服务种类及管理方法，是因为要摆脱面临的各种内部和外部的制约。金融机构的内部制约是指传统的增长率、流动资产比率、资本率等管理目标；外部制约是指金融当局的各种监管和制约，以及金融市场上的一些约束。当上述因素制约金融机构获得利润最大化时，金融机构就会发明新的金融工具、服务品种和管理方法，以增强自身的竞争力。

5. 制度改革论

制度改革论的代表人物有诺斯和戴维斯。该理论认为，金融创新是一种与经济制度相互影响、互为因果的制度改革。因此，金融体系因任何制度改革而引起的变动都可视为金融创新。例如，存款保险制度也是金融创新。该学派还认为，金融创新并不是 20 世纪电子时代的产物，而是与社会制度紧密相关的。政府的监管与干预行为本身已经包含金融制度领域的创新。在市场活跃、经济相对开放及监管不严的经济背景下，政府的监管和干预会直接或间接地阻碍金融活动，当由此产生的金融创新行为对货币当局实施货币政策构成威胁时，政府就会采取相应的制度创新。

6. 规避管制论

规避管制论的主要代表人物是凯恩斯。该理论认为，金融创新是金融机构为了获取利润而回避政府监管所引起的。各种形式的政府监管与控制，性质上等于隐含的税收，这阻碍了金融机构获得更大盈利的机会。因此，金融机构会通过创新来规避政府监管。当金融创新危及金融稳定与货币政策时，金融当局会加强监管，新的监管又会导致新的创新，两者不断交替，形成一个相互推动的过程。

7. 交易成本论

希克斯与尼汉斯是交易成本论的代表。他们把金融创新的成因归于交易成本的下降。交易成本论认为，降低交易成本是金融创新的首要动机，交易成本的高低决定了金融业务和金融工具的创新是否具有实际价值，而金融创新就是对科技进步导致的交易成本降低的反映。

三、金融创新的内容

按照比较广泛的理解，金融创新的主要内容包括金融业务的创新、金融市场的创新和金融制度的创新。

1. 金融业务的创新

1）负债业务的创新。负债业务的创新主要发生在 20 世纪 60 年代以后。各商业银行通过创新型负债工具，一方面规避政府监管，另一方面增加银行的负债来源。其主要有大额可转让定期存单、可转让支付命令账户、自动转账服务、货币市场存款账户、协定账户、其他创新业务，如股金汇票账户、个人退休金账户及货币市场存单等。

2）资产业务的创新。一是消费信用，包括一次偿还的消费信用和分期偿还的消费信用。这种资产业务方式发展迅速，已成为某些商业银行的主要资产项目。二是住宅贷款，包括固定利率抵押贷款、浮动利率抵押贷款和可调整的抵押贷款。三是银团贷款。四是其他资产业务的创新，如平行贷款、分享股权贷款、组合性融资等。

3）中间业务的创新。银行中间业务的创新改变了银行传统的业务结构，增强了竞争力。其主要有：一是信托业务，包括证券投资信托、动产和不动产信托、公益信托等；二是租赁业务，包括融资租赁、经营性租赁、杠杆租赁等。

4）清算系统的创新。其包括信用卡的开发与使用、电子计算机转账系统的应用等。

2. 金融市场的创新

金融市场的创新一方面是指欧洲货币市场上金融工具的创新，另一方面是指金融衍生市场上金融工具的创新。

1）欧洲货币市场上金融工具的创新。在欧洲货币市场上的金融工具创新主要是指贷款工具，如多种货币贷款、平行贷款、背对背贷款、浮动利率债券、票据发行权利、远期利率协定等。

2）金融衍生市场上金融工具的创新。金融衍生市场上的金融工具称为衍生金融工具，它们是一种双边合约，其价值取决于基础市场商品或资产的价格及其变化。衍生金融工具按合约买方是否有选择权，可分为远期类合约和期权类合约。远期类合约有两个特征：一是合约涉及的商品和金融资产的交割日是未来的某一天；二是合约签订时的价值为零。这类合约的形式主要有远租合约、期货合约和互换合约。所谓期权类合约，其特点是合约买方在履行合约上具有选择权，合约签订初期就已经具有价值。这类合约的主要形式有期权合约、利率的上限与下限、互换期权。此外，在衍生金融工具市场上还存在其他类型的产品，如商品派生证券、指数货币期权凭证、弹性远期合约等。

3. 金融制度的创新

1）非银行金融机构的种类和规模迅速扩大。各种保险公司、养老基金、住宅金融机构、金融公司、信用合作社、投资基金等成为非银行金融机构的主要形式。

2）跨国银行的发展。第二次世界大战后跨国公司的出现和发展壮大为跨国银行的发展提供了可能。各国大银行争先在国际金融中心设立分支机构，同时在业务经营上实现业务的电子化、全能化和专业化。

知识拓展

金融监管与金融创新是一对矛盾，金融监管是金融创新的障碍，也是金融创新的诱发原因；而金融创新的不断发展，又促使金融监管不断完善。

1. 金融监管对金融创新的诱发作用

由于监管实际上是对金融机构的一种成本追加，或称隐含的税收，追求利润最大化的金融机构必然会想办法来规避政府监管。金融创新应运而生。当然金融创新是有成本的。当创新带来的利润大于成本时，金融创新才会成为现实。而当金融创新危及金融稳定和货币政策时，政府会更加严厉地监管。其结果是监管—创新—监管，两者互为因果。

因为金融创新与金融监管之间存在高度的相关性，所以金融监管越严格，金融创新越活跃。

2. 金融创新对完善金融监管的作用

金融创新使早期的金融监管失去了效率，并推动了20世纪80年代的金融自由化，但金融自由化和金融创新又增大了金融风险，使金融体系出现新的不稳定因素，金融创新对金融体系的稳定性产生了前所未有的冲击，这体现在以下几个方面。

1）金融创新改变了商业银行的经营策略，为银行体系注入了不稳定因素。过去，银行业曾被认为是稳定的行业；如今，金融创新使一切都改变了。银行传统业务的盈利性下降，商业银行被迫寻找新的有潜在风险的业务来保持其盈利水平，于是追求利润、逃避监督的巨大动力激励着商业银行将其业务重点逐渐从传统的信贷市场转向另一类业务——表外业务。这些业务的开展增大了商业银行的经营风险。

2）金融创新改变了金融体系的结构，加大了金融体系的风险因素。非银行金融机构的大量出现及迅速发展是近年来金融体系的一大特征，它改变了金融体系的原有结构，使商业银行的地位下降，而非银行金融机构的地位上升。这一变化也改变了金融体系的稳定性状况。

3）金融创新加大了金融市场的易变性，从根本上加大了金融动荡的可能性。首先，金融创新促成了债务规模的急剧膨胀。其次，金融创新导致金融资产价格变动剧烈。最后，金融创新加大了金融动荡的可能性。

4）金融创新使金融风险更为集中和隐蔽，增强了金融风险对金融体系的破坏力。金融创新为单个投资者提供了因转移价格等市场因素变动所产生的市场风险保护，即所谓的系统性风险手段。例如，期货与期权为单纯进行证券组合的投资者弥补了其无法避免的系统性风险的缺陷，使市场上的所有风险似乎都无可避免。但不幸的是，金融创新的这一经济功能对于整个经济体系而言并不存在，金融创新工具在为单个经济主体提供市场风险保护的同时也将风险转移到另一经济主体身上，也就是说，对整个经济体系而言，风险只是发生了转移而不是消除，风险仍然存在于经济体系中。金融创新工具的使用会加剧金融市场的动荡，并增强动荡产生的破坏力。

（资料来源：https://wenku.baidu.com/view/8d2d7286d0d233d4b14e69cd.html.有改动）

本章小结

金融风险是指在金融活动中，由于金融市场中各种经济变量发生不确定的变化，市场主体蒙受损失或获利的可能性。由金融风险的定义，我们可以知道它既有可能带来损失，也有可能带来收益。

金融风险由金融风险因素、金融风险事件和金融风险结果构成。金融风险具有不确定性、传递性、双重性、普遍性、客观性和可测性等一般特征。

金融监管是指一国的货币当局或该国政府依法设定的监管部门对金融机构实施的各种监督和管制的行为，包括对金融机构市场准入监管、业务范围监管、市场退出监管等方面的限制性规定，对金融机构内部组织结构，风险管理和控制等方面的合规性、达标性的要求，以及一系列相关的立法和执法体系与过程。

我国已经形成中国人民银行、中国银保监会、中国证监会，即“一行两会”的监管格局。

金融创新是指金融领域内各种金融要素实行新的组合。具体而言，金融创新是指金融机构为生存、发展和迎合客户的需要而创造的新的金融产品、新的金融交易方式，以及新的金融市场和新的金融机构的出现。

从金融创新形成的原因看，金融创新大多源于政府严格监管的逆效应、高通货膨胀的压力和高新技术的应用。在金融创新形成浪潮时，西方经济学家对此进行研究，并提出各种理论。金融创新的主要内容包括金融业务的创新、金融市场的创新和金融制度的创新。

金融监管与金融创新是一对矛盾，金融监管是金融创新的障碍，也是金融创新的诱发原因；而金融创新的不断发展，又促使金融监管的不断完善。

业务技能自测

参考文献

贾玉革，2010. 金融理论与实务[M]. 北京：中国财政经济出版社.

李军，杜继勇，冯韶华，2010. 金融学基础[M]. 北京：清华大学出版社.

刘澄，曹辉，李锋，2011. 金融学教程[M]. 2 版. 北京：中国人民大学出版社.

刘建国，钱丽霞，2009. 货币银行学[M]. 上海：华东理工大学出版社.

潘卫红，杨锐征，2016. 金融基础[M]. 北京：清华大学出版社.

盛宝莲，徐峥，2012. 中央银行学[M]. 上海：华东理工大学出版社.

王静，2008. 金融学[M]. 北京：冶金工业出版社.

王晓光，2016. 金融学[M]. 北京：清华大学出版社.

张玉智，2009. 货币银行学[M]. 北京：中国铁道出版社.

周建松，郭福春，2007. 现代金融概论[M]. 杭州：浙江科学技术出版社.